重庆市渝中区
地名志

CHONGQING SHI
YUZHONG QU
DIMING ZHI

重庆市渝中区民政局　编著

重庆大学出版社

七星岗　大溪沟　十八梯　大坪　马家堡
领事巷　解放碑　两路口　化龙桥　凯旋路　湖广会馆　胜利路
南纪门　朝天门　百子巷　金汤街　石油路　下凤居　白象街　虎头岩
储奇门　捍卫路　枇杷山巷　中山二路　棉花街　建设路
罗汉寺　沧白路　学田湾　李子坝　浮图关　肖家湾

图书在版编目(CIP)数据

重庆市渝中区地名志 / 重庆市渝中区民政局编著
.-- 重庆:重庆大学出版社,2024.5
ISBN 978-7-5689-4433-5

Ⅰ.①重… Ⅱ.①重… Ⅲ.①地名—渝中区 Ⅳ.
①K927.193

中国国家版本馆 CIP 数据核字(2024)第 069336 号

重庆市渝中区地名志

重庆市渝中区民政局　编著
责任编辑:陈筱萌　　版式设计:陈筱萌
责任校对:关德强　　责任印制:张　策
*
重庆大学出版社出版发行
出版人:陈晓阳
社址:重庆市沙坪坝区大学城西路 21 号
邮编:401331
电话:(023)88617190　88617185(中小学)
传真:(023)88617186　88617166
网址:http://www.cqup.com.cn
邮箱:fxk@cqup.com.cn(营销中心)
全国新华书店经销
重庆升光电力印务有限公司印刷
*
开本:720mm×1020mm　1/16　印张:12　字数:215千　插页:8开1页　16开1页
2024 年 5 月第 1 版　2024 年 5 月第 1 次印刷
ISBN 978-7-5689-4433-5　定价:60.00 元

《重庆市渝中区地名志》编纂委员会

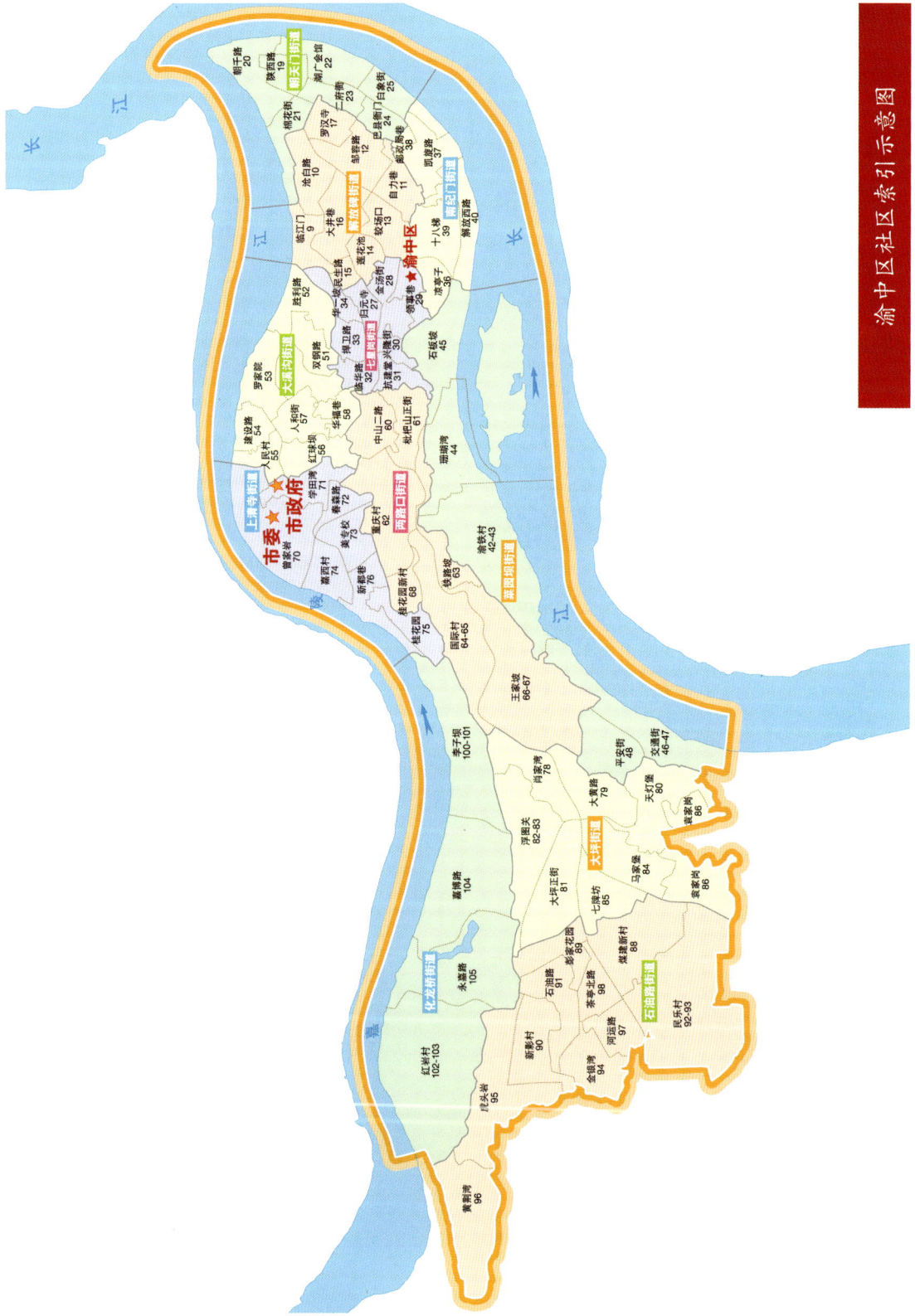

渝中区社区索引示意图

长江

嘉陵江

长江

朝天门街道
菜园坝街道
解放碑街道
大溪沟街道
七星岗街道
两路口街道
南纪门街道
上清寺街道
石油路街道
化龙桥街道
大坪街道

★ 渝中区
★ 市委 ★ 市政府

朝天门 20
陕西路 19
湖广会馆 22
二府衙 23
槐花街 21
罗汉寺 12
白象街 25
临江门 10
巴县衙门 24
望龙门 38
鄂华路 17
自力巷 11
威汉路 18
凯旋路 37
临江门 16
较场口 13
大井巷 9
解放西路 40
莲花池 14
巡警子 36
莲花池 15
金汤街 28
十八梯 39
胜利路 52
归元寺 27
领事巷 29
石板坡 45
望卫路 33
抗建堂兴隆街 30
临华路 32
枇杷山正街 31
罗家院 53
双钢路 51
珊瑚湾 44
人和街 57
华福巷 58
中山二路 60
枇杷山正街 61
建设路 54
红球坝 56
人民村 55
重庆村 62
学田湾 71
菜园坝 42-43
泰森路 72
渝铁村 63
黄家垭口 73
铁路坡 63
菖蒲院 70
重庆村 62
嘉西村 74
焦花园新村 68
新希望 76
桂花园 75
国庆村 64-65
王家坡 66-67
李子坝 100-101
肖家湾 78
平安路 48
浮图关 82-83
大黄路 79
交通街 46-47
天灯堡 80
嘉博路 104
大坪正街 81
七牌坊 85
马家堡 84
袁家岗 86
永嘉路 105
石油路 91
彩云湖 98
彩花园 89
菜家岗 86
新影村 90
河运路 97
煤建新村 88
民乐村 92-93
红岩村 102-103
金银湾 94
虎头岩 95
黄荆湾 96

前　言

　　地名是不同历史时期不同民族社会活动的产物,是一个地域的历史见证和文化积淀,是一座城市的历史年轮和生活轨迹,是一种用特定的语言形式承载的特殊的文化现象,是人类历史的活化石。联合国第 5 届地名标准化会议第 6 号决议(1987)指出:"地名是民族文化遗产";联合国第 9 届地名标准化会议第 9 号决议(2007)进一步明确"地名属非物质文化遗产",鼓励负责地名的正式机关"根据《保护非物质文化遗产公约》的使用标准,清点整理地名"。我国政府在保护地名文化遗产方面已作出了积极响应,曾进行两次全国地名普查。中华人民共和国国务院令第 753 号于 2022 年 3 月 30 日签署,公布的《地名管理条例》自 2022 年 5 月 1 日起施行。该《地名管理条例》第二十三条明确:"县级以上人民政府应当从我国地名的历史和实际出发,加强地名文化公益宣传,组织研究、传承地名文化。"第二十四条明确:"县级以上人民政府应当加强地名文化遗产保护,并将符合条件的地名文化遗产依法列入非物质文化遗产保护范围。"

　　重庆是一座有着悠久历史的现代化国际化大都市,是国家级历史文化名城,有丰富的地名文化遗产。渝中区是重庆古城所在地。在漫长的岁月之中,社会变化、经济发展、政权更替以及地表特征,都在地名上留下了痕迹。从某种意义上说,古城地名是重庆悠久历史的见证。为了保护珍贵的地名文化遗产,重庆市渝中区民政局组织编印了《重庆市渝中区地名志》(以下简称《地名志》)。

　　本《地名志》共采收重庆市渝中区范围内的地名 547 条,数据截止日期为 2020年 12 月 31 日,是重庆市第二次地名普查成果转化之一。

　　囿于我们的水平,搜集和查阅的资料并不十分完整,故错误难免,敬请各方指正。我们热忱希望各界人士对本《地名志》提出宝贵意见,以便将来有机会时采纳修订。

《重庆市渝中区地名志》编纂委员会

2022 年 12 月

凡 例

一、本志共采收重庆市渝中区范围内的地名547条,力求全面记述渝中区地名的历史和现状,体现志书的时代特色、地方特色和专业特色,可供人们了解和使用地名时参考。

二、本志收录的资料数据截至2020年12月底。

三、本志主要记述渝中区政区、区片、居民点、交通运输设施、建筑物、纪念地、旅游景点等地名资料。某些地名在分类归属上有交叉,置于何章何节,并未严格按照科学分类,通过索引均可检索。某些地名,其地理实体已不存,但作为地名尚未彻底消失,故收录进来。

四、本志设章、节、目3个层次,以章分类,以节、目记述相关情况。

五、为方便检索,本志附有地名的汉语拼音音序索引。

六、本志每个类的地名词条按词条所在政区行政区划代码的先后顺序编排。

七、为行文简便,本志中的"解放前(后)""新中国成立前(后)"专指中华人民共和国成立前(后)。本志纪年,中华人民共和国成立前用历史纪年,并加括号注明公元纪年;中华人民共和国成立后用公元纪年。

八、本志的用字规范依据《通用规范汉字表》;地名的汉语拼音字母拼写规则依据《中国地名汉语拼音字母拼写规则(汉语地名部分)》;数字用法依据《出版物上数字用法》(GB/T 15835—2011);计量单位名称、符号的使用,一律采用中华人民共和国法定计量单位。

目　录

第一章　概况

第一节　渝中区概况

渝中区是重庆市委、市政府机关驻地,是全市政治中心、文化中心、金融中心、商贸中心和水陆交通枢纽,是全市的中央商务区(CBD)。区政府驻地距重庆市人民政府驻地 2 千米。

渝中区地处长江、嘉陵江交汇处,两江环抱、形似半岛,地理坐标为东经 106°28′50″—106°35′10″,北纬 29°31′50″—29°34′20″。在重庆境内,嘉陵江古称"渝水",重庆简称"渝",渝中区因地处重庆市中心城区之中心而得名。它东面、南面隔长江与南岸区相望,西面与沙坪坝区、九龙坡区陆地接壤,北面隔嘉陵江与江北区相邻。全区总面积 23.24 平方千米,其中陆地面积 18.19 平方千米。行政区划单位为区,行政级别为县级,行政区划代码 500103。区人民政府驻七星岗街道管家巷9 号,电话区号 023,邮政编码 400010,政府网址为 http://www.cqyz.gov.cn/。辖解放碑、朝天门、七星岗、南纪门、菜园坝、大溪沟、两路口、上清寺、大坪、石油路、化龙桥 11 个街道,设 79 个社区和 1 个社区工作站。2020 年末全区常住人口 58.9 万人。全区汉族人口占总人口的 95.57%,回族、土家族、满族、苗族、壮族、蒙古族、彝族等 52 个少数民族占 4.43%。人口密度为每平方千米 24554 人。

渝中区被喻为重庆的"母城",积淀了巴渝文化、抗战文化、红岩精神等厚重的人文底蕴,孕育了重庆的"根"和"源",浓缩了山城、江城、不夜城的精华,展现着"老重庆底片、新重庆客厅"的魅力神韵,在老重庆人心中"到渝中就是进城"。

一、历史沿革

有 3000 多年历史的重庆,基本上以今渝中区为核心。今渝中区是在重庆最早的古城的基础上发展起来的。古为巴国国都。公元前 11 世纪巴师助武王伐纣,受封子爵,国号巴,都江州(今渝中)。公元前 316 年秦灭巴,置巴郡,张仪在此筑城。自秦以降,历为巴郡、楚州、巴州、渝州、南平郡、恭州、重庆府、重庆路、川东道及江州县、垫江县、巴县等治所。元末曾为明玉珍大夏国国都。

周慎靓王五年(公元前 316 年),秦灭巴国,置巴郡,派张仪在江州筑城。巴郡辖江州(治今渝中区渝中半岛,一说治今江北区江北嘴一带)、枳县(治今涪陵)、朐忍(治今云阳)、鱼复(治今奉节)等县。

汉承秦制,仍置巴郡,沿袭秦县。元封五年(公元前106年),设置十三刺史部,监察一州政事,渝中区时属益州刺史部监察。

东汉末,渝中区为刘焉、刘璋父子占据,置益州牧(治所成都)。汉献帝初平元年(公元190年),将巴郡一分为三:垫江以上为巴郡(治所今四川省南充市),江州至垫江间为永宁郡(治所今重庆市江北区),朐忍至鱼复间为固陵郡(治所今重庆市奉节县白帝城)。建安六年(公元201年),改巴郡为巴西郡、固陵郡为巴东郡、永宁郡为巴郡,析置巴东属国(后改称涪陵郡),统称为"三巴",是历史上巴文化核心所在。渝中区先后属永宁郡、巴郡。

三国蜀汉、曹魏、西晋时期,渝中区仍属巴郡。

晋永兴元年(公元304年),李雄在成都建"大成",史称成汉(公元303—347年),改巴郡为荆州,治今渝中区。

东晋中后期,在范贲(公元350—352年)、苻坚(公元373—385年)、谯纵(公元405—413年)割据或占领期间,郡县建制变化剧烈,地名更改变易无数。谯纵曾以江州(渝中区)为治所,设巴州。义熙九年(公元413年),刘裕改巴州为巴郡。

晋元熙二年(公元420年),刘裕建宋,仍置巴郡、建平郡。渝中区属巴郡。

南朝齐建元二年(公元480年),于巴东、建平、巴郡、涪陵四郡置巴州,治所江州(治今渝中区),领二十县,永明元年(公元483年)省。南齐永明五年(公元487年),改江州县为垫江县(治今渝中区),北周武成三年(公元561年),改垫江县为巴县。

南朝梁太清四年(公元550年),在巴郡置楚州(治今渝中区),辖有巴郡(治今渝中区)、东阳郡(治今北碚区东阳镇)、东宕渠郡(治今合川区合阳镇)、涪陵郡(治今涪陵区)、临江郡(治今忠县忠州镇)。

西魏大统十七年(公元551年),改楚州为巴州,领三郡四县:巴郡、东阳郡、七门郡(治今江津区)、江阳县(治今九龙坡区冬笋坝,一说治今江津区顺江镇)。渝中区属巴郡。

北周闵帝元年(公元557年),复改巴州为楚州,辖四郡:巴郡、东阳郡、七门郡、涪陵郡。渝中区属巴郡。

隋朝初年,废郡改称州,不久又将州改称郡,恢复秦郡县制。重庆辖境内设有巴郡、巴东郡、涪陵郡、黔安郡(治今彭水县)。隋文帝开皇元年(公元581年),以渝水(嘉陵江)绕城,改楚州为渝州。这就是重庆别称"渝"的来历。

唐初,唐高祖改郡称州,唐玄宗又改州称郡,从唐肃宗开始以后又复改郡称州。重庆辖境内设有渝州(治今渝中区)、涪州(治今涪陵区)、忠州(治今忠县)、万州(治今万州区)、开州(治今开州区)、夔州(治今奉节东)、合州(治今合川区)。

五代十国时,重庆被前蜀、后蜀等政权先后统治,行政区划较为稳定,名称也基本上保持不变。

北宋时,一级行政区划改为"路"。重庆辖境主要属夔州路(治今奉节县)。夔州路辖有夔州、渝州、忠州、万州、黔州、涪州等。渝中区属渝州。

北宋崇宁元年(公元1102年),渝州籍国子博士赵谂,回乡省亲,密谋反叛,事情败露后被诛杀。朝廷认为渝州的"渝"字字义不祥,有反叛之义,遂将渝州名改为恭州,意在让渝州人恭恭敬敬地顺从于朝廷。

南宋孝宗淳熙十六年(公元1189年)正月,封其子赵惇于恭州,是为恭王。同年二月,孝宗禅位于赵惇(即宋光宗)。赵惇先被封王,旋即登上帝位,将其潜藩之地恭州升格为府,并改恭州名为重庆府。重庆由此得名,迄今已有800多年。

元代,全国划分为十一个行中书省。至元二十三年(公元1296年),朝廷设立四川行中书省,简称四川行省,省治成都,重庆地区归其管辖。至元十六年(公元1279年),朝廷在重庆路置四川南道宣慰司,辖重庆、夔州两路、绍庆府(治今彭水县)、怀德府(治今酉阳县)。至元二十五年(公元1288年),四川省治由成都移至重庆,因军政供给困难,两年后复还成都。至正十七年(公元1357年),明玉珍率领农民军入川,占领重庆;至正二十三年(公元1363年),正式称帝,国号大夏,都重庆。

明代,设四川行中书省,省下设府,成为省、府、州、县四级制或府、州、县三级制。重庆府(治今渝中区)领三州,十七县。

清代沿袭明制,设置四川省重庆府,领一厅、二州、十一县。即江北厅(公元1758年由巴县分出),合州、涪州,巴县、江津县、长寿县、永川县、荣昌县、綦江县、南川县、铜梁县、大足县、璧山县、定远县(今广安市武胜县)。嘉庆七年(公元1802年),于府、厅、州、县之上,增设道,置川东道(治今渝中区)。川东道辖三府、二州、一厅。三府:重庆府、夔州府、绥定府;二直隶州:忠州、酉阳州;一厅:石砫厅。

民国时期,重庆地区仍属四川省,境内设约30个县。1921年,四川各路军总司令兼四川省省长刘湘驻重庆,在重庆设立四川省政府,治所驻今渝中区。同年10

月,设立重庆商埠督办公署。1927年8月,改重庆商埠督办公署为重庆市政厅。1929年2月15日,重庆正式建市,改重庆市政厅为重庆市政府,区境隶属重庆市地。1935年,重庆市下设5个区,第一至第四区在今渝中区境。1939年,重庆市下设12个区,第一至第八区在今渝中区境。1942年,重庆市下设17个陆上区和1个水上区,第一至第八区和水上区的一部分在今渝中区境。1946年,重庆市下设18个区,第一至第八区在今渝中区境。在此期间,区境一直是重庆市政府所在地。抗日战争时期,区境为中华民国战时首都、中共中央南方局和八路军重庆办事处所在地。

1949年11月30日,重庆解放,重庆市军事管制委员会接管区境重庆市第一至第七区分所及辖区。1950年6月1日,合并原重庆市第一至第七7个区公所,成立重庆市第一区,属重庆市。1952年10月7日,从重庆市第三、第四区划入李子坝、遗爱祠、黄沙溪。1955年11月23日,重庆市第一区改称为重庆市市中区。区境曾为中共中央西南局、西南军政(行政)委员会、西南军区所在地,并一直是重庆市党、政、军领导机关所在地。1995年3月,重庆市进行行政区划调整,将沙坪坝区的大坪和化龙桥两个街道划入市中区,并将重庆市市中区更名为重庆市渝中区。更名渝中区,因素有二:"市中区"名称太泛且指位不明,重庆别称"渝",区境是重庆市核心商业区和政治经济中心区,故名"渝中"区;从地名系统考虑,拟议中的更名方案有,市中区更名渝中区,巴县更名渝南区,江北县更名渝北区、渝北区、渝中区、渝南区形成以"渝"命名的小系列且相互呼应。

二、自然条件

渝中区位于新华夏系重庆弧形构造带,华蓥山帚状褶皱束和重庆平行褶皱束过渡带的重庆复向斜部位,其构造骨架形成于燕山晚期褶皱运动。构造形迹从东向西两侧依次为南温泉和观音峡紧密背斜,中部为重庆复向斜,属重庆平行岭谷区,以剥蚀构造地貌为主。地貌类型受地层岩性、地质构造控制明显,背斜一般隆起成山,向斜经长期剥蚀后形成丘陵。长江、嘉陵江长期流经由上沙溪庙组砂岩、泥岩不等厚互层组成的平缓开阔褶皱地区,不断冲刷、侵蚀河床,在地壳相对上升期,河水下切,岸坡升高;在地壳相对稳定期,河水迂回侧蚀,使冲刷(侵蚀)岸岸坡变陡,常在冲刷岸形成高陡岸坡,在堆积岸堆积大量冲积物质。岸坡变高变陡形成了渝中特有的谷间剥蚀台地斜坡地貌。境内最高处在渝中区与沙坪坝区交界处的风吹顶,海拔 423.74 米,最低处在朝天门两江汇合处的沙嘴,海拔 167.25 米,相对高差 257 米,坡降较大,比高悬殊,形成独具特色的壮丽的山城景观。山是一座城,城是一座山;山在城中,城在山中,别称"山城",所指主要在渝中区。

渝中区水资源丰富,植被较少,属中亚热带湿润季风气候区,四季分明、雨量充沛,冬暖、夏热、秋长。2020 年平均气温为 19.2℃,较常年偏高 0.8℃;年极端最高气温为 40.5℃,年极端最低气温为 3.4℃。全年无霜期 366 天,全年雾日 18 天;年降水总量为 1181.4 毫米,接近常年,降水随时间分布不均。

渝中区属中亚热带湿润季风气候区,四季分明,年平均气温 18℃。受特殊地形、地貌影响,具有气温高、日照少、雨季长、湿度大、云雾多、霜雪少、风速小等气候特点,是著名的"雾都"。

渝中区河流属嘉陵江、长江水系,长江由西南而来经珊瑚坝流向东北,嘉陵江由西而东入境并在朝天门与长江汇合。长江在黄沙溪入境,流经菜园坝、朝天门出境。嘉陵江在化龙桥滴水岩入境,往东经李子坝、牛角沱至朝天门汇入长江。

三、交通运输

交通运输方面,渝中区是重庆市的水陆客运交通枢纽。铁路重庆站是渝蓉、渝黔、襄渝 3 条铁路干线的交汇点;朝天门港口是长江上游最大的客运港口。跨江大桥有东水门大桥、千厮门大桥、黄花园大桥、重庆长江大桥及复线桥、菜园坝长江大桥、牛角沱大桥、渝澳大桥、嘉华大桥等。主要隧道有向阳隧道、八一隧道、石黄隧道、虎头岩隧道、朝天门隧道、嘉华隧道、彭家花园隧道、千厮门隧道、长和路隧道、曾家岩隧道等。重庆轨道交通 1 号线、2 号线、3 号线、6 号线等线路经过渝中区。

四、社会事业

教育事业方面,2020 年末,渝中区九年义务教育完成率保持 100%,有普通中学 13 所,职业中学 2 所,小学 30 所。中学主要有重庆市求精中学、重庆复旦中学、重庆市巴蜀中学校、重庆市第二十九中学校等;小学主要有人民小学、中山小学、巴蜀小学、人和街小学、大同实验学校等。

文化事业方面,2020 年末,区内非物质文化遗产有 49 项,不可移动文物 203 处(227 个点),其中国家级 19 个。作为重庆"母城",渝中区积淀了"三千年江州城、八百年重庆府"的深厚历史底蕴,孕育了巴渝文化、统战文化、抗战文化、红岩精神等,拥有全市最丰富的文物遗址、文化遗产、人文资源。全国重点文物保护单位如抗战胜利纪功碑暨人民解放纪念碑、红岩革命纪念馆、曾家岩 50 号周公馆、桂园、特园、重庆宋庆龄旧居陈列馆、重庆史迪威博物馆、重庆抗战金融机构旧址群、大韩民国临时政府旧址等均位于辖区内。

卫生事业方面,渝中区境内有医疗卫生机构 448 家,有多家三级甲等大型医院。主要医院有重庆市人民医院中山院区、重庆医科大学附属第二医院、重庆医科大学附属儿童医院、重庆市人民医院三院院区、重庆市第四人民医院、重庆医科大学附属口腔医院、重庆医科大学附属第一医院第一分院、中国人民解放军陆军特色医学中心等。

体育事业方面,2020 年末,全年体育系统主办体育活动 14 次,全民健身路径 500 处,体育场地面积 58.8 万平方米,人均体育场地面积 1 平方米,社会体育指导员 1936 名。

五、革命纪念地、名胜古迹及游览地

区境内主要景点有解放碑、洪崖洞民俗文化风景区、湖广会馆、重庆人民大礼堂、红岩村、通远门城墙遗址公园、罗汉寺等 7 处。

解放碑,位于渝中区民权路、民族路和邹容路交汇处,原名"抗战胜利纪功碑",是中国唯一一座纪念中华民族抗日战争胜利的国家纪念碑。

洪崖洞民俗文化风景区,位于渝中区沧白路旁,以"吊脚楼"风貌为主体,依山就势,沿崖而建,体现了"山城"独有特色。

湖广会馆,位于渝中区东水门正街,建于乾隆二十四年(1759 年)。占地面积 8561 平方米,有广东会馆、江南会馆、两湖会馆、江西会馆及四个戏楼,是中国明清时期南方建筑艺术的代表,也是中国现存规模最大的古会馆建筑群。

重庆人民大礼堂,位于人民路学田湾,是一座仿古民族建筑群,也是重庆独具特色的标志建筑物之一。

红岩村,位于化龙桥街道。抗日战争时期,中共中央南方局和八路军驻渝办事处设于红岩村。周恩来、董必武、叶剑英、博古、吴玉章、王若飞、邓颖超等中国共产党著名领导人曾在此生活、工作,历时 8 年,为中国抗日战争的胜利作出了卓越的贡献。

通远门城墙遗址公园,位于七星岗中山一路,古代重庆城与外界联系的唯一陆

路通道,是重庆城唯一一段保存较为完整的城墙遗址,也是全国重点文物保护单位。

罗汉寺,位于民族路,始建于北宋治平年间(1064—1067年),是全国汉族地区重点佛教寺庙之一、全国重点文物保护单位、重庆市佛教协会驻地。

六、乡级行政区

下辖政区历有变化调整,最近的两次调整分别是2006年和2015年。2006年,渝中区将13个街道调整为12个街道。其中,撤销较场口街道、王家坡街道,设立石油路街道;调整6个街道的行政区划范围,保留5个街道的行政区域和街道办事处驻地不变。2015年,撤销望龙门街道,调整朝天门街道、南纪门街道的行政区划范围。截至2020年底,渝中区下辖11个街道。

解放碑街道〔Jiěfàngbēi Jiēdào〕 位于区境东部,办事处驻新华路220号,1.29平方千米,辖临江门、沧白路、自力巷、公园路、较场口、莲花池、民生路、大井巷、邹容路、罗汉寺10个居委会,因辖区内地名解放碑而得名。曾用名"蹇家桥街道""解放碑街道人民委员会""解放碑人民公社""解放碑街道革命委员会"。

朝天门街道〔Cháotiānmén Jiēdào〕 位于区境东北部,办事处驻解放东路189号,1.73平方千米,辖二府衙、朝千路、巴县衙门、陕西路、白象街、棉花街、湖广会馆7个居委会,因辖区内地名朝天门而得名。曾用名"朝天门街道人民委员会""朝天门人民公社""朝天门街道革命委员会"。

七星岗街道〔Qīxīnggǎng Jiēdào〕 位于区境东部,办事处驻金汤街74号,0.71平方千米,辖归元寺、金汤街、领事巷、兴隆街、抗建堂、临华路、捍卫路、华一坡8个居委会,因辖区内地名七星岗而得名。曾用名"金汤街街道""中山一路街道""大寨路街道革命委员会""七星岗街道革命委员会"。

南纪门街道〔Nánjìmén Jiēdào〕 位于区境东南部,办事处驻凉亭子4-2号,1.43平方千米,辖凉亭子、十八梯、响水桥、解放西路、凯旋路5个居委会,因辖区内地名南纪门而得名。曾用名"南纪门街道人民委员会""南纪门人民公社""南纪门街道革命委员会""长征路街道"。

菜园坝街道〔Càiyuánbà Jiēdào〕 位于区境中部,办事处驻菜袁路20号,4.01平方千米,辖石板坡、珊瑚湾、渝铁村、平安街、交通街5个居委会,因辖区内地名菜园坝而得名。曾用名"菜园坝街道革命委员会""菜园坝分社""兰考路街道"。

大溪沟街道［Dàxīgōu Jiēdào］　位于区境北部,办事处驻北区路73号,1.51平方千米,辖罗家院、建设路、人民村、红球坝、人和街、华福巷、张家花园、双钢路、胜利路9个居委会,因辖区内地名大溪沟而得名。曾用名"大溪沟街道人民委员会""大溪沟人民公社""人民路街道革命委员会""大溪沟街道革命委员会"。

两路口街道［Liǎnglùkǒu Jiēdào］　在渝中半岛中部脊线,办事处驻中山三路19号,2.13平方千米,辖中山二路、枇杷山正街、重庆村、铁路坡、桂花园新村、王家坡、国际村共7个居委会,因辖区内地名两路口而得名。曾用名"两路口公社"。

上清寺街道［Shàngqīngsì Jiēdào］　位于区境中部偏北,办事处驻中山三路188号,1.63平方千米,辖曾家岩、学田湾、春森路、上大田湾、上清寺路、桂花园、新都巷7个居委会,因辖区内地名上清寺而得名。曾用名"上清寺人民公社""上清寺街道革命委员会"。

大坪街道［Dàpíng Jiēdào］　位于区境西南部,办事处驻大坪支路10号,2.23平方千米,辖肖家湾、大黄路、天灯堡、浮图关、大坪正街、马家堡、七牌坊、袁家岗8个居委会,因辖区内地名大坪而得名。曾用名"东风路街道"。

石油路街道［Shíyóulù Jiēdào］　位于区境西部,办事处驻医学院路9号,3.19平方千米,辖煤建新村、石油路、茶亭村、民乐村、虎头岩、金银湾、彭家花园7个居委会,因辖区内地名石油路而得名。

化龙桥街道［Huàlóngqiáo Jiēdào］　位于区境西部偏北,办事处驻李子坝正街166号,3.37平方千米,辖李子坝、红岩村2个社区居委会,因辖区内地名化龙桥而得名。曾用名"化龙桥公社"。

七、历史地名

王家坡街道［Wángjiāpō Jiēdào］　区辖街道,位于区境中部,2006年渝中区进行区划调整,撤销王家坡街道,将国际村、鹅岭正街、王家坡新村3个社区划归两路口街道,将交通街、平安街2个社区划归菜园坝街道。因辖区内地名王家坡而得名。曾用名"王家坡公社"。

望龙门街道［Wànglóngmén Jiēdào］　区辖街道,位于区境东部,2015年1月撤销,街道所辖的5个社区分别划入朝天门街道和南纪门街道,其中,巴县衙门、白象街、二府衙、湖广会馆这4个社区划入朝天门街道,邮政局巷社区划入南纪门街道。因辖区内地名望龙门而得名。

八、地名特点

特殊的地形地貌和作为重庆"母城"的历史对辖区地名产生了重要影响。从地名专名来看,辖区内政区地名和居民点地名大致有以下特征:

(一)以地形地貌命名。如大溪沟街道、九尺坎(巷)、大田湾。

(二)以地理位置命名。如南区路、西大街、北区路。

(三)以自然景象、自然现象命名。如枇杷山正街、燕喜洞(巷)。

(四)以祥瑞、希冀命名,表达了中华传统文化中对美好生活的向往和追求。如望龙门巷、凤凰台(街)。

(五)以历史古迹或人文地理实体命名。如解放碑街道、道门口(街)。

(六)以著名人物命名。如邹容路、沧白路、中山一路。

(七)得名于抗日战争时期,以表达中华民族抗战到底的意志。如捍卫路、凯旋路、五四路。

(八)有通名专名化的特点,通名与专名结合形成专有地名。如金银湾(社区)、菜园坝(街道)。

(九)因境内山地地形,方位命名不以东南西北为准,以相对方位命名,多以成对或成群出现。如正街、行街、前街、后街、新街、老街等。

(十)山城特色的地名前缀"上、下",往往成对出现。如上曾家岩—下曾家岩、上肖家湾—下肖家湾、上蔡家湾—下蔡家湾、上罗家湾—下罗家湾、上洪学巷—下洪学巷、上安乐洞街—下安乐洞街、上小较场—下小较场、上大田湾—下大田湾、上石板坡街—下石板坡街。

(十一)以地标性建筑为道路街巷名。如元通寺本是一座寺庙,直接以寺庙名为道路名,位于朝天门街道辖区内,西北起白象街,东南通至长江滨江路,为支路。全长150米,宽2米,为石梯路。

(十二)在重庆地名中,"塆"与"湾"音同,但所指地理实体有别,"塆"一般指山塆,山间平地;"湾"一般指水湾,靠近流水的河湾地带。曾经一段时间,由于电脑字库无法录入"塆"字,多以"湾"代"塆"。

从地名通名来看,多次筑城的历史、境内人文历史及特殊地形使得辖区内居民点地名地方特色浓郁:

(一)抗日战争时期,大量移民涌入,带来了地方通名特色,如国际村、嘉陵新村、德兴里。

(二)反映区境内的地理地形特征。以地理形态为特征命名,坪、坝、沱、塆(湾)、垭、岚垭、岩,如菜园坝、大坪、大田塆、枣子岚垭、虎头岩等。

(三)反映区境内的城门文化。如千厮门、南纪门、通远门、朝天门等。

(四)通名省略。以旧时官署衙门命名,如"火药局";市井形态,如"石灰市";建筑物,如"约瑟堂"等;命名道路时,省略通名"街、路、巷"。

第二节　渝中区地名大事记

1995 年

设置门户牌 23.3 万块,路街巷牌 933 块、大型地名图 2 块,在交汇路口设置地名指向牌 60 块。

1997 年

安装调整路、门户牌 81108 块,在市区重要路段交汇处安装大型道路、地名、单位导向图 10 块。新命名茶亭南路、茶亭北路 2 条道路,珊瑚公园、人民广场、菜园坝广场、解放牌中心购物街广场、朝天门广场 5 处构建筑物。

1998 年

12 月　区政府第 17 次常务会议研究决定,对渝中区部分街道进行区划调整,调整如下:将原属七星岗街道的下安乐洞巷 26 号、地母亭 1—3 号(即渝海北区)、新民街 108、109 号划归较场口街道辖区;以业成花园公路中心线为界,将原属较场口街道辖区的民生路 348 号(即家俱总店)划归七星岗街道辖区;将原属解放牌街道辖区的沧白路 38—72 号(即市保险公司和交警一大队至望海楼一线)划归朝天门街道辖区;将原属朝天门街道辖区的五一路口和五一巷 1—11 号划归解放牌街道辖区;以中兴路为界,将原属南纪门街道辖区的中兴路 2—108 号、蒋家院 1—27 号、二十楼 1—17 号、上回水沟除 9、11、13 号外的 2—45 号划归较场口街道辖区;将原属上清寺街道辖区的嘉陵新村 160—170 号(即浮图关公园部分)划归王家坡街道辖区;将原属朝天门街道辖区的新华路 157 号划归望龙门街道辖区。

1999 年

1 月 10 日　渝中区将原有的 308 个社区居委会调整为 172 个,调整后每个社区平均户数为 1100 户。

2000 年

4 月 6 日　渝中、沙坪坝、九龙坡区签订《重庆市渝中、沙坪坝、九龙坡区三区边界线交会点协议书》。

5 月 10 日　渝中、九龙坡、南岸区签订《重庆市渝中、九龙坡、南岸区三区边界线交会点协议书》。

5 月 15 日　渝中、江北、沙坪坝、南岸区签订《重庆市渝中、江北、沙坪坝区三区边界线交会点协议书》《重庆市渝中、江北、南岸区三区边界线交会点协议书》。

11 月 15 日　渝中、江北区签订《渝中、江北区人民政府联合勘定的行政区域界线协议书》。

12 月 26 日　渝中、沙坪坝、南岸区签订《渝中、沙坪坝区人民政府联合勘定的行政区域界线协议书》《渝中、南岸区人民政府联合勘定的行政区域界线协议书》。

12 月 29 日　渝中、九龙坡区签订《渝中、九龙坡区人民政府联合勘定的行政区域界线协议书》。

2001 年

6 月 14 日　市政府批复同意《渝中、江北区人民政府联合勘定的行政区域界线协议书》。

6 月 25 日　市政府批复同意《渝中、沙坪坝区人民政府联合勘定的行政区域界线协议书》《渝中、南岸区人民政府联合勘定的行政区域界线协议书》。

8 月 13 日　市政府批复同意《渝中、九龙坡区人民政府联合勘定的行政区域界线协议书》。

2004 年

9 月 14 日　渝中、南岸区开展行政区域界线联合检查工作。

2005 年

6 月 13 日　重庆市第 54 次常务会议纪要明确主城九区地名标志设置、管理维护由市市政委负责。

12 月 3 日　重庆市地名委员会发布公告，渝中区新命名七牌坊路、业成花园路、菜园坝立交桥、魁星桥等 9 条地名；对 111 条因地形、地貌发生变化而消失的老地名进行废名。

2006 年

6 月 7 日　市政府批复同意渝中区对部分街道进行区划调整，将原有的 13 个街道调整为 12 个街道,撤销较场口街道、王家坡街道,设立石油路街道,调整 6 个街道行政区域范围,保留 5 个街道行政区域和街道办事处驻地不变。

2007 年

9 月 29 日 区政府批复同意将 109 个社区居委会整合为 76 个社区居委会和 1 个社区工作站。

2010 年

与九龙坡区联合明确跨界"奥园康城"小区的行政区域界线,更新《渝中区政区图》。

2011 年

完成渝中区、九龙坡区行政区域界线联合检查工作。

2012 年

4 月 17 日 区政府办主持召开 26 个部门参加的《政区大典·渝中区篇》编修会,会议要求编修工作按"三审三校"的标准做到精益求精,使《政区大典·渝中篇》经受得往历史的考验。

6 月 27 日 重庆市《政区大典》编纂委员会专家组林勇教授一行 8 人,来渝中区指导《政区大典·渝中篇》的编纂工作。

10 月 18 日 渝中区、沙坪坝区和九龙坡区民政局在渝中民政局二楼会议室召开渝中、沙坪坝区和九龙坡平安边界建设联席会。

10 月 26 日 渝中区成立地名专家组并召开第一次专家会议,成员由民俗、历史、文学、新闻出版、非物遗保护等方面 5 名专家组成。

10 月 31 日 根据民政部《地名文化遗产鉴定》要求,渝中区向市民政局呈报朝天门等 17 条近现代重要地名。

2013 年

完成《政区大典渝中区篇》撰写、化龙桥街道辖区内"飞地"调整、街道界线电子三维地图效果演示程序编绘工作。配合市政府部门补充设立路牌 28 块,拟定新命名道路 12 块路牌设置方案,会同沙坪坝区、九龙坡区、南岸区开展边界联合检查、界桩恢复等工作。

2014 年

4 月 18 日 国务院第二次全国地名普查领导小组印发《第二次全国地名普查

工作规程》。

7月25日　成立渝中区第二次全国地名普查领导小组,小组办公室设在区民政局。

9月10日　区普查领导小组印发《重庆市渝中区第二次全国地名普查实施方案》。

12月14日　区民政局受区政府委托编制《渝中区部分街道区划调整方案》。

12月16日　区政府第96次常务会审议通过《渝中区部分街道区划调整方案》。

12月17日　区委十一届第35次常委会审定通过《渝中区部分街道区划调整方案》。

12月22日　区政府向市政府上报《关于辖区部分街道行政区划调整的请示》。

2015 年

1月4日　区政府向市政府上报《关于辖区部分街道行政区划调整社会稳定风险评估情况的报告》。

1月8日　市政府正式批复渝中区部分街道行政区划调整方案《关于渝中区部分街道行政区划调整的批复》。

2016 年

1月26日　开通"渝中区第二次全国地名普查"微信公共号,应用新媒体开展宣传工作。

7月20日　区政府办印发《渝中区确定街道界线工作实施方案》。

8月1日　区普查办印发《关于成立渝中区第二次全国地名普查专家组的通知》。

10月10日　区政府印发《关于同意21条街道界线协议书的批复》。

2017 年

8月8日　区委常委张远洪实地走访街道立体界线。

9月18日　国务院地名普查办副主任、民政部区划地名司副司长李伟一行来渝中区进行实地督查,对渝中区普查工作给予肯定。

2018 年

5月11日　出版印刷地名文化丛书《九开八闭重庆城》,共35.5万字。

6月28日 国务院地名普查办对渝中区进行地名普查工作督查,区委常委张远洪进行工作汇报,会后督察组对地名普查组织领导、实施、高效、审核、数据库建设、成果转化突出特色等方面给予高度评价。

9月12日 民政部地名地址库试点创建评估组组长阮文斌一行3人对重庆市地名地址库试点创建工作开展评估,渝中区作为试点区县,代表重庆市接受评估。

11月12日 渝中区第二次全国地名普查成果通过民政部的验收。

2019年

2月25日 渝中区地名工作团队接受重庆电视台第一眼新闻栏目组采访。

4月24日 渝中区民政局获评国家第二次全国地名普查先进集体。

6月12日 编印《渝中区消失地名录》100本,该书收录消失地名1200余条,共计25万余字。

12月2日 正式印发《渝中区地名规划(2017—2025)》。

12月15日 拆除"纽约纽约大厦""东方巴塞""和泓渝中界"不规范地名标志。

12月30日 编印《渝中区最美100个地名影像集》1000册。

2020年

3月12日 区社区治理领导小组印发《关于开展渝中区社区设置调整工作的通知》,新设石油路街道黄荆湾等3个社区,撤销南纪门街道厚慈街等3个社区,完成8个街道38个社区界线调整。

4月7日 与江北区联合印发《渝中、江北行政区域界线联合检查实施方案》。

4月21日 与重庆大学出版社签订渝中区地名录、词典、志出版合同。

6月16日 拆除解放碑街道辖区不规范地名标志"帝都大厦"。

8月13日 市民政局副局长许建华带队调研渝中区街道界线确认工作。

第二章 政区、居民点类地名

第一节　政区类地名

解放碑街道 [Jiěfàngbēi Jiēdào]

解放碑街道位于区境东部,东连朝天门街道,南接南纪门街道,西邻七星岗、大溪沟街道,北濒嘉陵江。辖区地势平坦,道路宽阔交错,四通八达。

辖区面积 1.29 平方千米,辖临江门、沧白路、自力巷、较场口、莲花池、民生路、大井巷、邹容路、罗汉寺 9 个居民委员会。辖区户籍人口 57478 人,常住人口 69943 人。

抗战胜利纪功碑暨人民解放纪念碑位于辖区内,简称"解放碑"。建街道时以此命名。

1929 年,重庆建市,此地属重庆市地。1935 年,属于重庆市第一区署地。1949 年 11 月,重庆解放,1950 年 6 月,属重庆第一区。1955 年 11 月 23 日,重庆市第一区改称为重庆市市中区,同年建立蹇家桥街道办事处。1958 年 2 月更名为解放碑街道办事处。1958 年 9 月与临江门、大阳沟街道(全部)和桂花街、官井巷街道部分地区合并,建立解放碑街道人民委员会。1963 年并入小什字街道办事处和千厮门街道部分地区。1987 年 6 月将原临江门街道办事处并入。1995 年全市行政区划调整后属渝中区。2006 年 6 月,渝中区进行区划调整,将较场口街道与解放碑街道合并为现在的解放碑街道,名称沿用至今。

辖区文物众多,古有东周巴蔓子墓遗址,近有刘伯承元帅题写的"人民解放纪念碑"(简称"解放碑");有红岩革命纪念馆,《新华日报》营业部旧址,还有战时首都时期重庆大韩民国临时政府办事处、国民参政会旧址和"六五"隧道惨案遗址。辖区还是重庆市宗教文化最为聚集的地区,佛教能仁寺、基督教圣爱堂、天主教若瑟堂均汇聚于此。

教育方面,有市公安局幼儿园、区实验幼儿园、解放碑幼儿园、渝海幼儿园、较场口幼儿园等 5 所,大同路小学、临江路小学、民生路小学 3 所,初高中 1 所即重庆二十九中学。还有渝中区中小学劳动技术教育基地、重庆市聋哑学校等特殊学校。

医疗卫生方面,有各级医疗卫生机构 12 个,有重医附二院、重庆骨科医院、重庆市中医院、重庆牙科医院等;有区级卫生院 3 所、社区卫生服务中心 1 所、社区卫生服务站 4 所。

朝天门街道 [Cháotiānmén Jiēdào]

朝天门街道位于渝中区东北部,东临长江与嘉陵江交汇处,南靠长江,西至文化街与南纪门街道接壤,北经沧白路、民族路与解放碑街道交界。

辖区面积 1.73 平方千米,辖二府衙、朝千路、巴县衙门、陕西路、白象街、棉花街、湖广会馆 7 个居民委员会。辖区户籍人口 35511 人,常住人口 42812 人。

明初戴鼎扩建重庆旧城,按九宫八卦之数造城门 17 座,其中朝天门建于此处。1891 年重庆辟为商埠,在此设海关。相传,元末明玉珍大夏国皇宫建此。全国重点佛教寺庙罗汉寺在境内。1929 年,重庆建市,属重庆市地。1935 年,属于重庆市第二区署地。1939 年,属于重庆市第一区署地。1955 年 11 月 23 日,重庆市第一区改称为重庆市市中区,此地便属于市中区。1954 年初至 1958 年 8 月,朝天门地区先后建立了马王庙、龙王庙街道办事处。1958 年 8 月由马王庙、龙王庙街道办事处合并,以辖境内有重庆规模最大的古城门朝天门而命现名。1960 年更名为朝天门人民公社。1962 年恢复为重庆市市中区人民委员会朝天门街道。1968 年更名红卫路街道,1972 年再次复名朝天门街道。1987 年千厮门街道并入。2015 市政府对渝中区部分街道行政区域进行调整,原望龙门街道并入,名称沿用至今。

商业外贸方面,朝天门为重庆地区物资集散地和主要客运码头。朝天门市场群始建于 1988 年,1991 年正式开业。市场群面积近 35 万平方米,占全区市场总面积的 35%。朝天门市场群拥有 31 个交易区,25 个市场单位,1.2 万余户经营户,直接从业人员近 3 万人。

交通运输方面,重庆港位于两江汇合处,是长江上游地区最大的内河河运港,码头岸线长度 18.7 千米,有泊位 83 个,内河航线有"重庆—宜昌""重庆—南京""重庆—上海"。

文化艺术方面,辖区内有重庆抗战金融机构旧址群、湖广会馆等多处全国重点文物保护单位,有中共重庆地方执行委员会旧址、国民政府外交部旧址、谢家大院等市级文物保护单位,反映出朝天门区域在近代为重庆商贸、金融、政治要地。

七星岗街道 [Qīxīnggǎng Jiēdào]

七星岗街道位于区境中部。东接较场口、民生路、临江门,西连石板坡,西北靠捍卫路,南通南纪门。

辖区面积 0.71 平方千米,辖归元寺、金汤街、领事巷、兴隆街、抗建堂、临华路、捍卫路、华一坡 8 个居民委员会。辖区常住人口 7.5 万余人。

七星岗街道办事处因地处七星岗而得名。七星岗的"岗"本应写作"缸",即水缸的缸。七星岗实为"七星缸"。七星缸是七口蓄贮消防用水的石缸,摆放成北斗七星的形状,故名七星缸,后谐音为七星岗。该辖区内的通远门是明朝洪武初年所筑造的重庆古城门之一,仍保留有城墙门洞遗迹。1929 年,重庆建市,属重庆市地。1935 年,属于重庆市第四区署地。1950 年 6 月,属重庆第一区。1954 年初建立金汤街街道办事处。1955 年 10 月改为中山一路街道办事处。1955 年 11 月,重庆市第一区改称为重庆市市中区,此地属于市中区。1958 年 3 月,更名为七星岗街道办事处。同年 9 月,组成重庆市市中区七星岗人民公社,辖安乐洞、兴隆街、德兴里、中一路、王爷石堡、华一村 6 个分社。1962 年 7 月,恢复为重庆市市中区人民委员会七星岗街道办事处。1968 年 10 月,改名为重庆市市中区大寨路街道革命委员会。1972 年改为七星岗街道革命委员会。1978 年 6 月,恢复为重庆市市中区七星岗街道革命委员会七星岗街道办事处。1980 年 12 月,更名为重庆市市中区人民政府七星岗街道办事处。1987 年原捍卫路街道办事处并入。1995 年重庆市行政区划调整后属渝中区,名称沿用至今。

七星岗辖区地势呈拱背形,中间高,两边低,东西短,南北长。主要交通干线有中山一路与和平路。中山一路东经解放碑,可达朝天门码头,西通两路口、上清寺,马路两旁,高楼林立,是较为繁荣的商业区。

辖区内企业单位以第三产业为主,有准规模以下的法人单位 719 个,产业活动单位 121 个。辖区企业主营金融、酒店、服装加工、化妆品生产销售、电器销售等。辖区内重要企事业单位有中国银行重庆市分行、重庆市自来水有限公司、重庆建工集团股份有限公司等。

建筑业方面,重庆建工集团股份有限公司是目前西部地区唯一拥有房屋建筑总承包、公路工程施工总承包双特级资质的国有大型建筑企业集团。下辖全资、控股企业 27 家,注册资本金 16.33 亿元,各类专业技术人才 6075 人。拥有超高层建筑、高速公路、超大跨度桥梁及隧道施工、商品混凝土生产、建筑机械制造等核心技术、专利和标准,并拥有 3 部国家级工法和 11 部省部级工法,业务遍及全国大部分省、自治区、直辖市。

文化艺术方面,辖区内有重庆喜剧团、重庆杂剧团、重庆话剧团三个市级文化艺术单位。有街道文化站 1 个,建筑面积 80 平方米;公共图书室 9 个,建筑面积

580 平方米, 藏书 25000 多册; 露天电影广场 1 个。

辖区内有通远门城墙遗址公园、抗建堂剧院、菩提金刚塔、中苏友好协会旧址、法国领事馆等重要历史建筑。通远门是古重庆城城门"九开八闭"十七道门中唯一的陆门, 是通往外地的陆路起点, 故称"通远", 有六百多年的历史, 是目前重庆唯一一段保存较为完整的城墙遗址。通远门城墙遗址公园于 2005 年 2 月建成开园, 由广场、城墙、雕塑组成。

教育方面, 辖区内有渝中区委党校、重庆市实验学校、重庆市杏林中学校、重庆市渝中区邹容小学校、重庆市渝中区中山小学校、重庆市渝中区枇杷山小学校、重庆市渝中区金马小学校、重庆市渝中区中华路小学校、重庆市精一民族小学校(分部)、重庆市渝中区区级机关幼儿园、重庆市渝中区华一新村幼儿园。适龄人口入学率 100%, 九年义务教育覆盖率达 100%。

医疗卫生方面, 有重庆市妇幼保健医院、重庆市中山医院、重庆市渝中区疾病预防控制中心、重庆中西医结合康复医院、重庆普瑞眼科医院等医疗服务单位, 有社区服务中心 1 个, 社区卫生服务站 8 个, 设有床位 1800 余张。

南纪门街道 [Nánjìmén Jiēdào]

南纪门街道位于区境东南部, 因辖区内有重庆古城门之一的"南纪门"而得名。辖区面积 1.43 平方千米, 辖凉亭子、十八梯、解放西路、凯旋路、邮政局巷 5 个居民委员会。辖区户籍总人口 38350 人, 常住人口 40556 人。

明初戴鼎扩建重庆旧城, 按九宫八卦之数造城门 17 座, 其中南纪门建于此处。建街道时以此名命名。

1929 年, 重庆建市, 属重庆市地。1935 年, 属于重庆市第三区署地。1939 年, 属重庆市第一区署地。1950 年 6 月, 属重庆第一区。1955 年 11 月, 重庆市第一区改称为重庆市市中区, 此地属于市中区。同年, 建立了王爷石堡街道办事处。1958 年 3 月改为南纪门街道办事处, 同时, 宝善寺街道办事处并入。1958 年 9 月 20 日南纪门街道办事处与金马寺和中兴路街道办事处大部分地区合并建立重庆市市中区南纪门街道人民委员会。1960 年 3 月更名为重庆市市中区南纪门人民公社。1962 年 7 月 14 日, 街道人民公社撤销, 恢复重庆市市中区人民委员会南纪门街道办事处。1968 年 10 月 14 日建立重庆市市中区长征路街道革命委员会, 1972 年 12 月 15 日更名为重庆市市中区南纪门街道革命委员会。1978 年 6 月 15 日恢复为重庆市市中区南纪门街道办事处。1980 年 12 月 18 日更名为重庆市市中区人民政府南纪门街道办事处。1987 年 6 月原储奇门街道办事处并入。1995 年全市行政区划调整后属渝中区,名称沿用至今。

商业外贸方面,共有商业网点近 2000 家,职工近万人。南纪门是重庆市最大的中西药材批发、零售集散地。辖区有重庆西部医药商城、重庆中药材批发市场、重庆桐君阁股份有限公司、重庆唐氏药业有限责任公司、重庆康薇保健品有限公司、重庆万和药业有限公司等数十家大型医药企业和数百家药材批发经营户。另有西三街水产品批发市场。

文化艺术方面,有街道文化站 1 个,建筑面积 40 平方米;有公共图书室 8 个,建筑面积 350 平方米,藏书 30 万册;还有科普活动室等娱乐设施。辖区内共有市、区 8 家文物保护单位。抗战文化保护遗址有郭沫若旧居、国民政府军事委员会礼堂旧址、国民政府军事委员会重庆行营;宗教文化聚集,辖区有道教的东华观藏经楼、基督教金紫门基督教堂、伊斯兰教的中兴路清真寺和天主教法国仁爱堂旧址;民俗文化有重庆底片十八梯街区和药材公会旧址。

教育方面,有凤凰托儿所、海贝托儿所、解放西路小学、精一民族小学、重庆复旦中学校、渝中高级职业学校,学生 6244 人,专任教师 684 人,适龄人口入学率、小升初升学率、九年义务教育覆盖率均达 100%。

医疗卫生方面,有医疗卫生机构 3 个,有重庆市中医骨科医院,有社区卫生服务中心 1 所,社区卫生服务站 1 所。

社会保障方面,城镇最低生活保障户数 1416 户,人数 2166 人。辖区建立街道和社区服务中心 1 个、社区服务站 6 个;有社区老年日间照料室 2 个、各类敬老院 4 家,设置床位 220 张,收养社会老人 180 人。

菜园坝街道 [Càiyuánbà Jiēdào]

菜园坝街道位于区境中南部,东与南纪门、七星岗街道接壤,南临长江,西与大坪街道、九龙坡区谢家湾街道相接,北与两路口街道相连。

辖区面积 4.01 平方千米,辖石板坡、珊瑚塆、渝铁村、平安街、交通街 5 个居民委员会,辖区常住人口 1.46 万人。

1929 年,重庆建市,属重庆市地。1935 年,属于重庆市第四区署地。1939 年,属重庆市第五区署地。1950 年 6 月,属重庆第一区。1954 年初,成立菜园坝街道办事处。1955 年 11 月 23 日,重庆市第一区改称为重庆市市中区,此地属于市中区。1958 年 9 月菜园坝街道办事处同两路口街道办事处合并,为两路口人民委员会,菜园坝地区为菜园坝生产服务社。1960 年 3 月,成立两路口公社,菜园坝为分社。1962 年 7 月菜园坝分社改为菜园坝街道办事处。1968 年改为兰考路街道革命委员会。1972 年改为菜园坝街道革命委员会。1978 年 6 月,恢复为菜园坝街道办事处。1987 年 6 月,菜园坝街道办事处与石板坡街道办事处合并为菜园坝街道办事处。1995 年全市行政区划调整后属渝中区。2006 年 6 月,渝中区进行区划调整,将原王家坡街道的竹木街、平安街、交通街三个社区划入菜园坝街道,名称沿用至今。南纪门外的长江河岸一带早年是农田沙坝,主要种植专供城内百姓消费的蔬菜,居住于此的是种菜为生的菜农,故其地名曰菜园坝。

商业外贸方面,共有商业网点 1000 余家,职工近万人。辖区内有外滩摩配市场、重庆书刊交易市场、重庆小商品交易市场、塑料制品交易市场、水果交易市场、干副食品交易市场、皮革交易市场、不锈钢日化五金商品交易市场等八个批发市场,市场商品辐射西南三省市。其中外滩摩配市场是全国最大的电子商务专业摩配市场。

交通运输方面,铁路成渝线、川黔线的始发站重庆火车站位于辖区境内,这是重庆地区最早、功能最完善的火车站。重庆汽车站、重庆长途汽车站位于境内,均为一级客运站。运输企业拥有货运汽车 12750 辆,共计 38521 吨位;客运汽车 673 辆、24901 个座位;货运量 2991 万吨,客运量 3217 万人次。

文化艺术方面,有街道文化站 1 个,建筑面积 300 平方米;有公共图书室 7 个,建筑面积 200 平方米,藏书 1.8 万册;有长滨体育公园、珊瑚公园、南区路公园、滨江公园开放式公园;有邹容烈士纪念碑、张国富烈士纪念碑两处爱国主义教育场所;抗日战争时期的珊瑚坝机场,以及相关的财务机要室和售票处等陪都遗址。

教育方面,主要学校有重庆铁路分局铁路幼儿园、重庆市渝中区肖家沟小学校、重庆市渝中区中华路小学校(分部)、重庆市复旦中学(分部)、重庆市五十中学等,初中适龄人口入学率 100%,九年义务教育覆盖率达 100%。

医疗卫生方面,有社区卫生服务中心 1 所。

社会保障方面,城镇最低生活保障户 1364 户,人口 2284 人。辖区有社区服务设施 7 个,其中社区服务中心 1 个,社区服务站 6 个;有各类敬老院 3 家,床位 102 张,收养社会老年人 85 人。

大溪沟街道［Dàxīgōu Jiēdào］

大溪沟街道位于区境北部,东接解放碑街道,南与两路口、七星岗街道相邻,西连上清寺街道,北濒嘉陵江。因枣子岚垭、学田湾、曾家岩等处水流于此汇成大水沟注入嘉陵江,得名大溪沟,建街道时以此名命名。

辖区面积1.51平方千米,辖罗家院、建设路、人民村、红球坝、人和街、华福巷、张家花园、双钢路、胜利路9个居民委员会。辖区户籍人口7万余人。

1929年,重庆建市,属重庆市地。1935年,属于重庆市第四区署地。1939年,属重庆市第六区署地。1950年6月属于重庆市第一区,同年建立大溪沟派出所。1954年4月建立大溪沟街道办事处。1955年11月23日,重庆市第一区改称为重庆市市中区,此地属于市中区。1958年9月,成立大溪沟街道人民委员会。1960年3月,实行政社合一,成立大溪沟人民公社。1962年7月,恢复为大溪沟街道办事处。1968年11月,改为人民路街道革命委员会。1972年12月,改为大溪沟街道革命委员会。1977年7月,恢复为大溪沟街道办事处。1987年将原张家花园街道办事处并入。1995年全市行政区划调整后属于渝中区,名称沿用至今。

商业外贸方面,共有大型商业网点6个,职工约2000人。

创意产业方面,辖区有1.32平方千米的面积被重庆市确定为重庆市创意产业发展基地,有企业1300多家,其中以建筑设计、工程设计、传媒设计、景观设计和文化艺术、咨询策划、高新技术等为主导发展产业。

文化艺术方面,有街道文化站1个,建筑面积200平方米;有公共图书室10个,建筑面积400平方米,藏书3.5万余册;还有科普活动室等娱乐设施。辖区内重庆市人民大礼堂、重庆市人民广场是历史文化名城重庆的象征和政治活动中心,是国家4A级旅游景区。辖区陪都文化遗址有中华全国文艺界抗敌协会旧址、沈钧儒旧居、陈诚公馆等,其中中华全国文艺界抗敌协会(械园)聚集了包括老舍、郭沫若在内的众多文学艺术界名流,形成文艺界的抗日民族统一战线,成为抗日战争时期全国文艺界的中心。辖区内有不可移动文物10处。

教育方面,区域内有重庆巴蜀幼儿园、巴蜀小学、人民路小学、人和街小学、巴蜀中学、重庆第四十二中学等,初中适龄人口入学率100%,九年义务教育覆盖率100%。

科技方面,有国家级技术研究单位3个、博士后流动站2个、市级技术研究单位2个、高新技术企业1个。

医疗卫生方面,有渝中区第四人民医院、大溪沟街道卫生服务中心等各级医疗卫生单位 5 个;有床位 90 张,专业卫生人员 108 人。

体育方面,有群众健身广场 1 处、学校体育场 5 个、社区健身路径 54 处、健身步道 1 条。

社会保障方面,有城镇最低生活保障户数 9510 户,人数 15653 人。辖区建立街道和社区服务中心(站)1 个、社会保障工作平台 10 个;有社区老年日间照料室 1 个,敬老院 1 家,床位 30 张,收养社会老年人 22 人。

两路口街道 [Liǎnglùkǒu Jiēdào]

两路口街道位于渝中半岛中部脊线,是渝中区地理中心。东连七星岗街道,南接菜园坝街道,西邻大坪街道,北与上清寺、大溪沟街道接壤。辖区面积 2.13 平方千米,辖中山二路、枇杷山正街、重庆村、铁路坡、桂花园新村、王家坡、国际村共 7 个居民委员会。辖区户籍人口 3.7 万人,常住人口 5.3 万人。

1949 年重庆解放前,当时的"中大路"在此分道,一路通成都,一路通江北,故名两路口。

1929 年,重庆建市,属重庆市地。1935 年,属于重庆市第四区署地。1939 年,属重庆市第七区署地。1950 年 6 月,属重庆第一区。1954 年 10 月设立两路口街道办事处。1955 年 11 月 23 日,重庆市第一区改称为重庆市市中区,此地属于市中区。1958 年 3 月,中二路街道办事处并入,9 月 20 日与菜园坝街道办事处合并建立重庆市市中区两路口街道人民委员会。1960 年 3 月 23 日更名为重庆市市中区两路口人民公社。1962 年 7 月 14 日街道人民公社撤销后,恢复重庆市市中区人民委员会两路口、菜园坝街道办事处。1968 年 10 月 15 日建立重庆市市中区红星路街道革命委员会,1972 年 12 月 15 日更名为重庆市市中区两路口街道革命委员会,1978 年 6 月 15 日恢复重庆市市中区革命委员会两路口街道办事处称谓。1980 年 12 月 18 日更名为重庆市市中区人民政府两路口街道办事处,1995 年重庆市进行区划调整属于渝中区。2006 年渝中区进行区划调整,将原王家坡街道的王家坡、鹅岭正街、国际村三个社区划入两路口街道管辖,名称沿用至今。

商业外贸方面,共有大型商业网点 7 家。

文化艺术方面,有重庆市劳动人民文化宫、重庆市少年宫各一处。文化宫电影院和文化广场是全市性集会和节日举行大规模游园活动的重要场地之一。有重庆市歌剧团、重庆市木偶剧团两个市级艺术单位,有杨闇公烈士纪念碑、苏军烈士纪念碑两处爱国主义教育场所,也有宋庆龄旧居、苏联大使馆、罗斯福图书馆等一批抗战文化资源,以及抗日战争时期的国民党飞行员跳伞训练塔等陪都遗址;有街区文化中心1个、社区文化站8个,建筑面积2000平方米;公共图书室9个,建筑面积15000平方米,藏书130000册,渝中区文化馆和图书馆各1处,重庆少儿图书馆1处;有公园2处,分别为重庆枇杷山公园和重庆鹅岭公园。

教育方面,有重庆第三十中学校、重庆市渝中职业教育中心、重庆市渝中区鹅岭小学、重庆市渝中区两路口小学、重庆市渝中区桂花园幼儿园,初中适龄人口入学率、小升初升学率、九年义务教育覆盖率100%。

医疗卫生方面,有重庆医科大学附属儿童医院、重庆市急救医疗中心、重庆市第三人民医院等大型三甲医院,有社区卫生服务中心1所、社区卫生服务站3所。

体育方面,有大田湾体育场1个,看台设座椅约3万张。

社会保障方面,有城镇最低生活保障户数1116户,人数1839人。各类敬老院5家,床位273张,收养社会老年人265人;有社区服务设施5个,其中社区服务中心1个、社区服务站7个。

上清寺街道 [Shàngqīngsì Jiēdào]

上清寺街道位于区境中部偏北,东连大溪沟街道,南接两路口街道,西临化龙桥、大坪街道,北濒嘉陵江。

辖区面积1.63平方千米,辖曾家岩、学田湾、春森路、上大田湾、上清寺路、桂花园、新都巷7个居民委员会。辖区户籍人口4.8万人,常住人口5.9万人。此地曾有三清殿之一的寺庙上清寺,故而建街道时以此命名。

1929年,重庆建市,属重庆市地。1935年,属重庆市第三区署地。1939年,属重庆市第七区署地。1949年11月,重庆解放。1950年6月,属重庆市第一区。1954年设立上清寺街道。1955年11月23日,重庆市第一区改称为重庆市市中区,此地属于市中区。1960年3月更名为上清寺人民公社。1962年7月恢复为上清寺街道。1968年10月改为上清寺街道革命委员会。1978年恢复上清寺街道,名称沿用至今。2006年行政区划调整,将辖区内的李子坝社区划入到化龙桥街道。

商业外贸方面,共有大型商业网点7家。

文化发展方面,有文化站 8 个,建筑面积 2000 平方米;公共图书室 7 个,建筑面积 1500 平方米,藏书 45000 册;还有科普活动室等文化设施。上清寺是有光荣革命斗争历史的地区,辖区文化资源比较丰富,有红岩革命纪念馆曾家岩分馆、桂园纪念地及中共代表团驻地等爱国教育场所及陪都遗址马歇尔故居,中国民主党派历史陈列馆、鲜英故居等。抗日战争时期,由周恩来、董必武、邓颖超等组成的中共代表团驻曾家岩 50 号。抗日战争胜利后,毛泽东和周恩来从延安到重庆与国民党进行和平谈判,驻上清寺桂园,在此签订了著名的《双十协定》。1946 年 12 月 16日,周恩来、董必武、叶剑英等人出席旧政协会议驻中山三路 151 号。辖区内中山四路是已建具有红岩文化、抗战文化和重庆特色的最美街道。重庆中国三峡博物馆也在辖区内。

教育方面,有人民小学附属幼儿园、重庆市第四托儿所、中四路小学、曾家岩小学、人民小学、枣子岚垭小学、重庆市第五十七中学校、求精中学等,适龄人口入学率 100%,九年义务教育覆盖率 100%。

医疗卫生方面,有重庆市第四人民医院、重庆市第八人民医院、国宾妇产医院等;有区级社区卫生服务中心 1 所、社区卫生服务站 2 所、区级卫生院 1 所。

社会保障方面,有城镇最低生活保障户数 7211 户,人数 1.15 万人;有敬老院 1家,床位 110 张,收养社会老年人 70 人;有社区服务设施 7 个,其中社区服务站7 个。

大坪街道 [Dàpíng Jiēdào]

大坪街道位于区境西南部,东邻两路口街道、菜园坝街道,南接九龙坡区谢家湾街道,西接石油路街道,北连化龙桥街道。

辖区面积 2.23 平方千米,辖肖家湾、大黄路、天灯堡、浮图关、大坪正街、马家堡、七牌坊、袁家岗 8 个居民委员会。辖区户籍人口 62371 人。

1929 年,重庆建市,属重庆市地。1935 年,属重庆市第四区署地。1939 年,属重庆市第八区署地。1950 年 6 月属重庆市第四区。1952 年 10 月属重庆市第三区。1954 年 11 月正式成立大坪街道办事处,属重庆沙坪坝区。1959 年 1 月建立大坪街道人民委员会。1960 年 3 月改为大坪人民公社。1962 年 2 月恢复为大坪街道办事处。1967 年 7 月改为东风路街道办事处。1968 年 10 月成立东风路街道革命委员会。1972 年 5 月改为大坪街道革命委员会。1978 年 6 月恢复为大坪街道办事处。1995年3月重庆市进行行政区划调整,将大坪街道从沙坪坝区划归渝中区管辖。2006年6月,渝中区进行区划调整,将原大坪街道的石油路、民乐村、金银塆、茶亭村、煤建新村、虎头岩社区划归石油路街道管辖。2006年6月渝中区进行社区资源整合,将原10个社区合并成8个社区,大坪支路社区与七牌坊社区合并成七牌坊社区,单巷子社区与大坪正街社区合并成大坪正街社区,街道名称沿用至今。

商业外贸方面,大坪街道共有商业网点约350家,从业人员近2000人。有百盛购物中心、新世纪超市、永辉超市等大型超市;有四星级的万友康年大酒店及红楼宾馆、白云宾馆、江州宾馆、园林大酒店等宾馆、酒店;有中国电信集团重庆电信公司、重庆移动通信公司营业厅;还有新浪通讯器材交易市场。

文化艺术方面,有街道文化站9个,其中街道1个、社区8个,建筑面积382平方米;社区公共图书室9个,建筑面积357平方米,藏书3.1万册;还有科普活动室等娱乐设施。辖区内有不可移动文物8处。

教育方面,有各类幼儿园12所,有大坪小学、解放小学、大坪中学、重庆市第六十六中学公办学校4所,有重庆园林技校、重庆巴蜀职业培训学校、重庆医药经贸中专、渝中区职业教育中心等科教单位,学生近万人,初中适龄人口入学率达100%,九年义务教育覆盖率达100%。

科技方面,辖区有中煤集团重庆煤矿设计研究院。

医疗卫生方面,辖区内有社区卫生服务中心1所,社区卫生服务站4所,病床100余张;有国家首批三级甲等医院陆军军医大学附属大坪医院,院内现有专业技术人员2000余人,其中高级技术职称200余名,博士、硕士生导师100余名,中国工程院院士1名,院中设有44个临床和医技科室,床位2000余张,年门、急诊量百万余人次,年收治病人6万余人次,手术3万余台次;有大坪中医院、红楼医院两个中型医院,现拥有员工400余人,其中专业技术人员300余人,副主任以上专家、教授40余人,医院共设45个临床、医技科室,展开床位600余张;还有天灯堡社区卫生服务站、浮图关社区卫生服务站、肖家塆社区卫生服务站3个社区卫生服务站。

社会保障方面,有城镇最低生活保障户数807户,人数1201人。辖区建立街道和社区服务中心(站)9个、社区老年日间照料室1个。

石油路街道 [Shíyóulù Jiēdào]

石油路街道位于区境西部,东与大坪街道接壤,南、西与九龙坡区相连,西北连沙坪坝区,北与化龙桥街道相邻。

辖区面积 3.19 平方千米,辖煤建新村、石油路、新影村、民乐村、虎头岩、金银塆、彭家花园、河运路、黄荆塆、茶亭北路 10 个居民委员会。辖区户籍人口3871 人。

因在 20 世纪 50 年代有重庆石油学校(后变更为石油高等专科学校、重庆科技学院,学校已拆迁至大学城),校门口道路以其学校名而取名石油路。建街道时以此命名。

1929 年,重庆建市,属重庆市地。1936 年,属于重庆市第四区署地。1939 年,属重庆市第八区署地。1950 年 6 月,属重庆第四区,1952 年 10 月,属重庆第三区,1956 年,属重庆沙坪坝区,1995 年 3 月,重庆市区划调整,属重庆市渝中区。2006年 6 月,渝中区进行行政区划调整,新设立石油路街道办事处,析原大坪街道的石油路社区、茶亭村社区、煤建新村社区、民乐村社区、金银塆社区、虎头岩社区置石油路街道,名称沿用至今。

商业外贸方面,街道内共有商业网点 1500 余个,职工近万人。从事商务服务活动法人单位占比 30% 达 240 家,商贸业包括医药及医疗器械、通信设备批发零售、汽车用品及配件等。从事第三产业法人单位占比 90%,达到 678 家,其中,从事商贸活动法人单位占比 50%,达 330 家。新建成的重庆永缘汽车用品市场,为重庆市商委命名的市级商业特色街。园林式国宾馆渝州宾馆在辖区内。

文化艺术方面,有大坪文化中心、街道文化站 1 个,建筑面积 200 平方米;公共图书室 7 个,建筑面积 220 平方米,藏书 1.5 万册;还有科普活动室等学习娱乐设施。

教育方面,教育单位现有石油路小学、马家堡小学、五一高级技师学院、重庆医科大学等,适龄人口入学率 100%,九年义务教育覆盖率 100%。

医疗卫生方面,辖区医疗单位有重庆医科大学第一附属医院、重庆长航医院(社区卫生服务中心),社区卫生服务站 1 所,床位 3419 张。

社会保障方面,有城镇最低生活保障户数 340 户,人数 524 人。辖区建立街道和社区服务中心 1 个、社区服务站 6 个;有社区老年日间照料室 1 个,设置床位 4 张。

化龙桥街道 [Huàlóngqiáo Jiēdào]

化龙桥街道位于区境西北部,东临上清寺街道,南靠石油路街道、大坪街道,西与沙坪坝区土塆街道接壤,北濒嘉陵江与江北区猫儿石隔江相望。辖区主干道由东向西为嘉陵路、瑞天路,全长 3.30 千米。辖区面积 3.37 平方千米,辖李子坝、嘉博路、永嘉路、红岩村 4 个居民委员会,和 1 个社区工作站。辖区常住人口 1168 人。

相传,古时有一孽龙作怪,化龙桥附近时常发生水患,于是有人修桥镇龙。桥修好后,龙果然逃遁,"化龙桥"由此得名。但传说中的化龙桥早被掩埋在嘉陵江边的淤泥中。化龙桥附近有小龙坎、龙隐山、龙隐镇,均与龙的传说有关。

1929 年,重庆建市,属重庆市地。1935 年,属于重庆市第四区署地。1939 年,属重庆市第八区署地。1950 年 6 月,属重庆第四区。1952 年 10 月,属重庆第三区。1954 年初建化龙桥街道。1956 年,属重庆沙坪坝区。1958 年 9 月改化龙桥公社,1978 年 12 月恢复化龙桥街道。1995 年 3 月,重庆市行政区划调整,将化龙桥街道办事处从沙坪坝区划归渝中区管辖。2006 年 6 月,渝中区进行区划调整,将九高路社区划归石油路街道,并将上清寺街道的李子坝社区划入化龙桥街道。名称沿用至今。

辖区原是渝中区第二产业的主要集中地,辖区"十二五"规划定位化龙桥地区为"渝中西部都市新核"。2006 年,化龙桥片区改造工程动工,2012 年,企业天地被授牌"重庆国际商务区",德勤华西总部、施耐德、罗克韦尔、国投页岩气等国内外知名企业相继落户,综合型跨境电商产业园"龙工场"正式开园,"重庆天地"商业特色街成为重庆时尚休闲娱乐的新地标。通过"商务区"建设,渝中区将加快形成"解放碑、大石化"两级引领发展格局,构建渝中现代服务业新的经济增长极。

商业外贸方面,建成的"重庆天地小镇"是"重庆市级特色街",已有商业网点200 余户,整体租赁金额将达数千万元人民币。

文化艺术方面,有街道文化站 1 个,建筑面积 110 平方米;公共图书室 1 个,建筑面积 30 平方米,藏书 5500 册;还有科普活动室等学习设施。辖区有全国重点文物保护单位红岩革命纪念馆,市级文物保护单位"红岩公墓"、虎头岩《新华日报》馆,是重庆红岩精神发祥地。红岩革命纪念馆是抗日战争时期中共中央南方局和八路军驻重庆办事处旧址,毛泽东、周恩来、董必武等人曾在此生活、工作。另有重庆市首个抗战遗址建筑群李子坝公园、史迪威将军博物馆,以及原巴渝十二景之一的"佛图夜雨"所在地佛图关公园。

教育方面,有重庆市渝中区红岩小学校 1 所,在校学生 230 人,专任老师 62人;初高中 1 所即重庆市第二十九中学校(分部),在校学生 3120 人,专任教师 149人;中专院校 1 所即重庆工业学校,在校学生 4980 人,专任老师 160 人,初中适龄人口入学率、小升初升学率、九年义务教育覆盖率均 100%。

医疗卫生方面,有各级医疗卫生机构 2 个,区级卫生院 1 所,社区卫生服务中心 1 所。

体育方面,有学校体育场 2 个,看台设座椅 40 张;足球场 1 个;每个社区都安装了健身器材。

社会保障方面,有城镇最低生活保障户数 534 户,人数 776 人。社区日间照料站 1 家、床位 3 张。

第二节　区片类地名

较场口〔Jiàochǎng Kǒu〕　属解放碑街道,位于区境东部,又名"较场"或"较场坝",泛指较场口街心花园及其周边地区。昔日磁器街、小米市以西到和平里相交处都是较场口的范围,是一个平坦宽阔的大坝。明清时为"武举"考场及阅兵操练处,清光绪后期名"较场",又是上半城通往下半城南纪门、储奇门等地的要道口,故名"较场口"。由南向北,附近主要街道有苏姜街、铁货街、老街、磨坊街、木货街、磁器街、草药街、衣服街、荒货街、玉器街、鱼市街、肉市街、牛肉街机马道(后为落红桥街),民国二十五年《巴县志》中还列有销摊子街。1919 年、1930 年两次大火,房屋全部被烧毁,后重新修建街巷,范围逐次变小,以迄于今。1939 年拓建民权路、较场口街道时部分老街名消失。中兴路、和平路、民权路、凯旋路、新华路在此会合成环形道路,是渝中区交通枢纽之一。沿街多砖混结构楼房,系商店和居民住宅。306 路、109 路公交车和出租车始发站设于此。

明崇祯十七年,张献忠在此召开万人大会,诛瑞王朱常浩、四川巡抚陈士奇等。1946 年国民党特务破坏重庆市各界近万人在此召开的"庆祝政协成功大会",打伤郭沫若、李公朴等与会群众 60 余人,制造了震惊中外的"较场口血案"。重庆市人民政府于 1990 年设立较场口事件纪念碑于街心游园处,上刻郭沫若、李公朴等五人头像,以示纪念。曾用名"红卫广场""校场坝"。

解放碑〔Jiěfàng Bēi〕　属解放碑街道,位于区境东部居中,泛指邹容路与民族路、民权路交会处及其周边地区。南至新华路,东与小什字,西与较场口,北与临江门等区片相连,习惯上也将这些区片中靠近解放碑的地方纳入本区片中。此处建有"人民解放纪念碑",简称解放碑。

该地区集聚商贸、金融、商务中心、银行、证券、保险、中介、餐饮、购物、旅游、娱乐等现代服务业,承担商务、商贸双重功能。抗战胜利纪功碑暨人民解放纪念碑位于片区中心,有多条道路交会,通多路公共汽车,轨道交通 1、2、6 号线经此。从 1900 年左右开始,重庆城的中心从下半城向上半城转移,此地开始繁荣。1940 年抗日战争最艰苦的时期,此处修建了一座木质碉堡式建筑,命名为精神堡垒,象征中华民族坚持抗战的不屈精神。抗日战争胜利后,精神堡垒被拆除,建起一座高塔,取名为抗战胜利纪功碑,以记全国人民艰苦卓绝战胜日本法西斯侵略之功。重庆解放后,将其改建为人民解放纪念碑,群众习惯称之为解放碑,并将周边区域也统称为解放碑。此处一直是重庆最繁华的商圈,地名沿用至今。

朝天门 [Cháotiān Mén]　　属朝天门街道,泛指原朝天门城门及其周边朝东路、朝千路、陕西路、信义街等东端路一带地区,长江、嘉陵江汇合于区境东北,是老城区发展最早的片区之一。《增广重庆地舆全图》即有麻柳湾、大码头、接官厅、鸡街、牛肉街、炭码头、糖行街、古渝雄关、顺城街、半边街、禹王街、草鞋街、接圣街、梓潼宫、三门洞等众多街名和建筑物的注记。为市水陆交通要冲、主要港区及物资集散地。区片地势中部高,逐渐向两江倾斜,沙嘴海拔 167.25 米,是渝中半岛海拔最低处。

明洪武四年(1371 年),时任重庆卫指挥使戴鼎,在先辈所筑重庆古城的基础上,重新规划修筑城墙和城门。从公元 1371—1398 年,历时 27 年,以条石为材料完成修筑,城墙高 10 丈,周长 2660.7 丈,有城门 17 座。其中,9 座开门,8 座闭门,据说是为象征"九宫八卦"之意。清乾隆十六年(公元 1751 年),巴县知县王尔鉴主持纂修的《巴县志》叙述巴县城(重庆渝中半岛)时作如下记载:"明洪武初,指挥戴鼎因旧址砌石城,高十丈,周二千六百六十丈七尺,环江为池,门十七,九开八闭,像九宫八卦。朝天、东水、太平、储奇、金紫、南纪、通远、临江、千厮,九门开;翠微、金汤、人和、凤凰、太安、定远、洪崖、西水,八门闭。"从 1371 年以后的 500 多年间,重庆古城依旧维持着戴鼎时代所奠定的规模和格局。直至 1920 年代才因城市规模的扩大而改变,部分城垣和城门遭拆毁。此后的数十年间,绝大部分的城垣、城墙、城门都被拆毁,包括朝天门。

朝天者,面朝天子之所在也。朝天门正对长江,就是面朝天子所在的帝王都城(明初建都于长江下游的南京)。当时的民谣谓"朝天门,大码头,迎官接圣",明朝的帝都在南京,因此城门正对东逝的长江,面朝帝都,迎钦差、接圣旨皆由此门,古代称皇帝为天子,故名。曾用名"红港"。清宣统三年(1911年)11月22日,同盟会重庆支部在朝天观召开各界代表大会,通电全国,宣布重庆独立。随即于新丰街原巡督总局成立蜀军政府,会后解押清朝官吏游街示众。1987年4月,在朝千路一码头工地,出土战国时期青铜戈、矛、剑、弩机各一件,颇具考古价值。1997年重庆直辖,同年建成的朝天门广场以及2018年建成的来福士广场,都是朝天门区片的标志性建筑。

临江门[Línjiāng Mén]   位于区境东北部,解放碑街道办事处辖区内,泛指原古城门临江门、北区路东端、临江路与邹容路交会处一带地区。因此处建有古城门临江门得名。旧城门洞遗迹尚存。原为嘉陵江滨江一带发展较早的地区之一,沿江水运货物多自此入城。《增广重庆地舆全图》上即标有大码头、水码头、柴湾码头、观音阁、太平桥、吉祥寺、厉坛等地名。1966年嘉陵江牛角沱大桥建成通车后,轮渡码头撤销,该地失去水运优势。地势南高北低,向嘉陵江倾斜,呈陡坡形。街巷狭窄弯曲,房屋依坡顺势而建,多穿斗结构的"抗战棚""吊脚楼",主要为居民区。现为旧城重点改造地区,一座集商贸、金融、旅游、娱乐文化为一体的临江广场正在兴建中。

千厮门[Qiānsī Mén]   位于区境东北部,朝天门街道办事处辖区内,泛指朝千路西段和千厮门正街、新城门街、水巷子相交处一带,地处嘉陵江滨,地势南高北低向嘉陵江倾斜,隔江与江北城觐阳门、保定门相望。因古城门千厮门得名。"千厮"语出《诗经·小雅·甫田》"乃求千斯仓,乃求万斯箱。黍稷稻粱,农夫之庆。报以介福,万寿无疆",因当年城内有贮存粮棉的千仓万仓而得名,有祈祷风调雨顺,丰收满仓之意,故名千厮门,区片以此为名。历为粮、棉、盐及土产货运码头。《增广重庆地舆全图》有大码头、水码头、紫云宫、贺家码头、顺城街、陡石梯、鸡毛土地等地名标注。现仍为客货运集散重地。1987年此地一码头工地上曾发掘战国时期墓葬,出土戈矛剑、弩机等青铜兵器。

望龙门[Wànglóng Mén]   位于区境南部偏东,朝天门街道办事处辖区内,泛指望龙门码头、解放东路与望龙门巷相交处附近一带。历史上重庆城垣并未设置城门望龙门,因此处隔长江与南岸龙门浩相峙,立此可望见浩口巨石上宋绍兴年间所镌"龙门浩月"四字,昔人遂称此地为"望龙门"。《增广重庆地舆全图》此地有望龙门、望龙巷、黄桷树、电报局、水府宫等地名标注。望龙门系城区渡长江通往南岸地区以至贵州的重要通道,码头高差大,枯水期约 40 米。1944 年 7 月茅以升、杨炀春主持设计和建造重庆市第一条缆车道——望龙门缆车道,长 178 米,上下高差为 47 米,次年 5 月建成通车。

小什字［Xiǎo Shízì］　位于区境东部,朝天门街道办事处辖区内,泛指新华路、打铜街、民族路交会处及其周边地区,旧时此处有小街相交成十字,因略逊于附近东正街、打铜街和陕西路交会形成的大什字,故名。旧时银行、钱庄多设于此,为重庆市金融中心。中国人民银行、建设银行、保险公司在此设立分行、分公司,西南有长江客运索道,东北有重庆饭店,有公交车站。

观音岩［Guānyīn Yán］　位于区境中部偏东,七星岗街道办事处辖区内,泛指中山一路、二路交会处及其周边地区。此地地处山腰,北低南高,原有一观音石像建于岩上,故名。张家花园街、枣子岚垭正街在此与中山一路连接。片区内"抗建堂"建于 1940 年,为抗日战争时期重庆文艺界进步人士活动和演出的重要场所。由观音岩派生出地名观音岩街。20 世纪 20 年代在上清寺、曾家岩一带开发新市区,修建从七星岗到曾家岩的公路,观音岩街被占用后消失。

华一坡［Huáyī Pō］　位于区境中部偏东,七星岗街道办事处辖区内,泛指华一路与业城花园路之间一带。此处原是一片荒坡坟地,1921 年刘湘驻渝后,曾在坡脚修建一座军火库。20 世纪 30 年代得名华一坡。1953 年后逐渐有人建房居住,形成一片居民区。1991 年改造为新居民小区,地名沿用至今。华一坡有重庆医科大学附属第二医院宽仁康复医院、重庆市渝中区七星岗街道社区卫生服务中心、重庆市渝中区华一新村幼儿园、重庆市实验学校、重庆市渝中区交通运输管理所等单位。片区城镇居民点有卡萨国际公寓、聚丰锦绣盛世和鑫渝花园等。

七星岗［Qīxīng Gǎng］　位于区境中部偏东,七星岗街道办事处辖区内,泛指民生路、中山一路、和平、金汤街等路街相交处一带。地势西高东低,南北两侧为斜坡,略呈拱背形。七星岗是七星缸的谐音,相传清代此地建有消防蓄水石缸七口,仿北斗七星形布设,四口为魁,三口为杓(或称柄)合而为斗,寓意以水镇火,克除城区火患,且作消防用,故名"七星缸",后谐音"七星岗"。"七星缸"原为荒山坟地,1921 年人口增多,建有七星岗街,抗日战争初期并入民生路。1954 年先后在此设有金汤街、中一路街道办事处,1958 年与新民街、四德村、王爷石堡三街道合并,以辖区七星岗地名命名。

一号桥［1 Hào Qiáo］　位于区境东部偏北,七星岗街道办事处辖区内。泛指黄花园立交桥以东至临江门一带,为连接临江门与黄花园大桥南桥头的交通要道。因此处曾有新中国成立后重庆修建完成的第一座城市桥梁"一号桥",区片以此桥为名。一号桥于1952年5月底通车,成为重庆的标志性建筑,约80米长,桥墩全凭连耳石垒成,底部长10余米,宽5米,共80余层,30余米高。2003年政府投入5400万元,改造一号桥,撤销老桥墩,重支新桥柱,形成两桥并列的复线桥。

储奇门 [Chǔqí Mén] 位于区境南部,南纪门街道办事处辖区内,泛指储奇门步行街和储奇门顺城街一带地区。地势北部较高,向长江倾斜,多坡坎。多为居民区。明初戴鼎扩建重庆旧城,按九宫八卦之数造城门17座,其中一座为储奇门,历为中药材集散地,设有中药材交易市场。取其地"储放药材,奇货可居"之意而名,区片以"储奇"为名。1927年城门撤除,建储奇门码头。储奇门码头机械化程度较高,吞吐量较大。1991年新建滨江公园,修通滨江公路。轮渡通海棠溪,附近有凯旋路电梯,102、306、361路公交车于此设站。

南纪门 [Nánjì Mén] 位于区境东南部,南纪门街道办事处辖区内,泛指原南纪门城门及其周边地区,因地处重庆古城门南纪门得名。南纪门系明洪武四年(1371年)镇守重庆府的指挥使戴鼎所建。南纪,语出《诗经·小雅·四月》"滔滔江汉,南国之纪"。如今城门已不存,但地名被保留。该门曾是重庆古城西出重庆城的重要通道。

十八梯 [Shíbā Tī] 位于区境东南部,南纪门街道办事处辖区内,南起厚池(慈)街,北通较场口,沿路与轿铺巷、善果巷、瞿家沟、回水沟、永兴巷相接,泛指较场口西南方至解放西路一带。清时在此修筑沟通上、下半城的石梯小路,因其北部尾段有石梯200多级,共18层台阶而得名。一说清代时期,因石级较多,依地势分为十八层台阶,故得名十八梯。又一说为十八梯中部有口水井,人们到井边取水,正好有十八步阶梯,故名。民国时期多单层穿斗、木结构带屋檐的瓦房吊脚楼,街道狭窄,照明不足,供、排水困难,多为本地和从云、贵等省来渝打工者杂居地。商肆以茶馆(兼旅馆)、斋铺、轿铺和卖撑花(即雨伞)的为主,民谣称"十八梯,有三多,撑花、茶馆、农夫哥"。城市建设过程中,十八梯道路已扩展成水泥路面,人行道植常绿树。供排水设施良好,成为沟通上、下城区交通、商贸的重要通道之一。附近观音岩防空洞为1941年6月5日日机大轰炸造成的重庆大隧道惨案(下洞口)发生地。一座占地11.72公顷,融办公、商贸,居住为一体的示范综合服务型新片区以及地下隧道地铁工程在建设中。作为市、区重点建设项目,十八梯传统风貌区亦在建设之中。

大溪沟［Dàxī Gōu］　位于区境北部,大溪沟街道办事处辖区内,泛指人民路、北区路、大溪沟街和人和街交会处及其周边地区。北临嘉陵江,西接人民广场,南邻张家花园、枣子岚垭,东与黄花园相连,北与曾家岩等区片相连。系嘉陵江二阶台地,地势较平坦。为居住区,有重庆市设计院等多家企事业单位。有多条公路交会,通多路公共汽车,有轨道交通 2 号线经此。

旧时四周流水于此汇成大水沟注入嘉陵江,故名大溪沟。清末得名。1930 年(民国十九年)前,大溪沟一带原是荒凉地方,居民稀少。1930 年后,先后两次填沟,埋设排水管,修建北区干道,且在此修建发电厂、自来水厂等,此地逐渐繁荣,成为闹市,地名保留至今。

红球坝［Hóngqiú Bà］　位于区境中部偏北,大溪沟街道辖区内,泛指红球坝及其周边地区,南靠儿童医院和文化宫,北临人民大礼堂和人民广场,东与华福巷、西与上清寺街道学田湾区片相连。该片区房屋为居住用房,建于 20 世纪 80 年代初。周边有枣子岚垭、学田湾等道路。因此地曾竖立红球以警示日军飞机来袭而得名。

1937 年至 1945 年抗日战争时期,国民政府防空指挥机关设于此。日军飞机轰炸重庆,为防日军空袭,原国民党防空司令部在此设有防空信号的红球标志。悬红色球一个,表示敌机有空袭本市动向,市民应预先准备或疏散;悬红色球两个,表示敌机将于一小时内空袭,要求市民全部避入防空洞,警报解除前不许外出。久而久之,此处就被叫作"红球坝"。20 世纪 30 年代开发新市区,此地才有人居住。现此处多为 20 世纪 80 年代建的居民住宅,地名沿用至今。

鹅岭［É Lǐng］　位于区境中部,两路口街道办事处辖区内,泛指鹅岭公园及其以南至长江一路地区,背倚山城,地处长江、嘉陵江南北挟持而过的山岭上,接主干道长江一路,北部边缘为渝中半岛脊线。因此地位于狭长的山岭上且形似鹅颈项而得名。鹅岭是重庆城的制高点,又是出入重庆的咽喉。鹅岭上有鹅岭公园,始建于清宣统元年(1909 年),是晚清重庆富商李湛阳为他父亲李耀庭修建的私人花园;1958 年,正式命名为鹅岭公园,并向游客开放。鹅岭公园里有一处建于清光绪年间的遗爱祠,是重庆市民为表彰清末巴县知县国璋的德政而修建的。

菜园坝［Càiyuán Bà］　位于区境中南部,泛指重庆火车站周边地区,南濒长江,东与石板坡,北与两路口,西与黄沙溪等区片相连,地势低平,由北向南倾斜。

此处建有外滩摩配、水果交易等九大交易市场,商品辐射西南三省市;有菜园坝长江大桥、向阳隧道、八一隧道、菜园坝立交桥和多条公路交会,道路四通八达,设有重庆汽车站、重庆长途汽车站,通多路公共汽车。早年该地是一片沙坝农田,清末得名菜园坝。1935 年南区公路建成后,江边发展为竹木码头。1952 年成渝铁路通车,于此设重庆站。改革开放后,此处成为重庆市物流中心、交通枢纽,为重庆最繁忙的地带之一。

两路口［Liǎnglù Kǒu］ 位于区境中部,两路口街道办事处辖区内,泛指中山三路南段及中山三路与长江一路相交处一带。旧时此地为出重庆的分道口,一路通成都,一路通江北,故名。1930 年前后渐成街区,为市内交通要道,繁华商业街。建有地下人行道,有缆车直下菜园坝火车站。正北面有山城电影院,附近是体育场、第四人民医院等公用设施。多路公交车于此设站。

大田湾［Dàtián Wān］ 位于区境中部,两路口街道办事处辖区内,泛指大田湾体育场及其周边地区,地势平坦,东与两路口,南与健康路,西与桂花园,北与牛角沱等区片相连。因地物及地形而得名。此地地处山腰,拐弯处有面积较大的水田,故名。原为农田。清朝得名大田湾。1950 年初,此处建起新中国第一个甲级体育场和体育馆,成为重庆市体育比赛及训练的重要场所,现为市民休闲健身娱乐的场所。毗邻两路口,交通方便。

牛角沱［Niújiǎo Tuó］ 位于区境北部,上清寺街道办事处辖区内,位于嘉陵江边,泛指上清寺路与四新路相交处至嘉陵江一带,紧靠向阳隧道、八一隧道。此处有自然石坡,形如牛角斜伸入嘉陵江,江流经此回流成回水沱,故名。原有牛角沱轮渡码头,1966 年嘉陵江大桥通车,轮渡停驶,建牛角沱立交道,通多路公交车。此地还设有牛角沱轨道站,濒临嘉陵江,是重庆轨道交通 2 号线与 3 号线的车站及换乘站。

学田湾［Xuétián Wān］ 位于区境北部,上清寺街道办事处辖区内,泛指东连曾家岩、南至文化宫后门、西接大溪沟、北至大礼堂的区域。清代时,此地位于山湾处,田亩属于学校,以地租用于教师薪俸和学生补助,习称学田。1920 年前后住户逐渐增多,形成街道名为学田街。抗日战争时期更名学田湾正街,沿用至今。

曾家岩［Zēngjiā Yán］ 位于区境北部,上清寺街道办事处辖区内,泛指周公馆及其周边地区。清初"湖广填四川"时有曾姓人家来此地居住,故名。曾家岩 50 号又称"周公馆",位于渝中区中山四路,地处街巷尽头,是那时中共南方局在市内的一个主要办公地点。1938 年冬,中共代表团由武汉迁至重庆后,为便于工作,周恩来以个人名义租赁,右侧为国民党军统局局长戴笠的公馆,左侧是国民党警察局派出所。1958 年,曾家岩 50 号和沙坪坝区红岩村 13 号中共中央南方局和八路军驻重庆办事处一起被列入红岩革命纪念馆的组成部分,1961 年成为全国重点文物保护单位。

桂花园［Guìhuā Yuán］　位于区境中部偏北,上清寺街道办事处辖区内,泛指桂花园路及其周边地区。北侧为陡坡,隔李子坝正街可望嘉陵江,东与大田坝,南与健康路,西与李子坝,北与上清寺等区片相连。现为居住区。自然资源部重庆测绘院位于区域内。有多条公路在此交会,部分地区通公共汽车,距李子坝轨道站较近。此地原为荒山坟地,晚清时期江西会馆建于此,以会馆前堰塘周围种有桂花树得名桂花园。后居民逐渐增多,形成居民区。1972 年整顿街名时,将新建区并入桂花园。

大坪［Dà Píng］　位于区境西部,大坪街道办事处辖区内,泛指大坪正街、长江二路交会处及其周边地区。东邻肖家湾,南至黄沙溪,西接虎头岩,北邻李子坝。为居住区。有中国兵器装备集团公司西南兵工局、中煤集团重庆煤矿设计院、重庆电信公司、重庆交通轨道公司、大坪医院等上百家企事业单位。有多条公路交会,通多路公共汽车,有轨道交通 1、2 号线经此。此处地势平坦,又大又平,故名大坪。1940 年浮(图关)九(龙坡)及大(坪)石(桥铺)公路(现长江一路、长江二路、大坪正街、渝州路)通车后,逐渐发展成为繁华街市。解放后得以开发,地名沿用至今。

九坑子［Jiǔkēngzǐ］　位于区境西部,大坪街道办事处辖区内,泛指经纬大道东段、大坪医院以西及其周边地区,东、南邻大坪,西至虎头岩,北接化龙桥。为居住区。通多路公共汽车。据说此处小溪流有漩涡,使沟底、沟岸形成九个石坑而得名。"文化大革命"时期改为向阳村,1972 年复名九坑子,沿用至今。

肖家湾［Xiāojiā Wān］　位于区境西部,大坪街道办事处辖区内,泛指长江二路与肖家湾交会处及其周边地区,包括上肖家湾、下肖家湾一带,东毗大黄路社区,南至浮图关社区,西毗大坪正街社区,北接两路口街道。湾本指山沟里的小块平地,在重庆方言中又指山湾的村落或院子。清代此处为农田荒坡,原名韩家湾,后因"湖广填四川"有一肖姓人家来此居住,买了韩家 24 亩土地,改名"肖家湾"。20世纪 30 年代修建公路,将此分为上下两段,分别更名上肖家湾、下肖家湾。1940 年更名为中台路,1950 年恢复上肖家湾、下肖家湾,下肖家湾已拆迁,上肖家湾也大部分拆迁。

袁家岗 ［Yuánjiā Gǎng］ 位于区境西部偏南,大坪街道办事处辖区内,泛指长江二路、医学院路、谢家湾正街交会处及其周边地区。东、南、西部均与九龙坡区接壤,北与大坪相连,习惯上也包括九龙坡区部分地区。为居住区,有重庆医科大学附属第一医院、重庆市奥林匹克体育中心等单位。有多条公路交会,通多路公共汽车,有轨道交通 2 号线经此。1956 年重庆医科大学(原重庆医学院)在此建立,逐渐成为闹市区,地名保留至今。此处原有一山梁如一条杠子,清初"湖广填四川"时有袁姓人家来此居住而得名袁家杠,后改名为袁家岗,地名保留至今。

虎头岩 ［Hǔtóu Yán］ 位于区境西部偏北,石油路街道办事处辖区内,泛指长江二路、经纬大道、瑞天路之间的区域及周围的部分地区,因地处峭壁悬崖,巨石矗立,形如虎头,故名。虎头岩是渝中半岛山形脊梁轮廓线的制高点和重要分界点,是渝中区最西端,东面、南面与石油路社区、新影村社区相邻,西面与九龙坡区、沙坪坝区交界,虎头岩是解放前夕重庆的"中共三岩"之一(另外两岩分别是曾家岩和红岩村),留下了众多革命先烈的工作足迹。

重庆天地 ［Chóngqìng Tiāndì］ 位于区境西部偏北,化龙桥街道辖区内,东西长 243 米,南北宽 129 米,总占地面积 32200 平方米,建筑面积为 82472 平方米,东邻临湖路,南侧为嘉陵路,西至雍江艺庭,北临嘉陵江滨江路,用地大致呈矩形。重庆天地是集餐饮、娱乐、购物、文化展示等多种业态于一体的商业区,是重庆市著名旅游观光区、最具文化气息的时尚地标。2005 年 6 月,经重庆市人民政府批准得名重庆天地。2008 年重庆天地建成,地名沿用至今。

化龙桥 ［Huàlóng Qiáo］ 位于区境西部偏北,化龙桥街道辖区内,泛指虎头岩下、嘉陵江边约 2 平方千米的地区,东与李子坝相连,南望虎头岩,西与沙坪坝区土湾隔一狭长地带相邻,北临嘉陵江。化龙桥系嘉陵江二阶台地,地势平坦,略显低洼。已改造为商务区及高档住宅区,建有商业娱乐中心。有全国重点文物保护单位红岩革命纪念馆。重庆市工业学校、重庆市第二十九中学校住读部、重庆市渝中区红岩小学校等学校位于此。有多条公路交会,有两座跨江大桥(含在建),通多路公共汽车,轨道交通 5、9 号线经此。20 世纪 30 年代成渝公路修通后,此地逐渐繁荣。抗日战争时期不少内迁工厂企业在此扎根,使其成为重要工业区。2005 年前后拆迁老旧住房,新建高档住宅区及商业楼房,地名保留至今。高达 458 米的重庆第一高楼陆海国际中心在建设中。

李子坝［Lǐzi Bà］ 位于区境西北部,上清寺街道办事处辖区内,泛指李子坝正街中段狭长地带,上清寺西侧、化龙桥东侧及其周边地区。此地地处半坡,地势前临嘉陵江,背依崖坎,房屋沿坡就势,高低错落。1920 年此处多为荒山坟地,人烟稀少,交通不便,只有沿江一条石板路通往沙坪坝。1920—1928 年渝简公路修通,经过此地,交通有所改善。抗日战争时期一些居民为躲避日机轰炸在此地公路两侧建房。1939 年国民党的官员白崇禧、刘湘及法国领事馆官员在此修建住宅(团结新村无线电话公司旁灰砖房子即白崇禧当年的公馆),二层马路(桂花园路)就为他们而建。交通银行、农民银行、大公报、时事新报及国民党一些机关也先后迁此,居民逐渐增多。当时的李子坝大致范围是从江边至山腰,三层马路最底层至南山坡第二层马路中间的这一区域。解放后政府进行分片区命名,李子坝实际上已成为虚地名,但习惯上仍以李子坝冠街巷及单位名,如李子坝一、二、三、四村和李子坝五处居民区。据说此处旧时有一片茂密的李子林,故名。因轨道交通 2 号线李子坝站台建于傍山面江的一居民楼内,形成轻轨列车穿楼而过的奇观,故而"李子坝"已成为重庆著名的网红打卡地。

红岩村［Hóngyán Cūn］ 位于区境西部偏北,化龙桥街道辖区内,泛指红岩纪念馆及其周边地区。东与化龙桥相连,南靠虎头岩,西与沙坪坝区土湾隔一狭长地带相邻,北濒嘉陵江。附近有多个高档住宅小区以及多所中小学。有多条公路交会,通多路公共汽车,在建的轨道交通 5、9 号线及红岩村大桥将经此。此地有侏罗纪时代留下的红色岩石,且形成自然村落,故名红岩村。原名红岩嘴。20 世纪30 年代爱国民主人士饶国模在此办大型农场,更名为红岩村。抗日战争时期,饶国模将红岩村提供给中共中央南方局和八路军驻渝办事处使用。周恩来、董必武、林伯渠、吴玉章、叶剑英、王若飞、邓颖超等中国共产党著名领导人曾在此生活工作,历时 8 年。1945 年,毛泽东从延安来重庆与国民党谈判,大部分时间也住在红岩村。1955 年开始筹建红岩纪念馆。1958 年 5 月 1 日对外开放。1961 年成为第一批全国重点文物保护单位。

珊瑚坝［Shānhú Bà］ 位于区境南部,菜园坝街道办事处辖区内,地处长江重庆市区段主航道左侧,在区境南区路与南岸区南坪公园之间的长江之中。枯水期面积约 0.3 平方千米,东西长 1.2～1.8 千米,南北宽约 0.6 千米。因珊瑚坝为河道淤积形成的自然河漫滩,其最早的名字叫"沙河坝",谐音"珊瑚坝"。系长江上游缓冲地段自然冲积沙洲,略呈椭圆形,形成至今已五六千年。夏季洪水时(7 月)

常被淹没,其余时间出水成陆。东西两端与长江北岸连片。1931年于此建小型飞机场,1949年废用。1933年动工兴建的重庆长江大桥有4个桥墩位于坝上。由于修筑滨江公路以及常年挖取坝上沙土、卵石等建筑材料,坝的面积及厚度有减少的趋势。三峡库区蓄水前,每年长江枯水期(10月至次年4月),珊瑚坝的坝头和坝尾与长江左岸相连;5月至9月,长江水位在172米以上时呈江心洲状态;当洪水水位超过180米时,完全淹没在水下。三峡库区蓄水期,珊瑚坝没于水中。

第三节　居民点类地名

巴渝世家小区 [Bāyúshìjiā Xiǎoqū] 　属解放碑街道,位于民生路318号,东临若瑟堂,西接业城花园,南靠民生路,北至地母亭。2002年建成。占地面积1.2万平方米,建筑面积11.7万平方米,共4栋32层建筑,入住925户约3000人。巴是重庆最古老的称谓,渝是重庆的别称,世家指世世代代相延的大家族,开发商欲将小区打造为重庆人世代宜居的家园,故名。别名"巴渝世家"。

沧白大厦 [Cāngbái Dàshà] 　属解放碑街道,位于沧白路17号,邻沧白路和千厮门大桥,附近有洪崖洞民俗文化风景区。沧白大厦于2000年建成,由沧白物业有限公司开发,占地面积约2200平方米,共2栋32层建筑,1—4层为商业裙楼,4—32楼为住户,每层8户,现有居民380户,约1344人。因大厦修建于渝中区沧白路旁,是该地区的标志性建筑,故名。

两江嘉苑 [Liǎngjiāng Jiāyuàn] 　位于新华路46号朝千路社区,千厮门行街和新华路交界处,2006年3月正式命名。小区由3栋26层高的大楼呈"品"字组成,占地面积4970平方米,建筑面积95000平方米,居民820户,约4500人。为重庆市"四久工程",由1个裙楼和3栋塔楼组成。因地处朝天门市场核心区域,系长江与嘉陵江交汇处,且周边环境优美,风景绝佳,为理想居所,故名。

成德里 [Chéngdé Lǐ] 　属朝天门街道,位于解放东路69号巷子内,建于民国年间,此段街道过去叫县庙街,因德兴成银行驻此,为避另一"德兴里"取名"成德里"。德兴成银行成立于20世纪20年代至30年代,为吴姓银行家投资创办。成德里一面临解放东路,马路对面是二府衙;另一面临望龙门巷,面朝长江。从解放东路进出院子有一条宽不足2米的巷子,从望龙门巷方向也有通道进出院子。成德里有 5 栋楼房,其中 1 号至 4 号楼是民国时期建筑,5 号楼于 20 世纪 80 年代修建。成德里 4 号楼是 3 层楼砖木结构,每层高 4 余米,有几十间房屋,是成德里最老最大的楼房,为德兴成银行于民国时期所建。已拆迁。

石门坎［Shíménkǎn］ 属朝天门街道,得名于清代中叶,原名石门坎。此处有一块人工凿成的条石,像门槛一样横拦巷道,故名。20 世纪 30 年代改名石门街。石门坎于 1949 年"九二"火灾中被烧毁,1950 年重建后并入"大河顺城街",1972 年因与大河顺城街分属不同街道办事处,此段更名为东升街。1980 年与余家巷合并后更名为朝东路,已拆迁。

张家凉亭［Zhāngjiā Liángtíng］ 属朝天门街道,位于望龙门城外,靠近元通寺。清代中叶形成街巷,张姓人家在此地修建房院,形似凉亭,故名,于 20 世纪 90 年代拆迁。

胜利新村［Shènglì Xīncūn］ 属七星岗街道,位于胜利新村 1—6 号、22—23 号临华路社区内,东南邻临华路,西北连巴教村,占地面积约 15000 平方米。房屋建筑多为 9 层砖混结构楼房,有居民约 500 人。附近有重庆钢铁集团设计院有限公司、中山小学、巴蜀小学等单位。此地原为黄山坟地,后有人在此建房居住,因居民多为回族,信奉伊斯兰教,取名为教门山。抗日战争时期,迁居此地的人逐年增多,人们盼望抗战早日胜利,将此地更名为胜利村。1945 年日本投降后,更名为胜利新村。

巴蜀俊秀大厦［Bāshǔjùnxiù Dàshà］ 属大溪沟街道,位于渝中区北区路 51 号,总占地面积约 3300 平方米,总建筑面积 60657 平方米,东临黄花园大桥引桥,南临钢铁设计院,西临巴蜀中学体育场,北临巴蜀中学大门。2005 年 8 月命名。由 2 幢 31 层的高楼构成,1—3 层为商业用房,4 层为空中花园,5—31 层为住宅,配套建设有体育健身设施、空中花园、游泳池、入口广场。因外观俊朗秀丽,与巴蜀中学融为一体,相得益彰,"梦圆巴蜀,俊秀辈出",故名。

公馆壹号小区［Gōngguǎn Yīhào Xiǎoqū］ 属大溪沟街道,位于华一路北侧,距解放碑核心区域 1.5 千米,东南侧临华一路,西侧临接胜利路,南侧临接重庆市中医院,北面临接城市建筑康田·国际。2009 年 11 月命名。总占地 25240 平方米,总建筑面积 157277 平方米,建筑层数 41—49 层,容积率 5.5,绿地率 25.45%。2009 年动工建设,2011 年竣工。场地内有一座抗日战争时期的独立建筑"陈诚公馆",属文物建筑。其名寓意:一是"公馆"对应抗战文物"陈诚公馆",二是"壹号"

一方面体现渝中区文物广电新闻出版局将"陈诚公馆"作为重庆抗战文化线的起点,另一方面体现公司着力打造的建设项目为渝中"排名第一"的建设理念。

嘉和苑［Jiāhé Yuàn］ 属大溪沟街道,位于枣子岚垭正街 116 号球坝社区内,2002 年建成。嘉和苑共 3 栋楼,每栋 15 层,每层 4 户,约 1500 平方米,总户数 180 户,总人口约 750 人,有停车位 100 个,绿化率为 30%,容积率为 4.1;紧邻学田湾菜市场、大礼堂风景区。取美好、欢乐、和气之意,故名。

罗家院［Luójiā Yuàn］ 原属上清寺街道,今属大溪沟街道。早年罗姓人家在此院内建有一织布机房,故名。1985 年 6 月 27 日上午罗家院下水管道因人民宾馆油库汽油泄漏发生爆炸,造成 26 人死亡,91 人受伤,81 户居民住房及数家商店被毁。1986 年 10 月底重新建成面积达 1.8 万余平方米的大型综合性商贸服务中心及附属公用设施,辟建台梯式小游园。罗家院、人民路菜市场等已消失。

玫瑰湾小区［Méiguīwān Xiǎoqū］ 属两路口街道,位于长江一路 52 号,东靠原制药厂,南靠铁路,西靠原锅炉厂,北边靠长江一路。2005 年 12 月命名。占地 46 亩,总建筑面积 15.05 万平方米,由 8 栋建筑组成,其中住宅 7 栋,最高 34 层。容积率 4.96,建筑密度 38.8%,绿地率 27%。从长江路上看小区全景,犹如一朵盛开的玫瑰花,小区内也种植了大量玫瑰树和玫瑰花,故名。

桂花景苑［Guìhuā Jǐngyuàn］ 属上清寺街道,地处渝中区桂花园,市中心血站旁,东临市住宅建筑公司,南与大田湾小学一墙之隔,西临嘉陵江。2005 年 6 月命名。该片区共 3 栋商品住宅楼,总建筑面积 73200 平方米。1995 年开工建设,2006 年建成。地处嘉陵江畔,同时拥有近 1000 平方米以桂花林为主的雅致景观园林,既有江景又有园景,又处在传统的桂花园老城区内,故名。

上肖家湾居民区［Shàng Xiāojiāwān Jūmínqū］ 属大坪街道,位于肖家湾社区内。湾本指山沟里的小块平地,在重庆方言中又指山湾的村落或院子。清代此处为农田荒坡,原名韩家湾,后因"湖广填四川"时有一肖姓人家来此居住,买入韩家 24 亩土地,改名"肖家湾"。1940 年国民政府中央军官训练团设浮图关后,在此建公路 1 条,取中央军官为台柱,更名为中台路。1950 年还名肖家湾。1952 年兴建两杨公路(现名长江二路)从中穿行,公路以北为上肖家湾,以南为下肖家湾。上肖家湾居民区因位于上肖家湾而得名,已拆迁。

星月湾小区［Xīngyuèwān Xiǎoqū］ 属大坪街道,位于大黄路 132 号地块,面对长江,东临交通街,西临冠生园老厂区,南临重庆市交通学院水运研究所,北临大黄路。2006 年 5 月命名。总占地面积 22373 平方米,总建筑面积 90868 平方米,绿地率为 30%,其中住宅面积为 80647 平方米,由 5 栋楼宇及地下车库组成,层数约为 32 层,集住宅、商业为一体。

渝中名郡花园［Yúzhōng Míngjùn Huāyuán］　属大坪街道,位于渝中区大黄路 78 号,2005 年 6 月命名。占地面积 26920 平方米,建筑面积 109081 平方米,绿化率 41.9%。东面紧靠大黄路,西面与后勤工程学院宿舍相邻,南面与重庆市第二市政工程公司机修厂相邻,北面与渝中区公务员住宅小区相邻。共有 5 栋高层住宅楼,2004 年 8 月开工,2006 年底竣工。

恒康丽景小区［Héngkānglìjǐng Xiǎoqū］　属石油路街道,位于经纬大道旁,东侧紧邻渝中区万年社已拆迁地,南侧紧临重庆射击学校,西侧紧邻重庆高新区大坪六店子 110KV 变电站,北邻经纬大道六店子转盘。2009 年 5 月命名。小区共 2 栋,总占地 9850 平方米,建筑层数 33 层,总建筑面积 70305 平方米,容积率 6.5,绿化率 25%,小区北面有公共绿地约 8000 平方米。2009 年 5 月动工,2010 年 12 月竣工。

金银塆［Jīnyín Wān］　属石油路街道,西起虎歇路,东至茶亭北路,原为红岩村金银塆组,占地面积 7500 平方米,总建筑面积 16794.5 平方米。该小区共有 3 栋楼房,10 个单元,楼房均为 7 层高,无电梯,小型商业门面 22 个,库房 22 个,住户 214 户,685 人。2008 年由原虎头岩社区和九高路社区合并而成。

雍江苑［Yōngjiāng Yuàn］　属化龙桥街道,位于化龙桥街道辖区内"重庆天地新城"最西端,北临嘉陵江滨江路(牛滴段),南、西侧为红岩路,东至规划连接红岩路和嘉陵江滨江路的红岩支路(拟命名)。2006 年 12 月命名。占地面积 49244 平方米,总建筑面积 137883.2 平方米,其中住宅面积为 109426.89 平方米,总计 12 栋楼,784 户,绿化率 37.6%。2005 年 10 月动工,2007 年竣工。

第三章　交通运输设施类地名

第一节　城镇交通运输类（道路、街巷）

八一路［Bāyī Lù］　位于区境东部，解放碑街道办事处辖区内，东北接民族路，西南交磁器街，沿途与邹容路、中华路、五四路相交。道路长800米，宽12~15米，单向2车道，沥青路面，街道平直，东北端稍弯曲。曾用名"白龙池""大阳沟""中营街""保安路"。1937年前名白龙池、雷祖庙、大阳沟、米花街、中营街。1939年被日机炸毁，重建后合并，以市警察局驻此命名保安路，1968年保安巷、五四路部分路段并入，因路中段有解放军剧院与重庆兵站，更名八一路。沿途有帝都广场、洲际酒店、大都会广场、扬子岛酒店、雨田大厦、渝都酒店、八一广场等。东段的渝都大酒店，主楼高35层，九重天旋转厅高108米，可容500人同时用餐观景，有"渝州一绝"之誉。

沧白路［Cāngbái Lù］　位于区境东北部，解放碑街道办事处辖区内，东南起民族路，西至临江路，呈L形。道路长约500米，宽约16米，双向4车道，车行道宽约10~14米，沥青路面，较为平坦，为渝中区北主干道的一段。东段有嘉陵江客运索道南站，路北侧有长约200米，高约1米的石栏杆堡坎，可遥望嘉陵江。原分段名觐阳巷、炮台街、书院街、香水桥街，抗日战争期间马路修成，合并后名为建国路，1943年杨沧白先生纪念堂在重庆府中学堂旧址落成揭幕，是年将建国路更名沧白路。1968年并入临江路，1982年析出，沿用至今。

磁器街［Cíqì Jiē］　位于区境东部，解放碑街道办事处辖区内，在较场口附近，与新华路（西段）、凯旋路等街巷相邻，东南起凯旋路，西北至民权路。道路长250米，宽约12米，沥青路面，街道平直。各种商店鳞次栉比，是较场口片区商业繁华地带。磁器街西侧中段有"六五隧道惨案"遗址。因此路周边有很多卖瓷器的商店，故名。

大同路［Dàtóng Lù］　位于区境东部，解放碑街道办事处辖区内。东北起中华路，中段交民生路，西南止于新民街。道路长约300米，宽12米，东北段车行道宽约10米，西南段宽约8米，沥青路面，地势西南高，东北低，略有坡度。原名牛皮凼。1914年四川省立第二女子师范学校在此建立，更名为女师校街。1940年"五三""五四"日机大轰炸后修太平巷马路拓宽重建，将冉家巷部分路段并入，取孙中山先生倡导的"世界大同"之意改称大同路。

大井巷［Dàjǐng Xiàng］ 位于区境东部,解放碑街道办事处辖区内,东起临江门,西至西来寺,长 240 米,宽 2 米。此巷原有深约丈许,旱时不干涸的水井,故名。"文化大革命"中改名为援越支三路,1992 年恢复现名。2011 年将路面改为青石板路面,地名沿用至今。沿途有重庆市公安局幼儿园。与之相连的道路有西来寺。

大同巷［Dàtóng Xiàng］ 位于区境东部,解放碑街道莲花池社区内,北起民生路,西至大同路,长 70 米,宽 7 米。1920 年前为白果巷、石马厩,1953 年更名为冉家巷,1968 年更名幸福巷,1972 年整顿街名时更为现名,为大同路派生名,地名沿用至今。沿途有大同巷小区。与之相连的道路有四贤巷、鲁祖庙和大同路。

戴家巷［Dàijiā Xiàng］ 位于区境东北部,解放碑街道办事处辖区内。东西均连接临江路。道路长约 430 米,西段宽约 6 米,水泥路面,平坦可通汽车,其余路段宽约 3 米,为石梯路。整个巷道弯曲,略呈 U 形,东高西低。沿途有重庆医科大学附属二院和都市方舟等。与临江路相连。此地原是荒山坡,"湖广填四川"后居民增多,形成巷道,其西段为戴家巷,中段原名韭菜园,东段因有香水桥而得名香水顺城街,1948 年将韭菜园并入香水顺城街,1972 年戴家巷、香水顺城街合并更为临江路东巷,1982 年还名为戴家巷,地名沿用至今。

南区公园路［Nánqūgōngyuán Lù］ 位于区境中部,跨菜园坝街道、两路口街道,东南起南区路,西连中山三路。道路长 2200 米,宽 8 米,双向 2 车道,有人行道,为沥青混凝土路面。1928 年修南区干路时为沟通上、下城区而建的支路,名为南区支路,因马路弯曲成 4 个 Z 字形,道旁多植树木成绿化带,邹容纪念碑建此,故时人习称公园,1980 年更名为南区公园路。

宏声巷［Hóngshēng Xiàng］ 位于区境东部,解放碑街道办事处辖区内,东南起于新民街,西北止于立新巷。道路长约 240 米,宽约 7 米,石板路面,巷道平坦,但弯曲呈马蹄形。此巷在 1905 年前是文科会考之地,故名会府,又叫会府街。1920 年因在此祭祀辛亥革命先烈,改名忠烈祠。抗日战争时期,此地被日机炸毁,后来陆续搭了很多棚户,又名忠烈祠棚户。1968 年改名燎原一巷。1972 年,重庆市聋哑学校修建于此,因"文化大革命"中有"发明"说用针灸可以治愈聋哑,使聋人听见声音,故更名宏声巷。

江家巷［Jiāngjiā Xiàng］ 位于区境东部,解放碑街道办事处辖区内,南接五四路,北至临江路,长约 230 米,宽约 7 米,南段系沥青路面,宽约 9 米,北段为石板路面,宽约 5 米。巷道直而平坦,是连接临江路与无私路的通道。江家巷原是荒坡,1850 年,一有钱的江姓人家居此,故取名江家巷,沿用至今。经改造,路面拓宽可通车,两边商业网点增多。110 层楼 350 米高的环球金融中心、文化标志性建筑国泰艺术中心分列其南北,还有赛格尔大厦、地王广场、城市传说、王府井百货、光大银行大厦等。

来龙巷 [Láilóng Xiàng]　位于区境东部,解放碑街道办事处辖区内,东北接五四路,西南止邹容路。道路长约 180 米,宽约 12 米,单向 3 车道,水泥和水泥板路面。地势西南高,东北低,巷道弯曲,除接邹容路段有十余步石梯外,其余地段平坦,大部分可通汽车。命名来源有两说,一说清光绪年间,此地原有一座塞姓官宦修建的"榜眼牌坊",牌坊上刻有两条巨龙,龙头中间有"来龙进宝"四字,故名;一说当时许多官员经过此地去拜文庙(现重庆第二十九中学处),此巷地势较低,街底有沟,拜文庙的官员经过此巷队伍长得像一条龙,故名。1968 年改名"建设巷",1927 年还名来龙巷。沿途有都市广场和国泰广场。

立新巷 [Lìxīn Xiàng]　位于区境东部,解放碑街道办事处辖区内。东北起于渝海小区,西南止于铜鼓台,长 160 米,宽 3 米。因取破旧立新之意而得名,曾用名"曹家庵",据说是清代有一曹姓姑娘因病坚决不嫁,其父亲为她修建一座小庙,让她在庙内当尼姑。20 世纪 30 年代形成街巷,因靠近上半城热闹商业街区,居住者多是经营百货生意的商人,期望生意兴隆而取名兴隆巷。1968 年更名为立新巷(又名兴无巷),1972 年还名立新巷。

临江路 [Línjiāng Lù]　位于区境东部,解放碑街道办事处辖区内,东北接沧白路,西南至民生路。道路长 700 米,宽 25 米,车行道宽 9.6～14 米,沥青路面。因临嘉陵江并通过临江门,故名。原分段名上、下石板街、临江顺城街(一小段)、七星坎街、定远碑街。1939 年被日机炸毁,1940 年重修后,以濒临嘉陵江合并改临江路。1968 年沧白路并入,改名援越路。1972 年川盐三里并入,复名临江路。1982 年原沧白路从临江路分出,临江路保持名称不变。

民权路 [Mínquán Lù]　位于区境东部,解放碑街道办事处辖区内,是一条主干道,东北起民族路,西南至较场口。道路全长 510 米,宽约 23 米,车行道宽约 14～17 米,双向 4 车道,有人行道,沥青混凝土路面。原分段名都邮街、关庙街、鱼市街。1939 年拓宽改造,为纪念孙中山先生提倡的"三民主义"之"民权主义"而命今名。1968 年改称反修路。1972 年还名民权路。为繁华商业街道,沿路商店、公司密集。有重庆百货大楼、正宗川味餐厅小洞天、建设公寓、冠生园、人民解放纪念碑、得意世界、新华国际和八一广场等。

民生路［Mínshēng Lù］ 位于区境中部偏东,七星岗街道办事处辖区内,东南起民权路,西北至中山一路,与青年路、大同路、鲁祖庙、小米市等路相交接。道路长 940 米,宽 15～20 米,双向 4 车道(个别路段单向),沥青路面,道路弯曲,西段宽,东段窄,西段多为砖混结构高楼,东段多为低层楼房,沿路行道树繁茂整齐。原分段名"杂粮市""武库街""杨家什字""售珠市""方家什字""劝工局街""幸福路"。为纪念孙中山"三民主义"中的民生主义,故名。1936 年修建公路,1968 年改为幸福路,1972 年还名民生路。

民族路［Mínzú Lù］ 位于区境东北部,跨朝天门、解放碑两街道。东起新华路,西至解放碑接邹容路、民权路,沿路与沧白路、临江支路及五一、八一、五四等路相接。该路形成街道较早,分段为小什字、靴子街、木牌坊、小梁子、会仙桥、白龙池等。1937 年 11 月,国民政府迁渝后将上述几路合并后命名为民族路,以纪念孙中山"三民主义"中的民族主义。1968 年更名为红卫路,1972 年整顿地名时还名民族路。道路长约 840 米,车行道宽 10.6～20.5 米,两侧人行道各宽 2～3 米,单向 4 车道(东段双向),沥青路面,为渝中区中轴线主要路段和繁华商业街道。中段有市内 1982 年首次兴建的高层建筑会仙楼宾馆及会仙楼空中花园。沿途有和平大厦、合景大厦、重庆金店、第五大道、联合大厦、洲际酒店、环球中心、解放碑等。

民族巷［Mínzú Xiàng］ 位于区境东部,解放碑街道办事处辖区内,东南接民族路,西北连九尺坎。民族巷长 24 米,宽 7 米,由民族路派生得名。此地原是荒坡,1663 年后居民增多形成街巷。1935 年大资本家刘进修(天主教徒)在此巷经营黄花酒,并用基督教会的"仁爱堂"之名取名"爱仁堂",此巷即命名为爱仁堂巷。1968 年改为朝阳巷。1972 年整顿街名时,改为民族路一巷。1980 年地名普查时,改为民族巷,1981 年 11 月 28 日启用。

磨房巷［Mòfáng Xiàng］ 位于区境东部,解放碑街道办事处辖区内。东南起于较场口,西北止于民权路,长 50 米,宽 4 米。曾名较场坝,是清朝科举比武练兵之地。1912 年辛亥革命后逐渐形成街巷,因该区域有一家磨房得名上磨房街、中磨房街、下磨房街。1957 年拟修百货大楼拆去下磨房街、中磨房街的一部分,1972 年整顿街名时合并更名为磨房街,1980 年地名普查时更名磨房巷。

青年路［Qīngnián Lù］ 位于区境东部,解放碑街道办事处辖区内,东北起五四路,西南至民生路,与邹容路、中华路相交。道路长 470 米,宽 16 米,单向 4 车道(个别地段单向 2 车道),沥青路面,地势平坦。清末,因东段建有教堂初名天主堂街。1939 年"五三""五四"大轰炸中被日机炸毁。1944 年动工兴建,新路从青年馆(现实验剧场处)旁穿过,故名青年路。一说因国民党的三青团政治活动场所——青年馆设在此地而得名。

若瑟堂巷 [Ruòsètáng Xiàng]　位于区境东部,解放碑街道办事处辖区内,南起民生路,西北部不通,长 120 米,宽 7 米。1893 年,天主教会在此修建教堂,取名若瑟堂。后附近居民增多,形成街巷,得名若瑟堂巷。1968 年改名为抗美巷,1972年改名为革新巷,1980 年还名若瑟堂巷。

书院巷 [Shūyuàn Xiàng]　位于区境东部,解放碑街道办事处辖区内。南接九尺坎,西北连沧白路,长 98 米,宽 4 米。重庆府中学堂前身为东川书院,故名。1903 年东川书院改为重庆府中学堂。1968 改名朝阳巷。1980 年改为书院巷。辛亥革命时此地为重庆起义的指挥部所在地。

四贤巷 [Sìxián Xiàng]　位于区境东部,解放碑街道办事处辖区内,东起民生路,西北至鲁祖庙。清代此地建有曾子庙,内供有"颜回、曾子、子思、孟子"四位先贤牌位,故名。1968 年更名为勇敢巷。1972 年整顿街名时还名四贤巷。

铁板巷 [Tiěbǎn Xiàng]　位于区境东部,解放碑街道办事处辖区内,南接九尺坎,北止沧白路,长 68 米,宽 7 米。原是荒地,1800 年前后居民增多,据说在此曾挖出铁板,加之有些人家的大门包有一层铁皮以此防火防盗,故得此名。1920 年命名铁板街,至今流传着这里是"火烧不着,树栽不活"的地方。1972 年整顿街名时改为铁板巷。民主党派大楼与原工商大厦分列其下口,与张培爵纪念碑隔沧白路遥相对应。

五四路 [Wǔsì Lù]　位于区境东北部,解放碑街道办事处辖区内,东南接民族路,西北止于临江路,长约 300 米,宽约 18 米,单向 2 车道,沥青路面,地势平坦。西北段商店稀少,中段与江家巷、青年路、来龙巷相接。原分段为塞家桥街、鸡街。1939 年 5 月 3 日、4 日,道路被日机炸毁,1940 年重建合并后,为纪念五四大轰炸惨案而命现名。

五一路 [Wǔyī Lù]　位于区境东部,解放碑街道办事处辖区内,北起民族路,南止中华路。道路长约 700 米,宽约 10 米,单向 3 车道,车行道宽约 9~10 米,沥青路面。五一路在 1937 年前北段名机房街,中段和南段名渣滓堆、李家花园(旧重庆警备司令李根固的花园)。1939 年遭日机炸毁,1943 年重建,合并为民国路。并入民国路的原苍坪街 69 号,为中共中央长江局领导的汉口《新华日报》重庆分馆旧址。1968 年因此地有五一电影院更名为五一路。

西来寺 [Xīlái Sì]　位于区境东部,解放碑街道办事处辖区内,东南起于临江路,西北止于民生巷,长 140 米,宽 2 米,当年为青石板路面。传说早年有和尚从西方背来菩萨,在此修建寺庙名为西来寺,此路以寺为名。1968 年改为援越支四路。1972 年整顿街名时更名为临江路西巷。1980 年地名普查时还名西来寺。沿途有西南图书大厦和临江路小学。

新民街 [Xīnmín Jiē]　位于区境中部,跨较场口、七星岗两街道。东起大同路,西连金汤街,沿路与鲁祖庙、石灰市、宏声巷、仓坝子、铜鼓台、潘家沟、棉絮街交会,长约 850 米,街道弯曲,东段为沥青路面,中段为水泥路面,宽约 5 米,可通汽车;西段为水泥板路面,宽约 3 米,有石梯。1936 年前后分段名骡马店、存心堂、铜鼓堂等街。1943 年会府街、铜鼓台部分路段并入后命名为新民街。1968 年更名为火炬街。1972 年还名新民街。2010 年 3 月,新民街拓宽为 3 车道。新民街曾是重庆第一家"老虎灶"白泉园所在地。1947 年 10 月由李某仿上海"水囱铺"形式建造,因灶台似虎身,灶门似虎口,后端烟囱似虎尾,故名"老虎灶"。

正阳街 [Zhèngyáng Jiē]　位于区境东部,解放碑街道办事处辖区内,东南接新华路,西北连八一路,长 250 米,宽 7 米,单向 1 车道。此处原有一东岳庙,庙四周各有一条带"阳"字的街巷,即大阳街、正阳街、庆阳巷、朝阳街,1950 年将其合并,命名为"正阳街",地名沿用至今。

中华路 [Zhōnghuá Lù]　位于区境东部,解放碑街道办事处辖区内,东南起新华路,沿路交会五一路、八一路、民权路、青年路、邹容路和大同路,北止邹容路,长 690 米,宽约 17 米,单向 3 车道。清末民初,原分段名杨柳街、三教堂、桂花街、油市街。1939 年被日机炸毁,重建后合并命名为中华路。为解放碑地区繁华商业街之一。

中华巷 [Zhōnghuá Xiàng]　位于区境东部,解放碑街道办事处辖区内,东北起于中华路,西南止于民生路,为支路。全长 60 米,宽 4 米,为地砖铺装路面。中华路派生巷。解放前住房稀少,1950 年后居民逐渐增多,因靠近中华路而得名。沿途有星豪主题酒店、重庆国贸中心和大同方城市公寓等。

邹容路 [Zōuróng Lù]　位于区境东部,解放碑街道办事处辖区内,东接人民公园,北止临江路,沿路穿过青年路、八一路、五一路,与民权路、民族路、大同路相交。道路长约 800 米,宽约 23 米,双向 4 车道,车行道宽约 4.6～21 米,沥青路面,东南段路面狭窄,地势稍高,略有坡度,为解放碑附近繁华商业街道之一。现邹容路在清末时,从北向南分别名夫子池、柴家巷、天花街、苍坪街、山王庙。1939 年"五三""五四"大轰炸中被日机狂炸为废墟,重建后于 1942 年将上述街巷及天官街合并命名为新生路。夫子池洪家院子为著名近代资产阶级革命家邹容的出生地,故 1943 年将新生路改名为邹容路以示纪念。1968 年改为反帝路,1972 年还名邹容路。

自力巷［Zìlì Xiàng］　位于区境东部,解放碑街道办事处辖区内,位于五一路西端南侧,西北起于五一路,西南连中华路。长 250 米,宽 4 米,多梯坎石板路面。原为荒坡,后居民增多形成街巷,因拐角处有土地庙,被叫作总土地。1921 年四川军阀刘湘所属 21 军政治部主任代至诚在此巷遇刺身亡,遂名"至诚巷"。1968 年改为自力巷。21 世纪初因城市建设,已拆除。

左营街［Zuǒyíng Jiē］　位于区境东部,解放碑街道办事处辖区内,东接人民公园,西连新华路,长 150 米,宽 7 米。因清代左营游击署驻地在此,故名。1968 年改名"保卫街"。1972 年将新民巷并入后名左营街。

百子巷［Bǎizǐ Xiàng］　位于区境东部,解放碑街道办事处辖区内。因道路派生小巷多,得名百支巷,后谐音为百子巷。原是荒坡,清末民初居民渐多形成街巷,名百子巷。1968 年与左百子巷、右百子巷合并后改名为永向东路。1972 年还名百子巷。21 世纪初因城市建设,拆迁后消失。

仓坝子［Cāngbàzi］　位于区境东部,解放碑街道办事处辖区内,在和平路东段北侧,南接棉絮街,东北连石灰市,中段与西子巷呈十字交叉。此地原有不少粮仓和空坝子,形成街巷,故名。1968 年改名为捍红路。1972 年还名仓坝子。21 世纪初因城市建设,拆迁后消失。

老衣服巷［Lǎoyīfú Xiàng］　位于区境东部,解放碑街道办事处辖区内,东北接磁器口街,西南通较场口,为支路,原为较场坝的一部分。民国初年逐渐形成此巷,因居民多数以加工衣服出售为业,得名老衣服街。1980 年更名老衣服巷。后因城市建设,拆迁后消失。

草药巷［Cǎoyào Xiàng］　位于区境东部,解放碑街道办事处辖区内,东北接瓷器口街,西南连磨坊巷,与磁器街以及新衣服街、木货街、草房街等街巷相邻。原为较场坝的一部分。民国初年,住户逐渐增多,形成街巷,因多数居民以卖草药为生,得名草药街。1980 年更名草药巷。因城市建设,现已拆除。1995 年拆迁后消失。

柴埡［Chái Wān］ 位于区境东部,解放碑街道办事处辖区内,临江门城外,靠近嘉陵江边,与丁口横街、煤炭码头、九道拐等街巷相邻。原为荒坡,居民增多后形成街巷,居民多贩卖柴草,得名柴埡街。1972 年长八间并入。1980 年大院坎并入,更名为柴埡。20 世纪 90 年代临江门一带拆迁后消失。

道冠井［Dàoguān Jǐng］ 位于区境东部,解放碑街道办事处辖区内,西南接新华路,西北止于自力巷,新华路南侧、五一路北侧,长 80 米。此处原有一土地庙,庙前有一口井,传说有一道人在此水井取水时不慎将道冠(帽子)掉入井中,因而得名。2008 年拆除。

丁口巷［Dīngkǒu Xiàng］ 位于区境东部,解放碑街道办事处辖区内,东接磨子巷柴埡,西南连丁口正街,因该巷连接形似"丁"字的丁口正街,故名。临江门城外,与丁口正街、柴埡等街巷相邻。1949 年将丁口街分为丁口正街和丁口横街,此处为丁口横街。1980 年将丁口横街改名丁口巷。20 世纪 90 年代临江门大拆迁后消失。

鼎新巷［Dǐngxīn Xiàng］ 位于区境东部,解放碑街道办事处辖区内,东北起磁器街,西南通较场口。原为较场坝的一部分。民国初年因有小偷将盗来的玉器、古董等来此变卖,人称强盗街。1919 年遭受火灾,重修后命名为鼎新街。1980 年更名鼎新巷。20 世纪 90 年代临江门一带拆迁后消失。

光明巷［Guāngmíng Xiàng］ 位于区境东部,解放碑街道办事处辖区内。清初此地因住房密集光线昏暗而取名黑巷子,1952 年改名为嘉陵巷,1982 年改为光明巷。已拆除。

红十字街［Hóngshízì Jiē］ 位于区境东北部,解放碑街道办事处辖区内,临江门城外,靠近嘉陵江边,现一号桥下,东接光明巷,西连红十字二巷。1898 年英、法两国曾在此处办有"国际红十字会",逐渐形成街巷。1915 年,重庆红十字分会成立,1920 年在此设立红十字总医院,因此得名红十字医院。1950 年更名为红十字街。1982 年分为两段,分别更名为红十字一巷、二巷,20 世纪 90 年代临江门一带拆迁后消失。

吉星巷［Jíxīng Xiàng］ 位于区境东北部,解放碑街道办事处辖区内,与磨子巷、临江门正街等街巷相邻,形成于清末民初,原为棺山坡。此地是悬崖,巷道极狭窄,两旁是高墙,传说此处多次发生杀人抢劫事件,被认为是不祥之地。为求吉利,1952 年更名吉星巷,20 世纪 90 年代临江门一带拆迁后消失。

九倒垴 [Jiǔdǎo Wān]　位于区境东北部,解放碑街道办事处辖区内,临江门城外,靠近嘉陵江边,一号桥附近,西接兴隆台二巷,东连兴隆台正街,道路蜿蜒曲折,拐弯多,故名九倒拐。1968 年改名为江坡。1972 年改名九倒垴。20 世纪 90 年代临江门一带拆迁后消失。

老瓷器巷 [Lǎocíqì Xiàng]　位于区境东部,解放碑街道办事处辖区内,较场口附近,东北接瓷器街,西南连磨坊巷,与磁器街、新华路(西段)、凯旋路等街巷相邻。原为较场坝的一部分。1912 年辛亥革命后逐渐形成街巷,因该处商店专门出售瓷器得名瓷器街。1939 年日机轰炸后,于附近新修一条道路,路侧商店专售细瓷器,也名瓷器街,为区别同名的两条街,此街更名为老瓷器街。1980 年更名为老瓷器巷。已拆除。

临江门后街 [Línjiāngmén HòuJiē]　位于区境东北部,解放碑街道办事处辖区内,西南起北区路、东至临江门正街。道路长约 170 米,宽约 3 米,石板路面,地势西南高,东低,起止两端均有石梯,中段平坦。该道路位于临江门正街之后,故名。原分别名"北坛庙""吉祥寺",均以古刹命街名。1939 年北坛庙并入吉祥寺。1968 年改名光荣街,1972 年将其合并后更名为临江门后街,20 世纪 90 年代临江门一带大拆迁后消失。

临江门正街 [Línjiāngmén Zhèngjiē]　位于区境东北部,解放碑街道办事处辖区内,临江门城外,起于临江门城门,东南起北区路、西北止丁口正街,中段连吉星巷,与磨子巷、吉祥寺、北坛庙等街巷相邻。道路长约 160 米,宽约 6 米,石板路面,街道弯曲,地势东南高,西北低,两端为石梯路,中段较为平坦。清初,因道路位于临江门城墙之下,临嘉陵江,故名。1968 年更名前哨街。1972 年还名临江门正街。已拆除。

临江顺城巷 [Línjiāng Shùnchéng Xiàng]　位于区境东北部,解放碑街道办事处辖区内,临江门城门西侧,西北接北区路,西南接临江路。该道路顺临江门城墙修建,名临江顺城街。1972 年将上飞仙宫并入,名临江顺城巷。1980 年因靠近大井巷分段更名为大井南巷、大井北巷。1982 年还名临江顺城巷。已拆除。

罗家巷 [Luójiā Xiàng]　位于区境东北部,解放碑街道办事处辖区,东起丁口正街,北止杜家巷,西南连北区路,巷道曲折,多坡坎,走向不规则。民国初年,因有一经营鹅毛致富的罗姓人家在此建房居住,形成街巷后,取名罗家巷。1972 年下飞仙宫部分并入。20 世纪 90 年代临江门一带拆迁后消失。

棉絮街［Miánxù Jiē］ 位于区境东部,解放碑街道办事处辖区内,新民街中段南侧,和平路北侧。清代中叶形成街巷。此处原来是加工及售卖棉絮的地方,故名。2003 年拆迁后消失。

勉励街［Miǎnlì Jiē］ 位于区境东部,解放碑街道办事处辖区内,较场口附近,西南起石灰石,东北接民生路。1911 年前此处曾设有"劝学所""学院衙门"等地方教育机构。居民逐渐增多,形成街道,取名勉励街。已拆除。

勉励巷［Miǎnlì Xiàng］ 位于区境东部,解放碑街道办事处辖区内,较场口附近,西南起于石灰市,东南部为死巷,此巷连接勉励街,为勉励街派生名。1936 年名为第二菜市场。1949 年更名为勉励支路。1968 年改名勉励巷。已拆除。

磨子巷［Mòzi Xiàng］ 位于区境东部,解放碑街道办事处辖区内,临江门城外,与凉亭子、临江门正街等街巷相邻。此地原多岩石,巷两侧处有石工贩卖石磨,故名。1980 年凉亭平街并入。20 世纪 90 年代临江门一带拆迁后消失。

木货街［Mùhuò Jiē］ 位于区境东部,解放碑街道办事处辖区内,较场口附近,与磁器街以及新衣服街、草药街、草房街等街巷相邻。得名于清代中叶。此处居民多做木货生意,故名。1995 年拆迁后消失。

庆德里［Qìngdé Lǐ］ 位于区境东部,解放碑街道办事处辖区内,解放碑附近,西南接邹容路,东北不通。原名魁星楼巷子,为川盐银行经理所建。此处有庆德堂药店,故名。1939 年被日本飞机炸毁后又重建,仍名庆德里。1944 年曾并入邹容路。1972 年还名庆德里。20 世纪 90 年代拆迁后消失。

铜鼓台［Tónggǔ Tái］ 位于区境东部,解放碑街道办事处辖区内,东南起新民街,西北至德兴里。长 100 米,宽 5 米。原为荒坡,明代因设有铜鼓台得名铜鼓里。1936 年更名为铜鼓台街。1944 年更名铜鼓台。2012 年拆迁。

蜈蚣岭［Wúgōng Lǐng］ 位于区境东部,解放碑街道办事处辖区内,新民街北侧山岭上,西北接德兴里,南接铜鼓台,东邻鼎新巷。此地原人少树多,阴暗潮湿,蜈蚣多而大,故名。1968 年改名抗美街。1972 年还名蜈蚣岭。已拆除。

象鼻嘴［Xiàngbízuǐ］ 位于区境东北部,解放碑街道办事处辖区内,原为荒坡,1912 年后居民逐渐增多,形成街道,因地形似象鼻嘴而得名。1972 年宰房沟、棚户巷并入,更名为象鼻嘴街。1980 年还名象鼻嘴。已拆除。

小米市［Xiǎomǐ Shì］　位于区境东部,解放碑街道办事处辖区内,东南起民权路,南起米亭子,西至民生路。主巷长约 110 米,东段宽约 10 米,西段宽约 3 米。原巷道较窄,坡度较大,已改建成石板及沥青路面,西段有少许石梯。原是米亭子旁边的一条巷子,米亭子原是批发大米的市场,商贩在此零售大米,故名。1972 年将米亭子、况家院街等街巷并入。2002 年拆迁。

依仁巷［Yīrén Xiàng］　位于区境东部,解放碑街道办事处下辖区内。1994 年以前,由依仁巷、下小较场、水井院三条小巷组成,外部则有邹容路、五一路、正阳街、八一路将其围住。原名四公馆,系清朝同治、光绪年间商人张大川的四公馆。后卖给杨姓商人,杨家将原位于蹇家桥的学堂迁于此处,名依仁学堂,小巷名为依仁巷。1994 年拆迁。

德兴里［Déxīng Lǐ］　位于区境东部,解放碑街道办事处辖区内,西北接民生路,东南止于新民街。长 210 米,宽 7 米,因清末重庆巨商刘继陶字德兴,故名。1968 年更名抗美街。1972 年还名德兴里。沿途有大韩民国临时政府旧址、渝海大厦、兴利大厦。

地母亭［Dìmǔ Tíng］　位于区境东部,解放碑街道办事处辖区内,西起民安园,东北连北区路,长 360 米,宽 3.5 米。此地曾有一座地母娘娘庙,故名。早年形成街巷后,取名地母亭街。1980 年更名地母亭。

莲花池［Liánhuā Chí］　位于区境东部,解放碑街道办事处辖区内,西北起于民生路,南交新民街,东北止于德兴里,长 314 米,宽约 7 米,水泥板路面,巷道曲折,有少许石梯,走向不规则。东端有东周巴蔓子墓。明末,丞相王应熊在此修建花园,称"涵园",因园内有上下二池,池中有莲花而得名莲花池。现尚存一六角形池塘。形成街道后,名"莲花池正街""莲花池横街"。1972 年将两街合并,名为莲花池街。1982 年更名莲花池。

鲁祖庙［Lǔzǔ Miào］　位于区境东部,解放碑街道办事处辖区内,在重庆国贸格兰维大酒店附近,鲁祖庙原址在民生路小学下面,东起民生路,西至新民街,长150 米,宽 7 米。此地建有纪念鲁班的鲁祖庙,故名。这座庙宇完全由民间自发兴建,庙里供奉着鲁班先师和他的几个弟子。由百姓供奉祭祀,降灾祈福,自行打理。新中国成立,学校资源稀缺,被改造为鲁祖庙小学校,后更名民生路小学。1968 年更名幸福一巷。1972 年还名鲁祖庙。

民生里［Mínshēng Lǐ］ 位于区境东部,解放碑街道办事处辖区内,民生路派生名。1893 年此地属若瑟堂教友居住地。1930 年民生路修成后取名为民生村。1968 年更名抗美村。1972 年改为民生里,沿用至今。

石灰市［Shíhuī Shì］ 位于区境东部,解放碑街道办事处辖区内,东南接民权路,西北连新民街,沿街交仓坝子、右百子巷、合众市场,西北段为石梯坎,止于新民街,长约 292 米,宽约 7 米,车行道宽 4—7 米,水泥路面,街道平直,东南端可以通汽车。此处原是出售石灰的市场,故名。清康熙九年(1670 年)川湖总督署由荆州移驻重庆时设此,后为学政试院所在地。清末改为川东师范学堂。抗日战争时期,在此开辟第三模范市场,故 1936—1966 年间,东南段名石灰市,西北段名第三模范市场。1968 年将两段合并统称为红卫广场西路。1972 年还名石灰市。

曹家巷［Cáojiā Xiàng］ 位于区境东部,朝天门街道办事处辖区内,东南起陕西路,西北至新华路,长约 165 米,宽约 11 米,双向 2 车道,地势东南高,西北低,稍有坡度,东南—西北走向。清末,因曾有曹姓世家居住于此,故名。1968 年改名红港支路。1972 年还名曹家巷。

朝千路［Cháoqiān Lù］ 位于区境东部,朝天门街道办事处辖区内,濒嘉陵江,东北接朝天门缆车站,西南连千厮门正街,偏南邻信义街、新华路,长约 880 米,车行道宽 9.2—14.2 米,沥青路面,双向 4 车道。原分段名小河顺城街、新马路、月台坝、千厮门下行街、姚家巷、盐井巷,1956 年辟建为公路。1972 年命名为朝千路,此路由朝天门到千厮门,取朝天门的"朝"字和千厮门的"千"字,故名。沿路主要为仓库区和居民区,曾有市日用杂品公司、重庆日杂站、千厮门长途汽车站等。1987 年在朝千路一码头附近出土战国时期青铜戈、矛、剑、弩机各一件,颇富考古价值。2016 年,因新建道路改变地理实体状态,调整后此路西南起嘉陵江滨江路,南接棉花街,为主干道。全长 350 米,宽 15 米,双向 4 车道,有人行道,为沥青混凝土路面。

千厮门正街［Qiānsīmén Zhèngjiē］ 位于区境东部,朝天门街道办事处辖区内,东起朝千路,西止纸盐河巷,长约 140 米,宽约 5 米,石板路面,地势东高西低,街道多石梯,东西走向。千厮门历为粮、棉、盐及土特产码头。此街是从嘉陵江上岸经千厮门进城的要道,故名千厮门正街。

二府衙［Èrfǔyá］ 位于区境东南部,朝天门街道办事处辖区内,东南起解放东路,西北至公园巷支路。全长 200 米,宽约 12 米,水泥路面。"二府"系明、清时对府同知的俗称,同知即知府佐贰。因此处曾为重庆府同知衙门所在地,故名二府衙。1925 年至 1927 年中共四川省委驻地在二府衙 19 号,首届省委书记杨闇公在此办公和居住,他于 1927 年 4 月 2 日被捕,4 月 6 日牺牲于浮图关。1968 年改为光明街。1972 年更名二府衙街。1982 年还名二府衙。

接圣街［Jiēshèng Jiē］ 位于区境东部,朝天门街道办事处辖区内,东起长江滨江路,西至嘉陵江滨江路,长 260 米,宽 16 米,为 4 车道。明清时期从帝都等处传出的圣旨或钦差等多经长江水路抵达重庆,朝天门是迎接第一关,码头建有"接官厅",朝天门内有接圣街、圣旨街。民国初年更名信义街,因此处住户多经商,寓意商人应讲信用与道义。原址为 1958 年 5 月建成的老重庆港客运大楼。20 世纪 90 年代拆除。1996 年,新重庆港客运大楼裙楼建成,2012 年拆除。重修重庆来福士广场后,新道路横穿重庆来福士广场,于 2016 年建成,命名接圣街,以保护历史地名。

筷子街［Kuàizi Jiē］ 位于区境东北部,朝天门街道办事处辖区内,东北起于民族路,西南止于五一巷。长 230 米,宽 14 米,双向 2 车道。因此处原来有制作出售筷子的店铺,故名。1968 年更名红卫支三路。1972 年药王庙街并入此街,还名筷子街。20 世纪 90 年代拆迁。

棉花街［Miánhuā Jiē］ 位于区境东北部,朝天门街道办事处辖区内,西接沧白路,东连民族路。长 220 米,宽约 5 米,双向 2 车道,石板路面。此地清末至民国年间为棉花、棉纱交易市场,因此得名。曾名棉花街巷。

陕西路［Shǎnxī Lù］ 位于区境东部,朝天门街道办事处辖区内,东起长江滨江路,南接解放东路。长 1030 米,宽 14 米,双向 4 车道。清末,此街多为陕西人开设的商店、金店、当铺和会馆,因而得名陕西街。因此街较长,分段名上陕西街、中陕西街、下陕西街。抗日战争初期,上、中、下陕西街和三元庙街合并改称陕西路。1968 年更名红港路,1972 年还名陕西路。1949 年"九二火灾",陕西路几乎被大火烧光。解放后重建,面貌一新。清代八省公所、八景宫、陕西会馆、朝天观位于过街楼一带(过街楼连接陕西路与新华路,因旧时建有过街骑楼而得名)。各种票号、钱庄、典当行,以及后来的银行、保险公司、证券公司、信托公司等集中于陕西路。清至民国时期,过街楼和陕西路都是非常繁华的主街。现沿途为朝天门交易市场,有大正商场、盛隆商场、天门商场、金海洋商场和协信商场。

水巷子［Shuǐxiàngzi］ 位于区境东部,朝天门街道办事处辖区内,在太平门城内西侧,东南接新华路,东北连朝千路,长290米,宽8~10米,靠东北为车道,靠东南为步行道,为沥青混凝土路面。因旧时重庆城里用水困难,挑水工挑水经此道进城出售,沿街潮湿,故名。

天成巷 [Tiānchéng Xiàng] 位于区境东部,跨朝天门街道、解放碑街道,东邻英利龙阁大厦,西连洪崖洞,与纸盐河街、镇江寺等街巷相邻,长350米,宽5米,为砖石地面人行道。清代此地因居民多制作牵藤出售,"牵藤"谐音"天成"而得名。20世纪90年代因修建嘉陵江滨江路,拆迁后消失。现洪崖洞第三层采用此地名。

王家坝 [Wángjiā Bà] 位于区境东部,朝天门街道办事处辖区内,在太平门城外长江边,东起元通寺,西至白象街,长60米,宽3米,砖石路面,为步行道,沿途有听江大厦、江枫雅筑。清代中叶形成街巷,因当时有王姓人家在此搭房居住并有三个坝子而得名。1968年更名长江新村。1972年还名王家坝。

新华路 [Xīnhuá Lù] 位于区境东南部,跨朝天门街道、解放碑街道,东接陕西路东段,西南与磁器街、较场口、凯旋路交会,长1475米,宽12米,双向4车道,两边有人行道,为沥青混凝土路面,地势东北低、西南高。1936年前,此路分段名为过街楼、三层土地、顶子街、字水街、新街口、打铁街、半边街及上、中、下大梁子。1937年国民政府迁渝后,将上述几条街巷扩建合并后命名为中正路。1950年更名新华路。东段有重庆饭店、小宾楼餐厅。中段小百货、服装批发零售店铺密集。沿途有重庆饭店(原国民政府经济部旧址)、长江索道、中国金币营业大厅(原美丰银行总行大楼)、万吉广场、创汇·首座、新华大厦、长城大厦、威斯汀酒店、雅兰国际大厦、联合国际大厦、轨道交通小什字站、中国农业银行重庆分行办公大楼、时代天骄等重要实体。

元通寺 [Yuántōng Sì] 位于区境东部,朝天门街道办事处辖区内,望龙门城外,靠近长江,西北起白象街,东南通至长江滨江路,为支路,全长150米,宽2米,为石梯路。清代中叶形成街巷,因此处有寺庙名元通寺而得名。元通寺原分别为元通寺街和元宝街,1980年二者合并为元通寺。

纸盐河街 [Zhǐyánhé Jiē] 位于区境东部,朝天门街道办事处辖区内,东邻英利龙阁大厦,西连洪崖洞(洪崖滴翠)景点,千厮门旁嘉陵江边,对河遥望江北巴县衙门,长350米,宽3.5米。旧时是专门的纸码头和盐码头。抗日战争时期,纸码头、盐码头、猪毛街、大火巷合并为纸盐河街。纸盐河街地势较低,相对平缓。当年的纸盐河街靠洪崖洞一侧,全是捆绑房、穿斗房,三四层楼不等。靠江一面,皆为吊脚楼。1972 年更名为纸盐河巷。2006 年还名纸盐河街。

白鹤亭 [Báihè Tíng]　位于区境东部,朝天门街道办事处辖区内,在朝天门城墙外侧,靠长江边,与丰碑街(巷)、东水门下巷等街巷相邻。此地形成于清代中叶,此处原有一小亭,可以瞭望在长江南岸飞过的白鹤而取名为"白鹤亭",巷以亭名。1968 年改名"红港中街"。1972 年还名白鹤亭。1980 年将丰碑巷 48—50 号并入。1999 年拆迁。

报恩巷 [Bào'ēn Xiàng]　位于区境东部,朝天门街道办事处辖区内,在现陕西路六巷中段西侧。因此处原有一寺庙报恩寺而得名。清代中叶形成街巷,1949 年"九二"火灾后重建,地名一直沿用,20 世纪 90 年代拆迁。

长安寺 [Cháng'ān Sì]　位于区境东部,朝天门街道办事处辖区内,在现新华路中段南侧,长江索道站附近。宋元时代形成街巷,原名长安寺街,因有寺庙长安寺得名,市第二十五中学校即长安寺旧址。1982 年改名为长安寺。1986 年修建长江索道拆迁。

丰碑巷 [Fēngbēi Xiàng]　位于区境东部,朝天门街道辖区内,朝天门城墙外侧,靠长江边,与白鹤亭等街巷相邻。原名丰碑街。朝天门江底有一石,水涸极则现,明、清数现,现则年丰,故名"丰年碑",街因靠近此石而得名。1968 年改名红港后街。1972 年更名丰碑巷。已拆迁。

普安巷 [Pǔ'ān Xiàng]　位于区境东部,朝天门街道办事处辖区内,由解放东路第二小学大门上行几步阶梯,左拐即普安巷。南起邮政局巷,西北起解放东路,出口与三牌坊相连。长 150 米,宽 3 米。宋代此处建有一座尼姑庵,叫普安堂,因此得名。2013 年拆除,为空地。

上洪学巷 [Shàng Hóngxué Xiàng]　位于区境东部,朝天门街道办事处辖区内,望龙门附近,东起解放东路,西不通,长 84 米。清代中叶形成街巷,原名黉学巷,因此处有一县文庙,办有学校称黉学而得名。20 世纪 30 年代修建公路将其分为上、下两条,此巷位于上侧而得名"上黉学巷"。1968 年与下黉学巷合并后改名为"解放东路二巷",1972 年恢复原状、原名。1980 年因黉为生僻字,改名"上洪学巷"。2013 年拆迁。

信义街 [Xìnyì Jiē]　位于区境东部,朝天门街道办事处辖区内,东北起朝天门街心花园,西南至新华路,长 234 米,车行道宽 7 米,沥青路面,双向 2 车道。原名接圣街,是水路从朝天门进入重庆城的一条重要街道。1936 年推行新生活运动,提倡"仁义、理智、信义、和平",因此取"信义"为名。1968 年更名红卫支一路。1972 年还名信义街。2011 年拆迁。

曙光巷［Shǔguāng Xiàng］ 位于区境东部,朝天门街道办事处辖区内,东南起解放东路,东北至二府衙,长 205 米。因清康熙年间一知府张光麟奉命在此修建粮仓而得名"仓坝子"。1968 年与肖家凉亭、二府衙合并后改名为光明街。1972 年整顿街名,因此地属于原望龙门街道办事处管辖,望龙门街道更名为曙光街,此巷更名为曙光巷。2008 年拆迁。

五一巷［Wǔyī Xiàng］ 位于区境东部,朝天门街道辖区内,东南接新华路,西北止于协信星光广场,长 70 米,宽 5 米。因此地靠近五一路而得名,为五一路派生名。1936 年以前因北美天主教会在此办有育婴堂而得名育婴堂街。1968 年改名红领巾巷。1972 年更名为五一巷。2013 年拆迁。

西大街［Xī Dàjiē］ 位于区境东部,朝天门街道办事处辖区内,望龙门附近,东北起中大街,西南至西四街,长 120 米。1914 年,重庆总商会买下了原重庆府署(即重庆府衙门的旧址)改建为商业场,第二年正式落成,并对附近街道按方位、顺序重新命名,原重庆府署门前的一条街被命名为中大街,其西侧几条街就名西大街、西二街、西三街、西四街。20 世纪 20 年代得名后一直沿用。1968 年改名为东风二街。1972 年还名西大街。2008 年拆迁。

新城门街［Xīnchéngmén Jiē］ 位于区境东部,朝天门街道办事处辖区内,东北接朝千路,西至棉花街。原名二郎庙街。1931 年千厮门蔡家湾失火,因消防设备在城内,到此需绕道,扑救不及时,致 200 余人遇难,因此次年在此开辟新城门,街名未变。1950 年改为新城门街。20 世纪 90 年代拆迁。

新丰巷［Xīnfēng Xiàng］ 位于区境东部,朝天门街道办事处辖区内,解放东路中段南侧,东南起白象街,西北至解放东路,长 54 米。清代中叶形成街巷,此地被日机炸毁,后重建取"重新丰富"之意而得名新丰巷。1938 年改名中正街。解放后还名新丰巷。2008 年拆除。

镇江寺街［Zhènjiāngsì Jiē］ 位于区境东部,朝天门街道办事处辖区内,千厮门城外嘉陵江边,东起于千厮门粪码头,西至于豆腐石。因此处原有寺庙名镇江王爷庙,系船帮祀奉镇江王爷(龙王)的地方,后形成街巷而得名。1954 年新河街并入。20 世纪 90 年代修建嘉陵江滨江路占用后消失。

治平巷 [Zhìpíng Xiàng]　位于区境东部,朝天门街道办事处辖区内,小什字附近,东南起罗汉寺街,北不通。此处原有寺庙名治平寺,故名治平巷。1946 年更名治平寺巷。1950 年还名治平巷。1968 年更名红卫支一巷。1972 年还名治平巷。2007 年拆迁。

纯阳洞 [Chúnyáng Dòng]　位于区境中部偏东,七星岗街道办事处辖区内,东南连中一支路,西邻金刚塔巷,北接上纯阳洞街,长 280 米,宽 6 米。1940 年前,这里是采石场的乱石堆,形成街巷后,因地处纯阳洞的后面,故名纯阳洞后街。1968 年改名前进街。1982 年将前进街 46—157 号更名为纯阳洞,将前进街 1—45 号、158—112 号更名为下纯阳洞街。相传,近处有宋代所建的纯阳观,观内有洞,洞内有八仙之一吕洞宾(号纯阳)的神像,故名。

上纯阳洞街 [Shàng Chúnyángdòng Jiē]　位于区境中部偏东,七星岗街道办事处辖区内,东连下纯阳洞街,西靠枇杷山公园,是一条西面不通的街道,长约 150 米,宽约 4 米,地势东低西高。因近处有一古庙,相传系宋代所建,庙内有洞,洞内有八仙之一吕洞宾(号纯阳)的神像,故名纯阳洞。1938 年遂以纯阳洞命街名为纯阳洞街。1968 年改为前进街。1982 年因此街位于纯阳洞街上段,故更现名。

下纯阳洞街 [Xià Chúnyángdòng Jiē]　位于区境中部偏东,七星岗街道办事处辖区内,东南交中一支路,西邻上纯阳洞街,长约 120 米,宽约 4 米,地势北高南低,南北走向。原名纯阳洞街,因近处有一古庙,相传系宋代所建,庙内有洞,洞内有八仙之一吕洞宾(号纯阳)的神像,故名纯阳洞。1938 年命名为纯阳洞街。1968 年改为前进街。1982 年以此街所处位置分为上、下两段,此段在下,故更名为下纯阳洞街。

放牛巷 [Fàngniú Xiàng]　位于区境中部,七星岗街道办事处辖区内。东南起菜家石堡和王爷石堡巷,西北连火药局街,长 210 米,宽 8—10 米,双向 2 车道。据说此地经常有人放牛经过,故名。

管家巷 [Guǎnjiā Xiàng]　位于区境中部,七星岗街道办事处辖区内,东南接王爷石堡,西北接火药局街,长 250 米,宽 6 米。清代,巷内住有一户姓管的富户人家,故名。1968 年因附近的菜家石堡改名为勤劳街,此地改名为勤劳巷。1972 年还名管家巷。

鼓楼巷 [Gǔlóu Xiàng]　位于区境中部,七星岗街道办事处辖区内,东北接金汤街,西南连金汤街,长 350 米,宽 3 米。因此地靠近通远门,修建有一座鼓楼而得名。清代形成街巷,其东段又名通远门顺城街。1950 年修建公路时占用其中一部分后,将剩余部分并入鼓楼街。1968 年改名为东风岭。1980 年更名为鼓楼巷。

捍卫路 [Hànwèi Lù]　位于区境中部偏东,七星岗街道办事处辖区内,南起中山一路,北连华一路,长约 400 米,宽约 8 米,双向 2 车道,车行道宽约 4~6 米,水泥路面。该处地势南高北低,坡度较大,道路弯曲,沿路两侧新建高楼林立。原为一片荒坡坟地,1929 年后逐渐形成居民区,因附近有刘湘的武器库,又靠中山一路,故名中武村。1941 年国民政府在此开设干训班,修了一条简便公路与中山一路相连,取"捍卫祖国"之义命名为"捍卫路"。住户逐年增多,范围扩大,形成小巷多条。捍卫路有许多派生地名:捍卫路一巷、捍卫路二巷、捍卫路四巷,因修建临华路拆迁后均已消失。捍卫路后街,因曾是人们集会、练打腰鼓的地方,被人们称为腰鼓坝,1954 年因在捍卫路附近更名为捍卫路后街。

捍卫巷 [Hànwèi Xiàng]　位于区境中部,七星岗街道办事处辖区内,南起捍卫新村,西北接捍卫路,长 80 米,宽 1.5 米。捍卫路由 1941 年修成简便公路后,住房逐年增多,范围逐渐扩大,形成小巷多条。1946 年将捍卫路派生的小巷按数序命名,此巷原名捍卫路四巷。1972 年捍卫路一巷消失,即前移数序为三巷。1990 年因旧城改造,新建临华路,将捍卫路一巷、二巷拆除作为消失地名处理,遂将此三巷更名为捍卫巷。系捍卫路的派生地名。

和平路 [Hépíng Lù]　位于区境中部,跨七星岗、解放碑两街道,东接较场口,西北连中山一路,长 820 米,宽 18 米,双向 4 车道。清末分段名走马街、金鱼塘街、五福街。1945 年将上述街道及培德堂街合并建为公路,取人民向往和平之意而命名和平路。1972 年半资花园,和平路 168 巷、210 巷并入。有派生地名和平路一巷(原名黄荆桥,1982 年更名为和平路一巷,已拆迁),和平路二巷(原名吴师爷巷,1982 年更名为和平路二巷,2013 年拆迁),和平路三巷(原名五福街,1982 年更名为和平路二巷,2013 年拆迁)。

火药局街 [Huǒyàojú Jiē]　位于区境中部,七星岗街道办事处辖区内,北接和平路,西北连领事巷,长 350 米,宽 5 米,双向 2 车道。相传,清代绿营火药局设于此,故名。20 世纪 30 年代,宽巷子修建公路后被部分占用,剩下的并入火药局街。

金刚塔巷 [Jīngāngtǎ Xiàng]　位于区境中部偏南,七星岗街道办事处辖区内,北起上纯阳洞街,南至枇杷山正街,长约 300 米,宽约 6 米,2 车道。原是一片荒坡,1938 年逐渐形成街道,因此处建有一座菩提金刚塔而得名金刚塔街。1968 年改名石塔街,1982 年改为金刚塔巷。

领事巷［Lǐngshì Xiàng］　位于区境中部偏南,七星岗街道办事处辖区内。东北连金汤街,南接山城巷,长约 150 米,宽约 4 米。主巷道长约 200 米,宽约 8 米,地势平坦,沥青路面,双向 2 车道。支巷道从南向北伸展,长约 200 米,宽 2 米,三合土路面,北高南低,约 20 度以上坡度。主巷道两侧房屋多是高楼和大院,主要是居民区。此地靠近金汤门,清代中叶便已形成街巷,清末命名为金家巷,因有金姓大户人家的住宅而得名。1890 年重庆开埠后,英、法、美、德等国先后在此建立领事馆,故名。抗日战争时期,国民政府西迁陪都重庆,相关国家的大使馆也随迁重庆,初期也在领事巷与领事馆合署办公。1968 年改名反帝巷。1972 年还名领事巷。

民安园［Mín'ān Yuán］　位于区境中部偏东,七星岗街道办事处辖区内,南接民生路,北连华一坡。由原上、下安乐洞和工读院片区改造为商住小区。

潘家沟［Pānjiā Gōu］　位于区境中部偏东,跨七星岗街道、解放碑街道,南接和平路,北连新民街,长 190 米,宽 8 米,双向 2 车道。因此地有一污水沟,旧时有人在此解手而得名厕屎沟。晚清时形成街巷,1940 年有一潘姓人家在此修造房屋,门上横额为"潘庐"。潘姓人家认为厕屎沟名字不雅,故改名潘家沟。

枇杷山巷［Pípashān Xiàng］　位于区境中部偏东,七星岗街道办事处辖区内,西邻枇杷山公园,北接中山一路,长 125 米。因四川军阀刘湘的副官黄勤居于此修建公馆而得名勤居巷。20 世纪二三十年代形成街巷。1972 年因该巷附近有枇杷山公园,更名为枇杷山巷。

枇杷山后街［Pípashān HòuJiē］　位于区境中部偏南,七星岗街道办事处辖区内,东北接中一支路、兴隆街、枇杷山正街相交处,西南与燕子岩相连,中段与石板坡正街相通,长约 340 米,宽约 4~6 米。原名神仙洞后街,因靠近神仙洞正街而得名。1972 年整顿地名时,因神仙洞正街更名为枇杷山正街,遂相应改为今名。

七星巷［Qīxīng Xiàng］　位于区境中部偏东,七星岗街道办事处辖区内,东起业成花园路,西接新德村,长 503 米,宽 16 米,双向 2 车道。1939 年"五三""五四"大轰炸后,城内居民纷纷迁来此处修建房屋,逐渐形成街巷。2009 年拆迁,2015年 5 月 29 日开工重建,2016 年 12 月建成。2016 年 5 月 30 日正式命名,为保护老地名,仍名七星巷。

天官府［Tiānguān Fǔ］　位于区境内中部偏东南,七星岗街道办事处辖区内,东接马蹄街,西连火药局街,长 200 米。此处曾有明代吏部尚书蹇义的府邸,吏部尚书习称天官,故名"天官府"。街以府邸名。地势北高南低,巷道弯曲,多坡坎石梯。抗日战争时期,天官府 7 号(现 8 号)为国民政府军事委员会政治部第三厅及文化工作委员会旧址,系当时中共在国统区的革命文化基地,被誉为"第二红岩""八路军第二办事处"。天官府 4 号为郭沫若故居,当时文化界人士常在此聚会。

新德村[Xīndé Cūn]　位于区境中部,七星岗街道办事处辖区内,东接华一村,西连捍卫新村,长 220 米,宽 5 米,双向 2 车道。1930 年,四川军阀刘湘为其妻子在此修建公馆,有 6 栋房(现新德村 6 号)。后因居民逐年增多,形成一片街巷,取名四德村,以彰显其具有"德、言、容、功"四德。1968 年改为勤俭街。1972 年更名为新德村,寓意树立新道德观。

兴隆街[Xīnglóng Jiē]　位于区境中部,七星岗街道办事处辖区内,东起中山一路,西连枇杷山正街,长 420 米,宽 8 米,双向 2 车道。此地为古重庆城出通远门去成都的必经之地,曾名东大路、通远门顺城街。1931 年修建中区干道后更名为兴隆街,取生意兴隆之意。由兴隆街派生的地名有兴隆街一巷、兴隆街二巷、兴隆街三巷、兴隆街新村等。

至圣宫[Zhìshèng Gōng]　位于区境中部,七星岗街道办事处辖区内,东南接火药局街,西北连金汤街,长 240 米,宽 8 米。因此处有一座纪念孔子的至圣宫而得名。1968 年改名为新艺巷,1972 年还名至圣宫。

中山一路[Zhōngshān 1 Lù]　位于区境中部偏东,七星岗街道办事处辖区内,东北起民生路,西连中山二路,中段与中山一支路、捍卫路呈十字相交,分段与新德村、上三八街、下三八街、黄家垭口街相邻。道路长约 970 米,宽约 20 米,双向 4 车道,其中车道宽约 14 米,沥青路面,车辆行人络绎不绝,为渝中区中轴干道的一段。该处地势东高西低,有不明显的坡度。沿路两侧各种商业店铺鳞次栉比。1937 年前段名七星岗、黄家垭口、观音岩,是一条约 5 米宽的土马路,后经扩建翻修,名新市区中一路,抗日战争时期为纪念中山先生将原路名称加入"山"字,称中山一路。1968 年改为红旗路。1972 年还名中山一路。此地派生地名有中山一路后街、中山一路巷、中武村和中一村等,大多已拆迁。

工读院[Gōngdú Yuàn]　位于区境中部,七星岗街道办事处辖区内,西南接上三八街,北连华一坡。1930 年刘湘部下兰文彬收容一批游民在此半工半读,学校名工读院,街道名工读街。1980 年更名工读院。已拆除。

归元寺前巷［Guīyuánsì Qiánxiàng］ 位于区境中部,七星岗街道办事处辖区内,东接上三八街,西连新德村,长 260 米。因此地原有一座寺庙名归元寺,此巷位于归元寺后巷的前面,故名。1968 年改名为风雷街。1972 年还名归元寺。1980 年将归元寺分为归元寺前巷、中巷、后巷。2009 年拆迁。

三八巷［Sānbā Xiàng］ 位于区境中部,七星岗街道办事处辖区内,西北起上三八街,东北连下三八街,长 80 米。此处原有保节院,因保节与妇女相关而以三八为名。1939 年日本飞机对重庆进行大轰炸,城内蜈蚣岭的保节院迁来此地并因此而得名。保节院是专收寡妇的机构,目的是让寡妇守贞节。1968 年改名三八后街。1980 年更名三八巷。2009 年拆迁。

上三八街［Shàng Sānbā Jiē］ 位于区境中部,七星岗街道办事处辖区内,东北接上安乐洞街与工读院,西南连中山一路中段,长约 160 米,宽约 4~6 米,街道平坦。原是荒山,1939 年 5 月 3 日和 4 日,日机轰炸重庆,保节院迁来此地,因地形分成上、下保节院,此处在上,因而得名上保节院。1968 年更名为上三八街。2009 年拆迁。

下三八街［Xià Sānbā Jiē］ 位于区境中部,七星岗街道办事处辖区内,东北接上安乐洞街,南连中山一路中段。长约 170 米,宽约 4~5 米,石板路面,地势低于中山一路,接中山一路处有几十步石梯坎,其余地段较平坦。下三八街在上三八街的坎下,从中山一路下去是一面很高的石梯,拐弯向北接上安乐洞。1939 年 5 月 3 日和 4 日,日机轰炸重庆,蜈蚣岭的保节院迁来此地。因地形分成上、下保节院,此处在下,因得名下保节院。1968 年更名为下三八街。2009 年拆迁。

白象街［Báixiàng Jiē］ 位于区境东南部,原属望龙门街道,因 2015 年该街道被撤销,遂划入朝天门街道办事处辖区内,东北接解放东路,南面接长滨路,西面接储奇门,西南接四方街、太平门大码头,长 9425 米,宽 9 米,双向 2 车道。因传说此地有岩石像白色的石象,与南岸区的狮子山相对,故有"青狮白象锁大江"之说,故名。又一说因当地有白象池得名。1968 年改名革命街。1972 年还名白象街。

菜家石堡［Càijiā Shíbǎo］ 位于区境东南部,南纪门街道办事处辖区内。东接管家巷,西南接放牛巷,长 40 米,宽 2 米。坡上有岩石,住户多以种菜为生,得名菜家石堡,曾讹传为蔡家石堡。

储奇门行街［Chǔqímén Hángjiē］ 位于区境东南部,南纪门街道办事处辖区内,东南接长江,西北连凯旋路、解放东路、解放西路交会处,长约 110 米,宽约 8

米。明洪武年间修筑储奇门城门后，因靠长江，中药材等物资多在储奇门码头集散，沿街多是经营中药材生意的店铺，正对城门的称"正街"，与门内正街平行且与城墙垂直的街道称"行街"，此街在储奇门内，故名。

储奇门顺城街 [Chǔqímén Shùnchéng Jiē]　位于区境东南部，南纪门街道办事处辖区内，东北接邮政局巷，西南连储奇门行街，长约190米，西南段宽约7米，其余地段宽约4米。因此处靠近储奇门，与城墙方向一致而得名。

东华观巷 [Dōnghuáguàn Xiàng]　位于区境东南部，南纪门街道办事处辖区内。南起解放东路，北止凯旋路，长225米，宽5米，地处原有供奉着全真道始祖东华帝君的明代建筑东华观庙，故名。

凤凰台 [Fènghuáng Tái]　位于区境东南部，南纪门街道办事处辖区内，南起解放西路，北连厚池街，长160米，宽12米。据传有凤凰鸣其上，先民筑凤凰台于此，故名。又一说因此处于古城门凤凰门附近，旧时有凤凰池，故此得名。陪都时期，国民政府社会部、军政部运输处、军政部军粮总局设在凤凰台，法国大使馆设在凤凰台35号，重庆地方法院的侧门开在凤凰台。1968年更名为光明街。1972年还名凤凰台。为保护历史老地名，2020年11月新修"凤凰台"的延伸段，延伸后"凤凰台"西起中兴路，南与厚池街相交止于解放西路，全长约474米，车行道宽11米，双向2车道，两侧人行道各宽2.25米，路侧业态为商业住宅。

柑子堡 [Gānzi Bǎo]　位于区境东南部，南纪门街道办事处辖区内，十八梯附近，南起回水沟，北止储奇门大巷子，长88米，宽5米，地势南低北高，为分段石梯坎路。此地曾有一土堡，种有柑子树，故名。

厚池街 [Hòuchí Jiē]　位于区境东南部，南纪门街道办事处辖区内，东接守备街，西连中兴路，长350米，宽8米，双向2车道。原分段名为浩池街、金马寺街、双栀子街、泰乾街等。1941年，改建合并金马寺横街、金马寺街、泰乾街后名厚慈街。1972年更名厚池街。

花街子 [Huājiēzi]　位于区境东南部，南纪门街道办事处辖区内，东南接解放西路，北接储奇门大巷子，长约360米，宽约6米。清代和民国时期，因临近水运码头，商业繁荣，伴随而生的娱乐业发达，酒肆、勾栏、青楼较多，故名。一说清末，以此处是卖花的市场而得名花街子。1968年改名红星路。1972年花街子巷并入，还名花街子。为保护历史老地名，2020年10月新修花街子延伸路，延伸后全长461.6米，车行道宽7米，双向2车道，两侧人行道各宽2.25米。东西走向，东起于原花街子止点,南止于厚池街、守备街、响水桥交叉口,沥青路面。

解放西路 [Jiěfàng Xīlù]　位于区境东南部,南纪门街道办事处辖区内,东北起道门口接陕西路南口,折向西南与南区路相接,沿路与凯旋门厚池街、储奇门街、中兴路等交会,全长1200米,宽15米,双向4车道(个别地段双向2车道),为市区南部沿长江朝天门码头至菜园坝火车站主干道的重要路段。清时东段已有状元桥、黄葛街、信丰街、老鼓楼、鱼市口、三牌坊;西段有许家十字、绣壁街、麦子市、门正街等街名。20世纪30年代初又增加上、下新丰街,县庙街,一、二、四牌坊,段牌坊等地名。1937年拓宽改建后,以上街道与审判厅街合并,以国民政府主席林森的名字命名为林森路。1950年将道门口至储奇门西段更名解放东路;储奇门至南区路段更名为解放西路。1972年将下刁家巷、海关巷、环球巷并入解放东路;牌坊里、金紫门顺城街、马家岩、镇守使街并入解放西路。

凯旋路 [Kǎixuán Lù]　位于区境东南部,南纪门街道办事处辖区内,东南接解放东路和解放西路交汇处,北止磁器街,长约730米,宽约13米,车行道宽约9~11米。此处地势南低北高、弯急坡大,是沟通上、下半城的纵干线。路侧建有步行捷径高陡石梯隧道。原分段取名东征桥、新火巷、黄金楼、三圣殿、玉带街。1938年开始扩建道路,并修建天桥连接新华路,1942年竣工。抗日战争时期,军队离开重庆开赴前线,要从此路经储奇门过江,取"抗战凯旋"之意而得名。1968年更名大庆路。1972年还名凯旋路。

联升巷 [Liánshēng Xiàng]　位于区境东南部,南纪门街道办事处辖区内,南起凯旋路近复旦中学处,北止凯旋路近重庆日报社处,长160米,宽8米。此地原为荒坡。清末只有几户人家散居在半山坡上,经营茶馆、菜店、木铺,之后居民增多,形成一条略微弯曲的一字巷,其形与扁担相似,取名扁担巷。抗日战争时期,此地住户增多,更名为联升街。1968年改名大庆坡。1972年还名联升街。1980年改名联升巷。联升巷梯坎有近两百步石梯,在当时是连接重庆"上下半城"的重要步道。联升巷还有一处酷似城门的建筑,叫"凯旋门",是石拱桥的桥洞,并非城门。

凉亭子 [Liángtíngzi]　位于区境东南部,南纪门街道办事处辖区内,南接菜家石堡,北连上回水沟,长210米,宽7米。原是荒山坡。1900前后,在渝经商的湘、鄂、云、贵、川、陕、江、浙商人组建有八省会馆,由会馆捐资,在此地修建集散住房,并修凉亭一座,由此得名凉亭子。抗日战争时期,此处被日机炸毁,后有一银行经理在此修住宅和凉亭,仍名凉亭子。1968年因附近有地名勤劳街,此处派生得名勤劳横街。1972 还名凉亭子。

马蹄街 [Mǎtí Jiē]　位于区境东南部,南纪门街道办事处辖区内,东南接中兴路,西北与天官府、九块桥、体心堂相交,长约 200 米,宽约 6 米。据说明清时期此地有驿站钉马掌,故名。马蹄街为下半城通向市中区上半城的斜坡小街道。拾级而上可达枇杷山和七星岗闹市区。

山城巷 [Shānchéng Xiàng]　位于区境东南部,南纪门街道办事处辖区内,东连中兴路,西北接领事巷,长 440 米,宽 3~4 米,地势西北高、东南低,巷道弯曲,自东端石梯而上,向西逐渐平缓,临此可眺望滨江公园和长江大桥。因此地具有山城特色而得名。山城巷的历史沿革可以追溯到明清时期,1900 年法国传教士在此巷坡上立杆点灯为路人照明,由此得名天灯巷、天灯街。1968 年更名反帝巷。1972 年还名山城巷。此地依山而建、沿崖而上的街巷梯道,别具特色。山城巷上下两头连接着上下半城。明清以来,这里是一个延续至今的古老居住街区。山城巷,是古老的巴渝民居、具有典型的山城空间和传统巴渝风貌、是重庆历史文化和山水特色的缩影。作为重庆市 28 个重点传统风貌区之一,山城巷将进行保护修缮。其典型的吊脚楼、因地制宜的四合院、古老的石朝门、因陋就简的"抗战房"以及具有海派风格的石库门建筑,有深厚的巴渝文化历史沉淀。

上回水沟 [Shàng Huíshuǐ Gōu]　位于区境东南部,南纪门街道办事处辖区内,南起中兴路,北连和平路,长 95 米,宽 4 米。民国初年此处有一条很长的巷子,因其内有一迂回曲折的水沟而得名回水沟。修建中兴路时将回水沟分为两段,此巷地处上游,故名上回水沟。上回水沟的居民楼,巷子逼仄,构造复杂,楼梯层层交叉,原上回水沟和下回水沟有很长的石梯,两边树木茂盛。

下回水沟 [Xià Huíshuǐ Gōu]　位于区境东南部,南纪门街道办事处辖区内,东南接十八梯,西北连中兴路,长 287 米,宽 4 米。民国初年此处有一条很长的巷子,因其内有一迂回曲折的水沟而得名回水沟,修建中兴路时将回水沟分为两段,此巷地处下游,故名下回水沟。下回水沟,曾是四川军阀刘湘公馆所在地,还是渝中区有名且热闹的跳蚤市场,每逢周末就人头攒动。

守备街 [Shǒubèi Jiē]　位于区境东南部,南纪门街道办事处辖区内,东接花街子,与储奇门大巷子相交,西连厚池街,长约 120 米,宽约 8 米,车行道宽约 6 米。此地曾是清代武官右营守备驻地,故名守备街。清乾隆《巴县志》记载:"旧名旗纛街,后改守备街。"当时有驻守重庆府的中营守备署,并建有旗纛庙。

水沟巷［Shuǐgōu Xiàng］ 位于区境东南部,南纪门街道办事处辖区内,东接凤凰台,西北连厚池街,长 140 米,宽 3 米。此地曾有一条排水沟,故名。清代中叶形成街巷,原名大水沟,解放后改为水沟街。1980 年更名为水沟巷。2015 年拆迁。

王爷石堡［Wángyé Shíbǎo］ 位于区境东南部,南纪门街道办事处辖区内,东南接中兴路,西北连菜家石堡,长 60 米,宽 7 米。据说在清朝早期,此地建有一座王爷庙,形成街巷后,取名王爷石堡。1939 年,庙宇被日机炸毁。1968 年更名勤劳街。1980 年还名王爷石堡。

合力村［Hélì Cūn］ 位于区境南部,菜园坝街道办事处辖区内,东北起建兴一巷,西至铁路坡,长 170 米,宽 2 米,为石梯路面。原为荒坡,1930 年前后因此地有一口大水井而得名。1950 年更名合作村。1968 年改为爱民村。1972 年更名合力村。

雷家坡［Léijiā Pō］ 位于区境南部,菜园坝街道办事处辖区内,南起南区路,西北不通,长 85 米,宽 2 米,支路,居民区步行小道,为块石路面。因有一雷姓人家在荒坡上居住而得名。雷家坡有一古道遗址,位于石板坡长江大桥北桥头附近,南区路和长滨路之间一块待建地块上。2017 年被发现时,由于特殊的地理位置和拱形形状,曾一度被认为是残存至今的南纪门古城门。经过专家的勘测和现场清理,该处被证实为南纪门外一条清代末期至民国时期的官道遗址,该遗址修复基本完工。雷家坡古道遗址的发现为了解该地区清代晚期至民国时期的交通格局提供了线索,为寻找接官楼、文觉寺等清代遗迹提供了实物资料。

燕子岩［Yànzi Yán］ 位于区境南部,菜园坝街道办事处辖区内,东连硝房沟,南接南区路,长 320 米,宽 1 米,人行石梯步道。此岩坡上草木茂盛,燕子多栖息于此,故名。燕子岩靠近长江,位于重庆长江大桥与菜园坝长江大桥之间的山崖之上,这里的民居组成简单,多数采用传统吊脚楼结构。

竹木街［Zhúmù Jiē］ 位于区境中部偏西南,菜园坝街道办事处辖区内,北接兜子背,西南连交通河街,毗邻菜园坝火车站,紧靠长江,长 700 米。清末,在此处经营竹木的商人成立竹帮公会、木帮公会。1937 年后逐渐形成街道,原何家花园、李家花园、向家木厂、何家岩口等一带分别取名为竹帮街和木帮街。1972 年竹帮街和木帮街合并后,命名为竹木街,2011 年拆除。

菜珊巷［Càishān Xiàng］ 位于区境南部,菜园坝街道办事处辖区内,现珊瑚公园处。清末民初形成街道,抗战时,为菜园坝通往珊瑚坝飞机场的道路,取菜园坝、珊瑚坝首字命名菜珊路。1982 年改名菜珊巷。20 世纪 90 年代因修建长江滨江路被拆迁。

兜子背［Dōuzibèi］ 位于区境南部，菜园坝街道办事处辖区内，现重庆火车站西南，黄沙溪滨江路东段。此处原是悬崖峭壁，因其形状像背篼而得名，市民将"篼"字习惯性写为"兜"，故名。清末形成街巷，20 世纪 50 年代修铁路时街巷被拆迁，但作为区片地名一直存在。

建兴坡［Jiànxīng Pō］ 位于区境南部，菜园坝街道办事处辖区内，东起南区公园路，西连建兴正街。为建兴正街派生名。20 世纪 30 年代因有官姓人家在此开小型毛巾厂得名官家坝。1954 年因建兴正街更名为建兴坡。1968 年改为红岸坡。1972 年还名建兴坡。1982 年南区支 1 路、支 2 路并入。已拆除。原本是重庆非常典型的吊脚楼居民区，位于菜园坝与两路口之间，随着周边的建设与发展，它开始显得格格不入。于是，和所有陈旧居民区一样，建兴坡被拆除。为方便菜园坝和两路口两地之间的往来，修建了缆车，后来缆车也消失了。建兴坡已经成为山城步道中的建兴坡大梯道，沿途有商户在经营，附近的居民和旅客也会由此经过。缆车消失后，皇冠大扶梯取而代之，成为菜园坝和两路口之间重要的交通工具。皇冠大扶梯是重庆特色交通之一，1993 年 2 月动工，1996 年 2 月 18 日建成运营，全长 112米，宽 1.3 米，提升高度 52.7 米，倾斜度为 30 度，每秒运行 0.75 米，全程运行 2 分30 秒，由上、下梯和备用梯共三台扶梯组成。每台最大载客能力为 1.3 万人次／小时，是亚洲第二长的一级提升坡地大扶梯。

珊瑚塆［Shānhú Wān］ 位于区境南部，菜园坝街道办事处辖区内，具体位置在现南区路与珊瑚公园之间的外滩商城处。清末民初形成街巷，原名烂泥塆。1920 年名太平桥，以一小木桥命名。1940 年派生出太平桥正街、后街、河街。1968年合并太平桥正街、太平桥后街、太平桥河街，改名为南泥塆。因靠近珊瑚坝，1972年更名为珊瑚塆。1982 年菜珊巷一部分并入。1991 年随重庆火车站的改建及其配套工程的施工、长江滨江路的修建，拆除。

丝厂巷［Sīchǎng Xiàng］ 位于区境南部，菜园坝街道办事处辖区内，具体位置在菜园坝长途汽车站处。原为田地，后逐渐形成街巷。因此处曾开办一丝厂，得名丝厂巷前街、丝厂巷后街。1968 年更名红岸一巷。1972 年将两街合并为丝厂巷。20 世纪 90 年代，因重庆火车站改、扩建，沿长江的部分房屋被拆除，道路已消失。

硝房沟右巷［Xiāofánggōu Yòuxiàng］　位于区境南部,菜园坝街道办事处辖区内。原是荒山坡,抗日战争时期,由江苏、武汉等地迁来的一批硝皮革的手工业者,在此开设作坊硝皮,得名硝皮沟。后街道逐渐发展,1950 年硝皮沟右侧面部分被命名为硝皮沟右街。1980 年更名硝房沟右巷。

硝房沟左巷［Xiāofánggōu Zuǒxiàng］　位于区境南部,菜园坝街道办事处辖区内。原是荒山坡,抗日战争时期,由江苏、武汉等地迁来的一批硝皮革的手工业者,在此开设作坊硝皮,得名硝皮沟。后街道逐渐发展,1950 年硝皮沟左面部分被命名为硝皮沟左街。1980 年更名硝房沟左巷。

宰房巷［Zǎifáng Xiàng］　位于区境南部,菜园坝街道办事处辖区内,具体位置在南纪门立交桥外。原为荒山坡,清代中叶时期形成街巷,依地势高低,分段名上宰房街、中宰房街、下宰房街,牲畜在城外的这几条街宰杀后,经川道拐入城。20世纪 30 年代修公路之后,上宰房街、中宰房街被占用后消失,下宰房街更名为宰房街。1968 年改名为南纪门正街二巷,1972 年还名宰房街。1980 年更名宰房巷。21世纪初因修建立交桥而被拆迁。

石板坡正街［Shíbǎnpō Zhèngjiē］　位于区境南部,菜园坝街道办事处辖区内,东南连石板坡东里,西北止枇杷山后街,长 160 米,宽 7 米,双向两车道,沥青混凝土路面。1936 年后居民逐渐增多,形成街道,因位于石板坡正中而得名。1968年改名灯塔街。1972 年还名石板坡正街。由石板坡正街派生的地名至少有:石板坡巷、石板坡东里、石板坡南里、石板坡西里、石板坡北里。石板坡巷位于石板坡正街后面,石板坡东里、石板坡南里、石板坡西里、石板坡北里分别位于石板坡正街的东、南、西、北四个方位。以东南西北四个方位为街巷道路命名的情况在渝中区并不多见。

鱼鳅石［Yúqiū Shí］　位于区境南部,菜园坝街道办事处辖区内,南北均接石板坡新街,长 145 米。原是荒坡,此地曾有一大石,形似“鱼鳅”,故名鱼鳅石。20世纪 30 年代住户增多,逐渐形成街巷,人称鱼鳅背,后改名为鱼鳅石街,1980 年更名鱼鳅石。2009 年拆迁。由鱼鳅石派生的地名至少有鱼鳅石东村、鱼鳅石西村,分别位于鱼鳅石的东、西两侧。

三元寺［Sānyuán Sì］　位于区境南部,菜园坝街道办事处辖区内,石板坡附近,北起石板坡正街,西接石板坡西里。20 世纪 30 年代逐渐形成街巷,长 100 米,因此处曾有一寺庙名三元寺,道路以寺为名。1968 年改为灯塔巷。1980 年还名三元寺。2009 年拆迁。

文觉寺［Wénjué Sì］ 位于区境南部,菜园坝街道办事处辖区内,长江大桥北桥头西侧桥下,南起一字街,北至南区路。原是荒坡,20 世纪前半叶,因此处有寺庙名文觉寺,形成街道后,街以寺为名。1950 年文觉寺拆除,改建为居民住宅,仍名文觉寺。1968 年更名为雄心巷。1980 年还名文觉寺。2003 年拆迁。

长八间［Chángbājiān］ 位于区境南部,菜园坝街道办事处辖区内,东起石板坡正街,西止硝房沟右巷,长 90 米。原是荒坡,20 世纪 30 年代居民增多,逐渐形成街巷,因时有长方形的一字型八间房大建筑,故名长八间。2009 年拆迁。

大溪沟街［Dàxīgōu Jiē］ 位于区境北部,大溪沟街道办事处辖区内,南起北区路,北连嘉滨路,长 210 米,宽 15 米,双向 4 车道。1933 年大溪沟发电厂建成后,住户逐渐增多,形成街道。1950 年将邻近的三元桥、大溪沟棚户等街合并后名大溪沟街。1968 年更名跃进村。1972 年还名大溪沟街。

华福巷［Huáfú Xiàng］ 位于区境北部,大溪沟街道办事处辖区内,东南接张家花园街,西北连人和街,长 430 米,宽 7 米,双向 2 车道。原是荒坡坟地,因附近有一个放生池塘,故名放生池。1968 年改名工人巷。后建有华福卷烟厂,1972 年改名华福巷。

黄花园［Huánghuā Yuán］ 位于区境北部,大溪沟街道办事处辖区内,南临北区路,北靠嘉陵江,长 90 米,宽 6 米。地势由北向南倾斜,多坡坎。西南角有长 200 米、宽 5 米的一段公路与北区路相接,通汽车。1935 年前是一片庄稼地,农民初种黄瓜,名黄瓜园,后改种黄花,取名黄花园。居民逐渐增多,形成街道,名黄花园街。1972 年双溪河街并入。1980 年黄花园街沿公路部分并入北区路,沿嘉陵江河岸部分保留专名为黄花园。1982 年冬,此地发现多处墓坑,清理出铜矛、剑等,经鉴定属西汉早期巴人墓葬品。

龙家塆［Lóngjiā Wān］ 位于区境北部,大溪沟街道办事处辖区内,东连人民路,西接上曾家岩,长 350 米,宽 6 米,单向 2 车道。因此地有泉水名为龙泉而得名龙泉塆,道路名由龙泉塆派生而来。1950 年改为龙家塆。1968 年更名向东村。1972 年还名龙家塆。

马鞍山村［Mǎ'ānshān Cūn］ 位于区境北部,大溪沟街道办事处辖区内,南接枣子岚垭正街,北至人民大礼堂后墙,长 125 米,宽约 6 米,2 车道。紧靠大礼堂后有座小山,头高,中间低,形似马鞍,故名马鞍山。1968 年更名井冈山后街。

1972 年更名马鞍山村。马鞍山传统风貌区是重庆市 28 个传统风貌街区和渝中区 10 个传统风貌区的重点项目之一。这里曾是沈钧儒、史良、李公朴、王炳南、王安娜、茅盾、沙千里等著名民主人士居住活动地,也是以周恩来为书记的中共中央南方局同各民主党派、进步民主人士聚会、座谈、共商国是的重要场所。

蒲草田［Púcǎotián］ 位于区境北部,大溪沟街道办事处辖区内,东起人民路,西连人民路,南接人和街,长 450 米,宽 7 米,双向 2 车道。旧时此地生长着大片蒲草,民国初年名蒲草田。1968 年更名革命新村。1972 年还名蒲草田。

人和街［Rénhé Jiē］ 位于区境北部,大溪沟街道办事处辖区内,东北起人民路、大溪沟街、北区路交会处,西南连枣子岚垭正街,长约 980 米,宽 8~13 米。南段接华福巷后折北经新建蒲田桥与人民路相接。1921 年前原是荒山坟地,有零星棚户,附近设有孤儿院,故名孤儿院街。1927 年后人口渐增,形成街道后,以"天时不如地利,地利不如人和"之意更名为人和街。1968 年改名工人街。1981 年还名人和街。

胜利路［Shènglì Lù］ 位于区境北部,大溪沟街道办事处辖区内,西南连捍卫路,东北端为死巷,长约 420 米,宽 4~10 米,西南段最宽。地势西南高,东北低,坡坎多,依坡建房,属居民区。1936 年前是一片庄稼地,另有一个小店,仅有一条山坡小路。1937 年抗日战争时期,外地人迁来重庆,在此搭棚建房居住,逐渐形成街道。1946 年为纪念抗日战争胜利,更名胜利路。

胜利坡［Shènglì Pō］ 位于区境北部,大溪沟街道办事处辖区内,东起双溪沟,西接胜利路,长 230 米,宽 6 米,双向 2 车道,为胜利路的派生地名。因靠近胜利路,坡坎小巷多而得名。曾名胜利路上后街、胜利路下后街。1980 年将两街合并命名为胜利坡。这里的老巷街区,有陡峭的崖壁、上坡下坎的道路,曾作为《山城棒棒军》这部声名远播的地方剧的选景地。

双钢路［Shuānggāng Lù］ 位于区境北部,大溪沟街道办事处辖区内,北起北区路,南止捍卫路,向南转向西延伸 160 米,长约 370 米,宽约 6 米,双向 2 车道。此路形成于 1953 年,1958 年 10 月冶金工业部重庆钢铁设计研究院迁来此地后,路面加宽,但一直未命名。1980 年因东靠双溪沟,西至钢铁设计研究院,故取双溪沟、钢铁设计研究院两名称首字得名。

渝建村［Yújiàn Cūn］ 位于区境北部,大溪沟街道办事处辖区内,东南接人民路,西北连人民支路,长 180 米。由原建国村更为现名。曾用名"建国村"。

枣张路［Zǎozhāng Lù］ 位于区境北部,大溪沟街道办事处辖区内,东起张家花园街,西至枣子岚垭正街,长250米,取枣子岚垭正街、张家花园街的首字得名。

健康路［Jiànkāng Lù］ 位于区境中部,两路口街道办事处辖区内,东南起长江一路,西南至鹅岭正街,沿线与体育路、大同村、国际村嘉陵新村交会,长2290米,宽14米,双向2车道。地势由东向西逐渐斜升,道路曲折,间有急弯。1938年初修筑两路口至浮图关简便公路,名两浮支路。1948年以民政局局长范埏生名改称埏生路。1951年因市第一工人医院(现重庆市第四人民医院)设此路旁,寓意保护人民健康,更名健康路。

春森路［Chūnsēn Lù］ 位于区境中部偏北,上清寺街道办事处辖区内,西南起于中山三路,北止于学田湾正街,长约420米,宽约5米,双向2车道。1935年前商人范平高在此处先后建房四幢,1937年后逐步形成街巷,范以家人的名字"春森"命名为春森路。1972年养花溪的一部分和菜市巷并入,仍名春森路。附近有重庆医科大学附属儿童医院,巴蜀中学,重庆市渝中区图书馆,重庆市人民小学校,新世纪百货学田湾正街店等。

互助里［Hùzhù Lǐ］ 位于区境北部,上清寺街道办事处辖区内,西北起上清寺路,西南不通,长110米,宽2米。民国初年,有三个木工在此各修建一幢房屋居住,其中一位木工的未婚女儿孝顺父母、友好邻居,死后立碑纪念,故名孝女村。1968年改名互助村,1972年改名为互助街,1980年改名互助里。

桂花园路［Guìhuāyuán Lù］ 位于区境北部,上清寺街道办事处辖区内,东接体育路,西连嘉陵新路,长约970米,宽6~8米,双向2车道。道路东、中段平坦,西段坡大弯急,与李子坝正街、嘉陵路相交,为顺山势建成的蜿蜒曲折、高低平行的三层马路。是两路口、长江一路东段通往李子坝的便捷道路。原为荒山坡,清末,此地江西会馆周围种植有桂花树,故名桂花园。1953年修建大田湾体育场时形成东段,未命名。1981年西段(习称二层马路)并入,名桂花园路。

李子坝正街［Lǐzibà Zhèngjiē］ 位于区境北部偏西,上清寺街道办事处辖区内,东接体育路,西连嘉陵新路,长约970米,宽6~8米,双向2车道。据说此地曾多种有李子树而得名。道路东、中段平坦,西段坡大弯急,与李子坝正街、嘉陵路相交,为顺山势建成的蜿蜒曲折、高低平行的三层马路,是两路口、长江一路东段通往李子坝的便捷道路。1939年由于日本军机对重庆城进行轰炸,城内居民纷纷搬来此地居住,逐渐形成街巷,名称一直沿用。曾为成渝公路附城路段,交通干道。抗日战争时期形成居民点后,石庙子、李子坝并入。1939 年名精忠路。1950 年还名李子坝正街。1958 年曾为嘉陵路的一段。

山益村［Shānyì Cūn］　位于区境北部,上清寺街道办事处辖区内,东起中山三路,西面不通,长 75 米,宽 7 米。形成于 1938 年前后,因黄、戴、庞三姓人在此各修一幢楼房,取名三益村。1968 年改名山益村。

上清寺路［Shàngqīngsì Lù］　位于区境北部偏西,上清寺街道办事处辖区内,西起李子坝正街,北至上清寺街心花园,与中山路、人民路、嘉陵桥路相接,长 1020 米,宽 20 米,单向 4 车道(西部路段为双向 4 车道)。原名古月山。原分段名上清寺、荫园、生生花园、牛角沱。1935 年合并,名上清寺正街,以清末此处建有庙宇上清寺(现口腔医院院址)得名。1958 年改名嘉陵路。1972 年复名上清寺正街。1980 年九涵洞并入,更名上清寺路。

石门新村［Shímén Xīncūn］　位于区境北部,上清寺街道办事处辖区内,东接光明新村,西连牛角沱大桥南桥头,长 100 米,宽 3 米。因重庆市求精中学校(市六中)为出入方便,在学校后墙上修造一道石门而得名。20 世纪 30 年代形成街巷,原名石门村。1972 年将东面的光明村一部分并入,更名为石门新村。已拆迁。

四新路［Sìxīn Lù］　位于区境北部,上清寺街道办事处辖区内,南起上清寺路北段,北止嘉陵江牛角沱大桥南桥头,与牛角沱环形立交公路、向阳隧道、八一隧道相通,是菜园坝至江北区的便捷交通线,长 390 米,宽 8 米,略呈弯形。道路南端有地下人行横道及牛角沱街心花园。原是一片荒地,1942 年有一帮会头目在此组织"四维社",后又建有四维小学,1947 年形成街道时名四维路。1972 年更名四新路。

高炉巷［Gāolú Xiàng］　位于区境北部,上清寺街道办事处辖区内,南接人民路。抗日战争后期,有一工厂在此处建有一座小高炉,故名。已拆迁。

桂花坡［Guìhuā Pō］　位于区境北部,上清寺街道办事处辖区内,东接桂花园,西北接上清寺路,长 190 米,宽 7 米。抗日战争时期在此修了两幢房屋,一幢为立信会计函授学校,一幢为国民政府的办公楼,名渝庄,随着居民增多,统称为渝庄。1972 年因此地紧靠桂花园,更名桂花坡。

下大田塆［Xià Dàtián Wān］　位于区境北部,上清寺街道办事处辖区内,东北接向阳隧道,西北通新都巷。因此地拐弯处有一块较大的田坝而得名。原是农田名,20 世纪 30 年代住房逐步增多,形成街巷,仍名大田塆。1954 年修建体育场后,以交通巷为界分为上大田塆、下大田塆。此处位于交通巷以西,名为下大田塆。

1994 年并入新都巷。位于交通巷以东的一段地势较高,名上大田塆。

中兴路［Zhōngxīng Lù］ 在境内东部偏南,南纪门街道办事处辖区内,东起较场口街心花园与和平路相连,西南会南区路,是连接上、下城区的干线之一。道路长约 720 米,宽约 14 米,车行道宽约 11 米,双向 4 车道,地势东南高,西北低,街道弯曲。中兴路原分属二十梯、螃蟹井、回水沟、王爷石堡、厚池街、马蹄街。1911 年前后是碎石土路,1936 年扩建成公路后,商业随之繁荣兴旺。抗日战争时期,日机对重庆城实施长时间狂轰滥炸,由于城内房屋密集,结构简陋,间距很小,遭轰炸后,常是火灾蔓延,损失惨重。为控制火灾带来的灾害,也为改善城区交通状况,1939 年至 1940 年拆除部分房屋,开辟隔离带,取名中兴路,寓意中华民族必将复兴。1968 年更名长征路。1972 年还名中兴路。

宝善巷［Bǎoshàn Xiàng］ 位于区境东南部,南纪门街道办事处辖区内,南纪门立交桥外,西接南纪门正街一巷,东不通。清代中叶形成街巷,名宝善寺街,街上有一清代所建的宝善寺,以寺名街。1950 年更名宝善街。1980 年更名宝善巷。20 世纪 90 年代拆迁。

刁家巷［Diāojiā Xiàng］ 位于区境东南部,南纪门街道办事处辖区内,储奇门附近,东南接解放东路,西北接凯旋路。清代中叶形成街巷,此处居民多为刁姓,故名。1938 年修凯旋路,将其截断,分为上、下刁家巷。1972 年上刁家巷并入凯旋路,下刁家巷并入解放东路 368 号。1980 年还名刁家巷。2009 年拆除。

海关巷［Hǎiguān Xiàng］ 位于区境东南部,南纪门街道办事处辖区内,太平门附近,解放东路与邮政局巷之间,四方街以西。清中叶形成街巷,重庆海关办公楼旧址旁,民国时重庆海关监督公署在此地,故名海关巷。2012 年拆除。

黄荆巷［Huángjīng Xiàng］ 位于区境东南部,南纪门街道办事处辖区内,储奇门城外东侧,靠近长江,一侧为民房,一侧为城墙。原为荒坡,后逐渐形成街巷。此处原荒坡上黄荆树较多,故名。1968 年将与之相连的老关庙街合并,更名新丰街。1972 年更名黄荆街。2009 年拆除。

蹇家巷［Jiǎnjiā Xiàng］ 位于区境东南部,南纪门街道办事处辖区内,人和门城外,东南接解放东路,西北不通。此地居民多为蹇姓,故名。已拆迁。

轿铺巷［Jiàopù Xiàng］ 位于区境北部,上清寺街道办事处辖区内,东接十八梯,西连清真寺巷。清代中叶形成街巷,此巷口经常放有许多轿子,故名。轿铺巷只有十八梯一个进出口,2009 年拆除。

解放巷［Jiěfàng Xiàng］　位于区境东南部,南纪门街道办事处辖区内,南起邮政局巷,西北至解放东路,长 140 米,为解放东路派生巷。清光绪二十六年(1900年)形成巷道。1937 年因有陈二小姐在此开设成泰旅馆得名成泰巷。1968 年更名解放巷。2013 年拆除。

马家巷［Mǎjiā Xiàng］　位于区境东南部,南纪门街道办事处辖区内,凯旋路附近,东南接凯旋路,西北止凯旋路,此处多为马姓人家居住,故名。2009 年拆除。

清真寺巷［Qīngzhēnsì Xiàng］　位于区境东南部,南纪门街道办事处辖区内,中兴路东段南侧,东起十八梯,西不通。明万历年间,旅居重庆的河南回族穆斯林侍郎马文升、吴兴龙等人倡议筹资,在此兴建清真寺。1940 年,清真寺被日机炸毁。1942 年修复,道路名清真寺巷。2010 年十八梯片区改造,该路已拆除。

人和塆［Rénhé Wān］　位于区境北部,上清寺街道办事处辖区内,人和门城外,东南起太平门大码头,西南止邮政局巷,长 203 米,人和门派生地名。南宋末年,此地为喂养军马的地方。明初戴鼎筑重庆城,在此设人和门,城外被称为人和塆。1968 年更名人和街。1980 年因与本区另一个人和街同名而还名人和塆。2001 年拆迁。

善果巷［Shànguǒ Xiàng］　位于区境东南部,南纪门街道办事处辖区内,东接月台坝,西连十八梯。清代形成街巷,名善果街。1972 年大观坪并入。1980 年自信巷 3—12 号也并入,更名善果巷。2010 年拆迁。

王爷石堡巷［Wángyé Shíbǎo Xiàng］　位于区境东南部,南纪门街道办事处辖区内,中兴路附近,西接菜家石堡,南邻中兴路。曾有王爷庙建于附近,故名。1939 年王爷石堡被日军飞机炸毁,重建后名王爷石堡新街。1968 年更名勤劳新街。1980 年更名王爷石堡巷。已拆除。

长江一路［Chángjiāng 1 Lù］　位于区境中部,两路口街道办事处辖区内,东起两路口,西止长江二路,长 2535 米,宽 20 米,双向 4 车道。长江一路与长江二路,原本统称为长江路,东起两路口,西止杨家坪谢家塆,是市区从七星岗由两路口经大坪通往杨家坪的主干道。1939 年修建佛九公路(佛图关—九龙坡),仅完成到袁家岗;1958 年扩修,形成后来的两杨公路(两路口—杨家坪),因靠近长江而命名为长江路。1972 年将长江路分段命名,两路口街道办事处辖区内的一段名长江一路,两路口街道与大坪街道交界处西向至杨家坪段名长江二路。

长江二路［Chángjiāng 2 Lù］　位于区境西部,大坪街道办事处辖区内,东起长江一路,西止大公馆立交,长 3200 米,宽 16 米,双向 4 车道。现长江二路与长江一路,原本统称为长江路,东起两路口,西止杨家坪谢家湾正街东街口,是市区从七星岗由两路口经大坪通往杨家坪的主干道。1939 年修建佛九公路(佛图关—九龙坡),仅完成到袁家岗;1958 年扩修,形成了后来的两杨公路(两路口—杨家坪),因靠近长江命名为长江路。1972 年将长江路分段命名,两路口街道办事处辖区内的一段名长江一路,两路口街道与大坪街道交界处西向至杨家坪段名长江二路。

大坪正街 [Dàpíng Zhèngjiē]　位于区境西部,大坪街道办事处辖区内,东起长江二路,西止歇台子,长 1300 米,宽 20 米,双向 4 车道。此街原为佛新路(佛图关—新桥)部分,1946 年形成街道,名大坪正街。1968 年更名东风路。1972 年还名大坪正街。

单巷子 [Dānxiàngzi]　位于区境西部,大坪街道办事处辖区内,北起大坪正街,南止彭家花园,长 300 米,宽 16 米。原名双巷子,是由大坪正街通向虎头岩的一条小路,两边有围墙,1940 年因两侧围墙倒塌,只能单向通行,习称单巷子。

电视塔村 [Diànshìtǎ Cūn]　位于区境西部偏北,大坪街道办事处辖区内,南接长江二路,北连佛图关,长 180 米,宽 7 米。原名砖房子。清代中叶即有人居住,20 世纪 20 年代有谢姓人家在此修建住宅,取名谢家花园。1968 年更名战旗村。1972 年因此地靠近电视塔,更名电视塔村。

马家堡 [Mǎjiā Bǎo]　位于区境西部,大坪街道办事处辖区内,东接长江二路,西连煤建新村,长 500 米,宽 4 米,单车道。据传清代曾有军队在此养马,故名。1966 年更名工农村。1981 年还名马家堡。

七牌坊路 [Qīpáifǎng Lù]　位于区境西部偏南,大坪街道办事处辖区内,南起大坪正街,西止长江二路,长 300 米,宽 12 米。明末清初在此陆续修建节孝坊、百岁坊、乐施坊、道政坊、人瑞坊等九座石碑坊。抗日战争时期被日本飞机炸毁两座,只剩下七座,故名。此处原是东大路的一段,抗日战争时期陆续有人居住,形成街巷,取名七牌坊。1968 年更名反封村。1981 年还名七牌坊。2005 年重修后名七牌坊路。

上肖家塆 [Shàng Xiāojiā Wān]　位于区境西部,大坪街道办事处辖区内,在肖家塆社区内,南接长江二路,北连佛图关,长 1300 米,宽 4 米,双向 2 车道。因此地韩姓居多,名韩家塆。清代,有姓韩的将土地卖给肖姓耕耘,名肖家塆。1940 年更名中台路。1952 年兴建两杨公路(现长江二路)从中穿行,将原肖家塆一分为二,此段位于公路的北侧,名上肖家塆;公路以南的部分名下肖家塆。

新影村 [Xīnyǐng Cūn] 位于区境西部,大坪街道办事处辖区内,北接石油路,南连重庆市射击场,长 150 米,宽 7 米。原为农田村舍,1958—1963 年间,在此兴建重庆电影机厂,并在石油路侧兴建职工住宅,编入石油路 26 号。1972 年命名为新影村。

渝油村 [Yúyóu Cūn] 位于区境西部,大坪街道办事处辖区内,东北接石油路,南连大坪正街,长 700 米,宽 7 米。原名平桥,1950 年前只有几家农户,1955 年重庆石油工业学校由化龙桥迁来大坪,周边逐渐形成居民区,编入石油路 2 号。1972 年更名渝油村。

大化路 [Dàhuà Lù] 位于区境西部,石油路街道办事处辖区内,南起经纬大道(原海浪集团制线厂处),北止原交农村梨菜铁路隧道外,长 950 米,宽 16 米,双向 4 车道。因其连接大坪与化龙桥两个重要发展地段,取大坪、化龙桥两地首字命名。2012 年修建得名。

河运路 [Héyùn Lù] 位于区境西部,石油路街道办事处辖区内,南起大坪正街,西接虎歇路,长 938 米,宽 16 米,双向 4 车道。该道路所在地有重庆河运学校,故名河运路。

虎踞路 [Hǔjù Lù] 位于区境西部,石油路街道办事处辖区内,东起大化路,西止协信云溪谷小区门口,长 1248 米,宽 21 米,双向 4 车道。此路所在的虎头岩是渝中山脊轮廓线重要节点,2012 年修建道路以虎踞龙盘得名虎踞路。

虎山路 [Hǔshān Lù] 位于区境西部,石油路街道办事处辖区内,东起渝中区虎踞路西段,西止沙坪坝区马家岩下穿道入口,长 1900 米,宽 6 米,2 车道。道路跨渝中区、九龙坡区和沙坪坝区,2015 年修建,连接虎头岩与平顶山,故名虎山路。

虎威路 [Hǔwēi Lù] 位于区境西部,石油路街道办事处辖区内,西接虎歇路,北接经纬大道,长 450 米,宽 10 米,双向 2 车道,位于虎头岩片区。

虎歇路 [Hǔxiē Lù] 位于区境西部,石油路街道办事处辖区内,南起渝州路,北至经纬大道,长 1200 米,宽 26 米,双向 4 车道,跨渝中区、九龙坡区,连接虎头岩与歇台子,取虎头岩、歇台子两地名首字得名。

虎嘉路 [Hǔjiā Lù] 位于区境西部,石油路街道办事处辖区内。南起云栖谷小区西侧现状断头路,北接瑞天路通嘉陵江滨江路。长约 1716 米。道路地处虎头岩区片,连接嘉陵江滨江路,故名。

金石巷 [Jīnshí Xiàng] 位于区境西部,石油路街道办事处辖区内,东临重庆射击学校,南临已登记备案的"蓝钻大厦"(西和北邻六店子已拆迁地)。长 113 米,宽 6 米,取附近金银湾和石油路两地名首字合成得名。

石油路 [Shíyóu Lù] 位于区境西部,石油路街道办事处辖区内。原名平桥,1955 年重庆石油工业学校由化龙桥迁来大坪,学校位于此路段,因此更名石油路。原石油路南起大坪正街,西止市射击学校,后延伸至六店子,呈"L"形,长约 3000 米,宽 32 米,双向 4 车道。2008 年经纬大道建设后,将其分割为不相连的三段,中段并入经纬大道,将原石油路大坪正街至五一技校段(原交电仓库处)确定为现石油路。

昌盛路 [Chāngshèng Lù] 位于区境西北部,化龙桥街道办事处辖区内,南起化龙桥山村,北止原中南橡胶厂旧址,长 265 米,宽 20 米。该路段为重庆天地新城项目商业中心南北走向支路,取万事昌盛之意命名。2008 年建成。

长和路 [Chánghé Lù] 位于区境西北部,化龙桥街道办事处辖区内,南起大坪虎头岩支路,北至化龙桥半山路,全长 1391 米,宽 16 米,双向 4 车道。2008 年建成并命名,2017 年修建了延长线。

富华路 [Fùhuá Lù] 位于区境西北部,化龙桥街道办事处辖区内,东起李子坝正街,西至卡福汽车厂,长 2173 米,宽 24 米。2008 年建成得名。

红岩路 [Hóngyán Lù] 位于区境西北部,化龙桥街道办事处辖区内,南接富华路,北连瑞天路,长约 500 米,宽约 10 米。1968 年因路南侧有红岩革命纪念馆定名红岩路。原在沙坪坝区境中部,为龙隐路的一段。1972 年并入化龙桥正街。1981 年析出,将下土湾路至龙隐路一段取名红岩路,后属渝中区管辖。原红岩路为东西走向,东接龙隐路,西连沙区土湾,长 500 米,2008 年变更为南北走向,长度缩短为 232 米。

华盛路 [Huáshèng Lù] 位于区境西北部,化龙桥街道办事处辖区内,东起李子坝正街,西至原重庆阀门厂旧址的北车间,长 745 米,宽 24 米,双向 4 车道,该路段贯穿重庆天地新城商务中心,2008 年修建。

嘉博路 [Jiābó Lù] 位于区境西北部,化龙桥街道办事处辖区内,南起红岩电机修理厂,北止原化龙桥粮油公司旧址,长 280 米,宽 14 米,2008 年修建命名。

嘉金路 [Jiājīn Lù] 位于区境西北部,化龙桥街道办事处辖区内,南起原化龙桥医院旧址,北止原微电机厂车间旧址,长 338 米,宽 24 米,双向 4 车道。

嘉荣路［Jiāróng Lù］ 位于区境西北部,化龙桥街道办事处辖区内。南起化龙桥后村,北至原造纸研究所旧址,长 280 米,宽 14 米。因该路段地处重庆天地新城规划中商务区,临近嘉陵江,故名。2008 年修建命名。

江湾路［Jiāngwān Lù］ 位于区境西北部,化龙桥街道办事处辖区内,南起原卡福厂旧址,北止原特种电机厂旧址,长 190 米,宽 12.5 米,双向 2 车道。该路段临近嘉陵江,可观赏到江湾回流的自然景观,故名江湾路。

临湖路［Línhú Lù］ 位于区境西北部,化龙桥街道办事处辖区内,南起原亮友弹簧厂旧址,北止原化龙桥菜市场,长 352 米,宽 11 米,双向 2 车道。该路段地处重庆天地新城规划中人工湖左侧,故名临湖路。

龙隐路［Lóngyǐn Lù］ 位于区境西北部,化龙桥街道办事处辖区内,东起化龙桥正街,西止红岩路,长约 1000 米,宽 8～12 米,双向 4 车道。龙隐路的得名,源于传说:一说此地至虎头岩的石板路旁岩洞中,蛟龙经常兴妖为患,乡民建桥震慑后,蛟遁龙隐,岁岁平安。一说明惠帝朱允炆出家后,避难四川至此遇官兵入丛林躲藏时,为一游方道士所见,因存疑心尾随跟踪,至傍晚时忽见和尚金龙缠身,忽隐忽现,判断此人乃真命天子,跟至土塆地界时,人、龙均失,道士到处寻觅,不见踪影。

荣盛路［Róngshèng Lù］ 位于区境西北部,化龙桥街道办事处辖区内,南起原化龙桥灯具厂,北止原微电机子弟校旧址,长 132 米,宽 24 米。因该路段地处重庆天地新城项目商业中心,取繁荣昌盛意命名。

文昌路［Wénchāng Lù］ 位于区境西北部,化龙桥街道办事处辖区内,南起虎头岩方向,北至红岩弹簧厂旧址以西,长 245 米,宽 11 米。根据《重庆天地新城道路规划方案》确定的命名原则,该路段附近规划有教育设施,寓文运昌隆,故名。

永嘉路［Yǒngjiā Lù］ 位于区境西北部,化龙桥街道办事处辖区内,南起铸造机械厂旧址,北至黄桷村旧址,长 342 米,宽 11 米。取永远美好之意得名。

锦山路［Jǐnshān Lù］ 位于区境西北部,化龙桥街道办事处辖区内,南起原铸造机械厂旧址,北止红岩电影院旧址,长 202 米。该路段背靠鹅岭山脊,面临嘉陵江,取锦绣江山得名。

大同村［Dàtóng Cūn］ 位于区境西北部,两路口街道办事处辖区内,东北接体育路,西北连桂花园,长 340 米,宽 7 米。原是一片坟地,1948 年后,居民逐渐增多,形成居民区,以旧市政府地改局局长梅光复的名字分段名为上光复村、下光复村。时区长曾旭辉将其住宅附近取孙中山倡导的"世界大同"命名为大同村。1972年上、下光复村并入,仍名大同村。

第二节　交通运输附属设施

一、桥梁

魁星桥［Kuíxīng Qiáo］　位于区境东北部,解放碑街道办事处辖区内。桥长约 200 米,宽 16 米,简支 T 梁弯坡桥。该桥临原清朝初期的魁星阁古建筑,此建筑民间称"魁星楼",故名魁星桥。

中兴路旱桥［Zhōngxīnglù Hànqiáo］　位于区境东部,解放碑街道办事处辖区内。桥长 9.5 米,宽约 6 米。最大载重 40 吨。地处中兴路,所属类型为公路旱桥,故名。

一号桥［1 Hào Qiáo］　位于区境东部偏北,七星岗街道办事处辖区内。一号桥是连接临江门与黄花园大桥南桥头的交通要道。全桥设计 4 墩 2 台,5 孔,桥长75 米,宽 15 米(车行道宽 9 米,人行道各宽 3 米),桥高 22 米。桥墩系用大条石砌成,桥面为钢筋混凝土结构,是一座旱桥。此桥于 1948 年由中国桥梁公司设计修建,由于当时桥梁工程技术力量薄弱,故剩下最后一孔未完成。1949 年重庆解放后,由市人民政府组织力量继续修建,于 1951 年竣工通车。此桥竣工时为市区内第一座大型旱桥,故名一号桥。此桥原本排列序号为二号,当名二号桥,因原设计的一号桥停建,便将原设计的二号桥递补编号为一号桥。2003 年政府投入 5400 万元,改造一号桥,撤销老桥墩,重支新桥柱,形成两桥并列的复线桥。

放牛巷旱桥［Fàngniúxiàng Hànqiáo］　位于区境中部偏东,七星岗街道办事处辖区内,长 9 米,宽约 3 米。因该旱桥地处放牛巷,所属类型为旱桥,故名。

管家巷旱桥［Guǎnjiāxiàng Hànqiáo］　位于区境中部偏东,七星岗街道办事处辖区内,长 15 米,宽约 3 米。因该旱桥地处管家巷,所属类型为旱桥,故名。

临华路支路旱桥［Línhuálùzhīlù Hànqiáo］　位于区境中部,七星岗街道办事处辖区内。在临华路重庆市工商行政管理局渝中区分局门前。桥长 50 米,宽约 5米。该旱桥地处位临华路支路,所属类型为旱桥,故名。

凯旋路石拱桥［Kǎixuánlù Shígǒngqiáo］　位于区境东南部,南纪门街道办事处辖区内。在凯旋银行大厦旁。桥长 89 米,地处凯旋路,石拱桥,公路旱桥,故名。

长滨路高架桥［Chángbīnlù Gāojiàqiáo］　位于区境南部,菜园坝街道办事处辖区内。地处重庆渝中物流市场旁。桥长 1340 米,宽 7 米,最大跨度为 20 米。地处长江滨江路,旱桥,高架公路桥,故名。

交通街石拱桥［Jiāotōngjiē Shígǒngqiáo］　位于区境南部,菜园坝街道办事处辖区内。桥长 18.15 米,宽 3 米,最大跨度为 13 米。地处交通街三岔路口,所属类型为旱桥,石拱桥,故名。

竹园小区旱桥［Zhúyuánxiǎoqū Hànqiáo］　位于区境南部,菜园坝街道办事处辖区内。桥长 55 米,宽 6 米,最大跨度为 20 米。地处竹园小区,所属类型为旱桥,故名。

菜园坝立交桥［Càiyuánbà Lìjiāoqiáo］　位于区境南部,菜园坝街道办事处辖区内,占地面积 27000 米,长 611 米,宽 10~12 米,高 12 米,最大载重 30 吨,最大跨度 25.5 米。1992 年 1 月始建,1993 年 2 月建成,是沟通菜袁路、长江滨江路、南区路、八一隧道、向阳隧道的立体交叉桥。地处菜园坝重庆火车站广场前,故名。

石板坡立交桥［Shíbǎnpō Lìjiāoqiáo］　位于区境南部,菜园坝街道办事处辖区内,长江大桥北桥头石板坡地区,因地处石板坡而得名。石板坡立交桥占地面积 60000 平方米,长 15 米,宽 3 米,高 5 米,最大跨度 13 米,最大载重量 15 吨,为钢筋混凝土浇筑的三层立交桥,有七条匝道,北接石黄隧道,南连长江大桥北端,东西与原南区路相连,类型为公路桥,所在线路主要是南区路。

大溪沟河街旱桥［Dàxīgōuhéjiē Hànqiáo］　位于区境北部,大溪沟街道办事处辖区内。桥长 85 米,最大载重 15 吨。大溪沟河街旱桥位于渝中区大溪沟河街附近,为大溪沟河街上的一座公路旱桥,故名。

华福巷旱桥［Huáfúxiàng Hànqiáo］　位于区境北部,大溪沟街道办事处辖区内,长 52.8 米,地处华福巷附近,所属类型为旱桥,故名。

蒲草田旱桥［Púcǎotián Hànqiáo］　位于区境北部,大溪沟街道办事处辖区内,在蒲草田附近。长 32 米。地处蒲草田附近,所属类型为旱桥,故名。

张家花园旱桥［Zhāngjiāhuāyuán Hànqiáo］　位于区境北部,大溪沟街道办事处辖区内,长 83 米。地处张家花园附近,所属类型为旱桥,故名。

黄花园立交桥［Huánghuāyuán Lìjiāoqiáo］　位于区境北部偏东,大溪沟街道办事处辖区内,在南区路黄花园,占地面积 60000 平方米,高 25 米,立交桥所在地为南区黄花园,故名。

七孔桥 [Qīkǒng Qiáo] 位于区境中部,两路口街道办事处辖区内,在长江一路两路口至鹅岭之间的半山腰王家坡上。桥长 67.5 米,桥面车行道宽 14 米,人行道宽 3.9 米,最大跨度为 7.28 米。因桥为七孔,1954 年由重庆市人民政府批准得名七孔桥。通车后,汽车不再经两浮路绕鹅岭正街的陡坡弯道,缩短里程 600余米。

石绳桥 [Shíshéng Qiáo] 位于区境中部,两路口街道办事处辖区内。在鹅岭公园(原名"礼园")内,长 12.3 米,宽 2.6 米。该桥石栏杆饰以绳纹浮雕,故名。人行景观石桥,是重庆市鹅岭公园中的一处标志性建筑,曾用名"漪矸桥"。

牛角沱立交桥 [Niújiǎotuó Lìjiāoqiáo] 位于区境北部,上清寺街道办事处辖区内,高 30 米。立交桥所在地为牛角沱,有自然石坡,形如牛角斜伸入嘉陵江,江流于此成回水沱,故名。

响水桥 [Xiǎngshuǐ Qiáo] 位于区境东南部,南纪门街道办事处辖区内。南接解放西路,北连守备街与厚池街相交处;长约 140 米,宽约 8 米,车行道宽约 5米。因此地有排污水的大沟,沟上有桥,桥下流水发出极大的声音,故名。后因谐音讹变为"香水桥",抗日战争时期并入沧白路,其桥已不存。传说有一年重庆府学考试,州县的秀才来了不少,响水桥街上也来了两个,一个姓王,一个姓杨。王秀才听到水响,便吟道"响水桥下桥水响",然后问"年兄,此为上联,是否能对下联?"杨秀才想了半天,对不上来。这时人们围上来看热闹,有人让王秀才对个下联,哪知他自己也"卡了壳"。这时一童子放学路过,看到一个和尚在画画,脑子一激灵,说:"师傅画的荷花画得太好了,真是画上荷花和尚画啊!"桥上围观的人听见了,齐喊"响水桥下桥水响,画上荷花和尚画",真是"妙对"!两个秀才自愧不如,红着脸走下响水桥,匆匆回家去了。又一说,此处系关底庙水沟所经的地方,沟上建有一桥,桥下流水之声极大,故名响水桥至今。

九块桥 [Jiǔkuài Qiáo] 位于区境北部,上清寺街道办事处辖区内。在中兴路与和平路之间,明代末年形成街巷,一直沿用,20 世纪 90 年代初因修建地铁拆迁后消失。明末韩天官经过此地,通行不便就在此修了三洞石桥,每洞桥上铺石三块,三洞共铺九块石板,故名。曾用名"大水沟",已拆除。

华村立交桥 [Huácūn Lìjiāoqiáo] 位于区境西北部,化龙桥街道办事处辖区内,在李子坝正街华村附近,占地面积 116841 平方米,高 40 米,路幅宽约 32 米,因该立交桥位于区境华村地区,故名。

二、隧道

和平路隧道［Hépínglù Suìdào］　位于区境东部,解放碑街道办事处辖区内,长 39 米,宽 4 米。公路隧道,分离式双洞单向行驶两车道隧道。因地处和平路与中山一路交会处,故名。1946 年 11 月,在紧邻通远门城门处打穿岩石,修建双孔隧道。1947 年 7 月 18 日,和平路隧道贯通。此后城内较场口与城外中干道连接,老城与新城区的交通得到很大改善。是重庆公路交通史上的第三座公路隧道。

朝天门隧道［Cháotiānmén Suìdào］　位于区境东部,朝天门街道辖区内。长 1300 米,宽 12 米。公路隧道。1995 年 8 月 10 日开始修建,1996 年 12 月 31 日建成。因隧道地处朝天门片区,故名。

大坪隧道［Dàpíng Suìdào］　位于区境南部,菜园坝街道办事处辖区内。在原竹木街社区内。隧道长 380 米,宽约 4 米。铁路隧道。该隧道所在地原属于大坪,故名。为成渝铁路隧道,隧道虽在,但已废弃。

兜子背隧道［Dōuzibèi Suìdào］　位于区境南部,菜园坝街道办事处辖区内,在原竹木街社区,为黄沙溪通往菜园坝火车站的一个铁路分支,为单轨通行铁路隧道。长 86 米,宽 10 米。因隧道所在地为兜子背,故名。

黄沙溪隧道［Huángshāxī Suìdào］　位于区境西南部,菜园坝街道办事处辖区内,在菜袁路路段与大黄路横向交会处。双洞双向分道公路隧道,长 500 米,单向隧道分别为 2 车道,路宽分别为 7 米,高 6.5 米。1980 年开建,1982 年建成。所在地块名黄沙溪,故名。

龙家塆隧道［Lóngjiāwān Suìdào］　位于区境西南部,菜园坝街道办事处辖区内,长 690 米,宽 9.5 米。分离式双洞单向行驶两车道公路隧道。1987 年 7 月修建,1990 年 11 月建成。所在地块名龙家塆,故名。

竹木街隧道［Zhúmùjiē Suìdào］　位于区境西南部,菜园坝街道办事处辖区内,在原竹木街社区。隧道长 722 米,宽 16 米,双轨通行铁路隧道。所在地块名竹木街,故名。

张家花园隧道［Zhāngjiāhuāyuán Suìdào］　位于区境北部,大溪沟街道办事处辖区内。隧道长 44.1 米,宽约 6 米,连接岚园路与临华路。公路隧道。2000 年建成。所在地块名张家花园,故名。

彭家花园隧道[Péngjiāhuāyuán Suìdào] 位于区境西部,石油路街道办事处辖区内。该隧道是经纬大道(原高九路)的一段重要工程,与虎头岩隧道交叉而过。长约380米,宽约7米,高约6米,限高3.5米。公路隧道。隧道采用"连拱"设计,即双洞之间仅有一道隔墙,墙宽145厘米。该隧道还是"浅埋隧道",最薄处离地面仅为3米。"连拱"和"浅埋"技术都是在主城区首次使用。2006年9月开建,2007年6月通车。所在地块名彭家花园,故名。

虎头岩隧道[Hǔtóuyán Suìdào] 位于区境西北部,化龙桥街道办事处辖区内。隧道长约590米,宽约7米,两条单向公路隧道。主要连接经纬大道至华村隧道及嘉华大桥。2008年12月建成通车。所在地块名虎头岩,故名。

华村隧道[Huácūn Suìdào] 位于区境西北部,化龙桥街道办事处辖区内。双向隧道各长约370米和530米,宽约7米,高约6米。两条单向公路隧道。隧道上方为佛图关公园,主要连接经纬大道至嘉陵江滨江路及嘉华大桥,附近有华村立交桥、嘉华隧道。2006年7月建成。隧道北端出口属华村地块,故名。

三、车站码头

石灰码头[Shíhuī Mǎtóu] 位于区境东部偏北,解放碑街道办事处辖区内,临江门城外,嘉陵江边,与豆腐石、九道拐等街巷相邻。形成于晚清。此处为专供运送石灰船只的下货码头,故名。1972年附近长九间并入。20世纪90年代随临江门片区拆迁。

临江门大码头[Línjiāngmén Dàmǎtóu] 原位于区境东部偏北,解放碑街道办事处辖区内,东南起丁口正街,西北止嘉陵江边,全长约120米。形成于清代中叶。1972年新码头河街并入。地处临江门城外,故名。

轨道交通较场口站[Guǐdàojiāotōng Jiàochǎngkǒu Zhàn] 位于区境东部,解放碑街道较场口社区境内。和平路下,中兴路旁,紧邻日月光中心广场。轨道交通1号线、2号线换乘站。该站是一座地下岛式车站,分为站厅和站台两层(负四层为站厅,负五层为站台)。有四个出入口通道:1、2号出口通往和平路、火药局街、重庆市渝中区第二实验小学校、重庆市渝中区人民政府、日月光中心广场;3号出口通往中兴路、十八梯、重庆精一民族小学校、重庆大轰炸惨案遗址;4号出口通往中兴路、重庆市渝中区人民法院、重庆市渝中区人民检察院。2000年始建,2004

年轨道交通 2 号线站台投入使用。2011 年 7 月 28 日轨道交通 1 号线站台投入使用。因所在位置地面片区名为较场口社区,故名。

轨道交通临江门站［Guǐdàojiāotōng Línjiāngmén Zhàn］　位于区境东部,解放碑街道步行街地下,为轨道交通 2 号线的一座车站,毗邻临江路、五四路、邹容路、中华路、青年路及民族路,是一个地下岛式车站。站台和站厅各为一层。车站共有 3 个出入口。2000 年始建,2004 年投入使用。因毗邻临江门,故名。

当归码头［Dāngguī Mǎtóu］　位于区境东部,朝天门街道办事处辖区内,地处千厮门城外,南接纸盐河街,北至嘉陵江边。清代中叶,此处为中药材码头,多停靠运载中药材,特别是运载当归的货船,故名。20 世纪 90 年代修建嘉陵江滨江路拆迁。

朝天门码头［Cháotiānmén Mǎtóu］　位于区境东部,朝天门街道办事处辖区内,地处长江和嘉陵江汇合处,主要由重庆港朝天门港区中的 4 个码头(即 1、2、3、4 码头)组成,均在嘉陵江南岸。1 码头即千厮门盐码头,专供内部作业的工作船使用;2 码头即千厮门麻柳湾码头,为一般客运码头,客运量不大;3、4 码头为朝天门港区内最大的、设备最先进的码头,来往上海、汉口等地的船只在洪水季节均在此停泊。现有锚位 16 个。最高水位为 193.50 米,最低水位为 159.47 米,最大枯、洪水位差幅达 34.03 米,常年水位差幅 25 米左右。朝天门码头是重庆历史上最早的老码头,属自然岸坡式,可溯自西汉,历来为重庆水运总枢纽。《朝天门广场赋》谓:"嘉陵白水,携涪、渠以挽秦蜀;扬子金沙,携泯、沫而带滇黔。贯六峡两江之汇,率九宫八卦之冠。总扼西南之枢纽,遥牵吴越之群船。"汉晋时期,朝天门码头已是连接汉沔和荆襄的水运要冲。朝天门码头也曾经是大夏国水陆运输的总枢纽。明代,在此设朝天水驿,为四川水驿网的中心。清代,又在此设陆驿,名朝天驿。1927年,拓宽码头通道,修筑石梯道 140 米,设梯道平台 4 个。抗日战争时期,民生公司和佛亨公司先后在磨儿石设置客运航线;轮渡公司亦在此设趸船,经营横江、顺江客运。1949 年"九二"火灾,朝天门码头一带化为灰烬。解放后,朝天门码头进行了改扩建。1999 年 10 月,建成朝天门广场。朝天门码头是历史上长江上游和西南地区最重要和最大的货物集散地,是长江上游最大的港口码头,在重庆众多老码头中最具有代表性。如今的朝天门码头不再承担货物集散功能,客运功能也基本消失,基本上已成游船码头,为重庆著名的游客集散地之一。

望龙门码头［Wànglóngmén Mǎtóu］　位于区境东部,朝天门街道办事处辖区内,长江北岸,是渡江客运和停泊货运运输的主要码头之一。曾有客轮往返于南岸区龙门浩,每天客运量约 15 万人次。进出重庆港的上海、汉口等地来往船只均停靠于此。有缆车连接解放东路与江边客轮。望龙门码头因位于望龙门而得名。码头、轮渡建于 1938 年,缆车建于 1944 年。1984 年按顺序为重庆港 15 码头。已不存。

储奇门码头 [Chǔqímén Mǎtóu]　位于区境东部,朝天门街道办事处辖区内,长江北岸,处自然岸坡。储奇门码头始建于明洪武初年(1368 年前后),该码头横渡长江到海棠溪,是重庆古道正南路通往云南、贵州的起点。抗日战争时期,是川黔、成渝公路的联结点,主要为货运码头,地理位置十分重要。解放后,1958 年,兴建两条绞车作业线,负荷 3~4 吨。1965 年至 1978 年,又增添缆车、轮胎吊车、浮吊、直型叉车、装载机等负重设备。曾有 9 个泊位,能靠泊 100 吨级船舶 5 艘。有货场 3 处,总面积约 5 万平方米。机械化程度约 30%。1990 年货运吞吐量为 7.8 万吨。储奇门码头一带,历来是山货、药材行业的集散地,故亦称为"药码头"。山货、药材是重庆及西南地区著名的土特产,水运出口商品的大宗,储奇门内山货商铺、药材字号和仓储、堆栈,比比皆是。以码头位于古城门储奇门得名。1968 年曾更名大庆路码头。后来水上运输逐渐被陆路运输取代,已不存。

千厮门盐码头 [Qiānsīményán Mǎtóu]　位于区境东部,朝天门街道办事处辖区内,嘉陵江南岸,靠近嘉陵江与长江汇合处。该码头为内部作业的工作船的泊位,不对外经营运输。千厮门盐码头在公元 1880 年前形成,由于此码头多为盐业行商停泊船只之处,故名。1968 年以序数命名为一码头。1980 年还名千厮门盐码头。现为一码头内的一个泊位。已不存。

重庆港二码头 [Chóngqìnggǎng 2 Mǎtóu]　位于区境东部,朝天门街道办事处辖区内,嘉陵江南岸,东临两江汇水处,是重庆港第二客运码头,多用于停泊重庆到木洞、长寿的短程客船,丰水季节可停靠开往万州区、宜昌、沙市、汉口的船只,年均乘客约 8 万人次。原名千厮门麻柳湾码头,清同治六年(公元 1867 年)形成,因附近有麻柳树得名。1968 年更名二码头。1980 年还名千厮门麻柳码头,后改回重庆港二码头。已不存。

菜园坝码头 [Càiyuánbà Mǎtóu]　位于区境南部,朝天门街道办事处辖区内,在长江北岸,黄沙溪码头东北面,紧靠重庆火车站,主要为货运码头。该区域有 7 个泊位。货场面积随水位的改变而改变。年平均货运吞吐量约 40 万吨。1990 年重庆火车站扩建,码头场地被占去一部分,停靠船舶及货运量均受到一定影响。菜园坝码头因位于菜园坝得名。已不存。

道门口公共交通车站枢纽站 [Dàoménkǒu Gōnggòngjiāotōng Chēzhàn Shūniǔzhàn]　位于区境东部,朝天门街道办事处辖区内,在二府衙社区境内,距二府衙居民委员会驻地270米,距重庆市渝中区人民政府驻地1.8千米,建筑面积约1225平方米。该站始建于2013年5月,同年11月建成,建筑面积1225平方米。主要营运线路8条,分别为112内环(红旗河沟枢纽站环线)、120路(道门口—东和春天)、141路(道门口—重庆北站北广场)、372路(道门口—南坪中学)、382路(道门口—南坪枢纽站)、0492路夜班(道门口—沙美丽都)、871路(新桥—道门口)、862路(奥体中心环线)。

朝天门沙咀码头 [Cháotiānmén Shāzuǐ Mǎtóu]　位于区境东部,朝天门街道办事处辖区内。地处朝天门天然形成的沙咀,故名。简称沙咀码头。为朝天门码头的四个客运码头之一。现已不存。

朝天门象鼻子码头 [Cháotiānmén Xiàngbízi Mǎtóu]　位于区境东部,朝天门街道办事处辖区内。地处朝天门长江北岸,为朝天门码头的四个客运码头之一,简称"象鼻子码头"。该地名已消失。

重庆港 [Chóngqìng Gǎng]　位于区境东部,朝天门街道办事处辖区内,是长江上游第一大港、西南地区水运交通枢纽,也是长江八大外贸港口之一。水路可直达长江八省二市,陆路与成渝、襄渝、渝黔、渝怀铁路和成渝、渝黔、重庆至武汉、重庆至长沙等高速公路相连,是长江上游最大的内河主枢纽港和全国内河主要港口,国家一类口岸。重庆港主要从事港口装卸、客货运输、水陆中转、仓储服务、物流配送、酒店旅游等多种综合性经营服务。港口年货运综合通过能力900万吨,年客运旅游通过能力近1000万人次。码头泊位114个,堆场面积35万平方米,拥有年通过能力为10万TEU的国际集装箱专用码头、年通过能力为10万辆的汽车滚装码头和全国内河港口最大的400吨级特大重件装卸作业线等17座现代化货运码头和16座客运旅游码头。

轨道交通七星岗站 [Guǐdàojiāotōng Qīxīnggǎng Zhàn]　在兴隆街、中山一支路、枇杷山正街的交会处,是地下双层岛式车站,为轨道交通1号线车站。

重庆汽车站 [Chóngqìng Qìchēzhàn]　位于区境南部,菜园坝街道办事处辖区内,南邻菜袁路,北靠成都铁路局重庆火车站,是客运汽车站,年客运量360万人次,占地面积33000平方米。1987年8月开始修建,1995年1月完工,是当时重庆市最大的客运汽车站,也是当时中西部地区最大的客运汽车站。周边的配套设施有商业用房、洗车场、旅馆、停车场等。附近有重庆火车站、皇冠大扶梯、轨道交通3号线,有207、419、429、439、606、862等公交线路经过。

重庆长途汽车站 [Chóngqìng Chángtú Qìchēzhàn] 位于区境南部,菜园坝街道办事处辖区内,菜袁路1号,南临长江,北靠菜袁路。是长途客运车站,年客运量255万人次,占地面积36000平方米,于1981年建成。配套设施有商业用房、洗车场、旅馆、停车场等。附近有成都铁路局重庆火车站,皇冠大扶梯,轨道交通1、3号线,有207、419、429、439、606、862等公交线路经过。群众习称菜园坝长途汽车站。按照市政府《内环快速路以内汽车客货运站场搬迁方案》要求:2019年底前,菜园坝长途汽车站全面完成所有长途客运班线搬迁。

重庆交运大溪沟码头 [Chóngqìng Jiāoyùn Dàxīgōu Mǎtóu] 位于区境北部,大溪沟街道办事处辖区内,大溪沟73号大楼下,地处嘉陵江南岸。有锚位5个,最大靠泊能力200吨,渡程800米,平均水深5米,最大水深8米。以前停靠和修理货运船只,后来主要停靠餐饮船和运沙船。

轨道交通大坪站 [Guǐdàojiāotōng Dàpíng Zhàn] 位于区境西部,大坪街道办事处辖区内。轨道交通1号线、2号线换乘站。大坪正街—长江二路沿线下方,是一座地下岛式车站。车站分为站厅和站台两层,共设4个出入口、1个轨道交通换乘通道。2000年始建,2004年轨道交通2号线站台投入使用;2011年7月28日轨道交通1号线站台投入使用至今。因所在位置地面片区名大坪,故名。

轨道交通两路口站 [Guǐdàojiāotōng Liǎnglùkǒu Zhàn] 位于区境中部,两路口街道办事处辖区内,轨道交通1号线、3号线换乘站,在中山二路、长江一路、中山三路交会处。1号线在上层,3号线在下层,车站均为岛式站台,共有7个出入口及换乘通道。2007年开始建设,2011年7月28日轨道交通1号线站台投入使用;同年9月29日轨道交通3号线站台投入使用。因所在位置地面片区名两路口,故名。

轨道交通李子坝站 [Guǐdàojiāotōng Lǐzibà Zhàn] 位于区境北部,上清寺街道办事处辖区内。2000年开始建设,2004年投入使用。A出口可通往李子坝正街,车站地处李子坝而得名。是中国第一座与商住楼共建共存的轨道交通站,也是重庆轨道交通2号线全线唯一的楼中站。该站设于嘉陵江边的李子坝正街39号商住楼6—7层,因其"单轨列车穿楼而过"成为蜚声中外的"网红车站"。车站采用"站桥分离"的结构形式,单轨车站桥梁与商住楼结构支撑体系分开设置,有效解决两者结构传力及振动问题。"李子坝轻轨穿楼"成为重庆"网红景点"后,出于游客观景拍照安全考虑,2018 年在车站大楼下方的公路靠嘉陵江一侧修建了李子坝观景平台,平台长约 100 米,宽约 12 米,能同时容纳 5000 人。

轨道交通牛角沱站［Guǐdàojiāotōng Niújiǎotuó Zhàn］　位于区境北部,上清寺街道办事处辖区内,是轨道交通 2 号线、3 号线换乘站,位于牛角沱,嘉陵江畔滨江路上的嘉陵江大桥与渝澳大桥之间,为高架站。车站设于牛角沱片区,故名。站内布局为两条股道,两座侧式站台,股道位于两站台之间,有 4 个出入口。2000 年开始建设,2004 年轨道交通 2 号线站台投入使用;2011 年 9 月 29 日轨道交通 3 号线站台投入使用。

牛角沱汽车站［Niújiǎotuó Qìchēzhàn］　位于区境北部,上清寺街道办事处辖区内,地处上清寺路与美专校街相交处。原有范围解放前大部分是美术专科学校的校园,小部分是大通汽车公司修车场旧址。根据西南军政委员会 1950 年颁布的“西南民营汽车运输业暂行管理办法”规定:1950 年 10 月原中胜与永安两公司联合;中国复员生产建设互助总会与大生公司联合,分别组成西南区民营生产第20 和 22 联营社,经营郊区客运。后因 20 联社营业不振,负债过大,于 1951 年 6 月停业,其车辆设备和职工并入市公交公司。22 联社于 1956 年 1 月被批准为公私合营,同年 3 月并入市公交公司。吉昌汽车运输公司因经营困难,于 1952 年并入北碚游览车队。北碚游览车队于 1953 年又并入市公交公司,并将原有的几个小车站修车场合并建牛角沱汽车站。牛角沱车站是重庆第二、三公交公司一部分线路的起点和终点站。1963 年该站划归公交公司领导。1968 年改名向阳街车站。1972年还名牛角沱汽车站。二公司分担线路为从牛角沱出发至小龙坎、新桥、北碚等近郊及至合川、璧山等。三公司主要营运远郊线路,从牛角沱发至长寿、綦江、万盛等地。另有 217 路从嘉陵江大桥始发至双碑,返程终点为牛角沱。108 路在牛角沱设有中途站。已拆迁。

轨道交通小什字站［Guǐdàojiāotōng Xiǎoshízì Zhàn］　位于区境东部,解放碑街道办事处辖区内。在罗汉寺、朝天门批发市场旁,民族路和打铜街以南,新华路以西。轨道交通 1 号线、6 号线换乘站。该站为地下双层岛式车站,有 4 个出入口及换乘通道。2007 年 6 月始建,2011 年 7 月 28 日轨道交通 1 号线站台投入使用。2014 年 12 月 30 日轨道交通 6 号线站台投入使用。因所在位置地面片区名小什字,故名。

四、其他

长江索道 ［Chángjiāng Suǒdào］ 位于新华路 153 号，长 1166 米，双线往复式过江载人索道，往返于渝中区的新华路和南岸区的上新街。1986 年 3 月 20 日动工兴建，1987 年 10 月 24 日开通运营。长江索道全长 1166 米，运行速度 6 米/秒，单程运行时间 4 分 30 秒，最大载客量 65 人，日运客量 1.05 万人次。因索道横跨长江，连接长江两岸而得名。

重庆道路特点为坡陡、路窄、弯急，车辆易拥堵，为改变城市交通的被动状况，根据山城特殊的地形地貌、独特的地理条件，当年修建了全国独一无二的交通工具——重庆长江过江索道。索道曾经是两岸重要的交通工具，如今，其交通功能已被旅游观光取代，成为景区。景区由渝中城史文化区、长江空中观光区、南岸影视文化区三部分组成，面积 9.8 平方千米。2009 年 12 月 15 日，长江索道被列为第一批重庆市文物保护单位。2018 年 2 月 6 日，长江索道被评定为国家 AAAA 级旅游景区。2019 年 12 月 31 日，长江索道景区被列入"第一批重庆市智慧旅游示范景区"名单。2020 年 11 月 18 日，当选"成渝潮流新地标"。

第四章　建筑物类地名

魁星楼 ［Kuíxīng Lóu］ 位于区境东部,解放碑街道办事处辖区内,临江门大唐广场附近,是一座位于繁华地段的庞大仿古建筑。今魁星楼在临江路 4 号,邻北区路和临江路,分 A、B 组团,A 组团占地面积约 3200 平方米,建筑面积约 32208 平方米。B 组团占地面积 8209 平方米,建筑面积 72631 平方米。1953 年魁星楼被拆除,20 世纪 90 年代建仿古商业建筑魁星楼,是那时的地标性建筑。魁星楼于清雍正三年(1725 年)初建,在夫子池附近的文庙旁,规模并不大。魁星楼又名魁星阁,是旧时儒士学子为心目中主掌文运的魁星而建的,故名。

八一广场 ［Bāyī Guǎngchǎng］ 位于区境东部,解放碑街道办事处辖区内,地处于中华路、民权路交会处,紧邻八一路好吃街、轨道交通 2 号线。广场占地面积 5111 平方米,建筑面积约 13 万平方米,高 98.9 米,此处原是八一宾馆,故名。2014 年建成。

大元广场 ［Dàyuán Guǎngchǎng］ 位于区境东部,解放碑街道办事处辖区内,东邻新华路,西连凯旋路,北近得意世界,南靠复旦中学。广场占地面积为 1077 平方米,建筑面积是 25000 平方米,高约 90 米。得名于《易经》"大哉乾元"。于1997 年建成。

得意世界 ［Déyì Shìjiè］ 位于区境东部,解放碑街道办事处辖区内,地处较场口民权路、新华路及磁器街交界处,毗邻解放碑商业步行街,轻轨较场口总站出入口,占地约 2 万平方米,总建筑面积 15 万平方米。1996 年开始修建,1999 年开业。

日月光中心 ［Rìyuèguāng Zhōngxīn］ 位于区境东部,解放碑街道办事处辖区内,南临和平路,北靠石灰市,东为较场口转盘,西临新民街,占地面积 42353 平方米,总建筑面积约 72 万平方米,主楼高 468 米,由台湾日月光集团所建,故名,2010 年建成。曾名"鼎好·世纪星城"。

重庆市人民剧场 ［Chóngqìng Shì Rénmín Jùchǎng］ 位于区境东部,解放碑街道办事处辖区内。地处新华路 240 号,坐北朝南,砖木结构,一楼一底,面阔 40.1米,进深 43.9 米,建筑面积 5043 平方米,占地面积 1681 平方米。屋顶为平屋顶加坡屋顶,砖柱砖墙表体抹灰,基础为石作,内部为木结构。剧场先后被命名为乾坤大舞台、怡园剧场、章华大戏院等,共有座位 1131 个。解放后改称人民剧场,曾先后留下周恩来、邓小平、张爱萍、曹禺等名人足迹。2009 年拆除。

国泰电影院［Guótài Diànyǐngyuàn］　位于区境东部,解放碑街道办事处辖区内,地处邹容路 110 号,占地面积 1635 平方米,建筑面积 3705 平方米,系重庆市特级电影院之一。电影放映大厅设软座 1270 个,双人雅座 46 个。有冷气设备。电影院外墙为嵌石和洗石面。大门上端装饰和平鸽浮雕,正墙上部饰有麦穗。前身是国泰大戏院,1937 年 2 月由我国著名电影事业家夏玉瑚投资修建并担任影院首任经理,是当时颇有名气的影院之一,也是重庆首屈一指的现代电影院。其后曾两遭日军轰炸,1953 年重新修建,改名为和平电影院,在大门上端装饰毕加索和平鸽浮雕,象征和平。1968 年更名东方红电影院。1978 年还名和平电影院。1993 年更名国泰电影院。2007 年拆除。抗日战争时期,"国泰"除放映电影外,还上演过郭沫若、曹禺的著名话剧《屈原》《虎符》《日出》《雷雨》等,参加演出的有白杨、张瑞芳、秦怡、金山、舒绣文、项堃、谢添等。周恩来曾多次来此观看演出和会见文艺界人士。寓意国泰民安,故名,2007 年拆除。

解放军影剧院［Jiěfàngjūn Yǐngjùyuàn］　位于区境东部,解放碑街道办事处辖区内,地处八一路 176 号,占地面积约 2000 平方米,中间是空高 10 米的 4 层建筑,两边各有一栋 4 层和 5 层的建筑。1953 年在贺龙元帅主持下修建。一度成为解放碑主要的电影院之一。2006 年 10 月停业,已无剧院功能,为八一路好吃街的一部分,引入餐饮等商业。名称沿用至今。

湖广会馆［Húguǎng Huìguǎn］　位于区境东部,朝天门街道办事处辖区内,地处东水门正街 4 号。该会馆整体布局坐西朝东偏北 10 度,占地面积 8561 平方米,由高墙环绕的三大院落组成,有广东会馆、江南会馆、两湖会馆、江西会馆及四个戏楼,包括广东公所、齐安公所。会馆建筑浮雕镂雕十分精湛、栩栩如生,其题材主要为西游记、西厢记、封神榜和二十四孝等人物故事的图案,还有龙凤等各种动物图案及各种奇花异草等植物图案。会馆建筑规模宏大,布局错落有致,殿宇巍峨壮观,造型古朴典雅,木建筑的典型构件、巨柱、驼峰、斗拱、雀替、镂空撑拱等随处可见。琉璃瓦戏楼飞檐翘角,楼面遍布山水、城门、几何图案,刻戏曲人物,二十四孝故事等精美雕刻。会馆墙脊起伏,落差大,形成特色景观。庞大的会馆建筑群,是"湖广填四川"移民文化的重要史证,也是重庆经济发展的见证,为全国重点文物保护单位。明末清初,四川人口锐减,当时的执政者就将湖广百姓迁往四川,形成了中国历史上长达百年的"湖广填四川"的移民浪潮,湖广会馆也就应运而生。会馆建于清乾隆二十四年(1759 年),亦名禹王庙。清乾隆二十六年《巴县志》记:

"禹王庙,在东水门内,即湖广会馆。"其后清康熙年间又建广东公所,清嘉庆丁丑年(1817年)湖北古齐安籍人建齐安公所,清道光二十六年(1846年)和清光绪己丑年(1889年)局部葺缮,形成今天的规模。2005年9月修复并对外开放,2006年被公布为第五批全国重点文物保护单位。

白象街 151 号民居 [Báixiàngjiē 151 Hào Mínjū] 位于区境东部,朝天门街道办事处辖区内,地处白象街151号,占地面积453平方米,建筑面积563平方米。19世纪40年代修建。它的外观特点为中西结合折中风格,整体简洁朴实,呈现出一定的仿巴洛克风格。建筑内的砖柱、门窗、栏杆都有精美的纹饰,同时室内还留有开埠时期特有的裙边、线脚等装饰,为近现代重要史迹及代表性建筑。正在进行修复。2008年由重庆市人民政府公布为优秀近现代建筑。

重庆朝天门广场 [Chóngqìng Cháotiānmén Guǎngchǎng] 位于区境东部,朝天门街道办事处辖区内。广场地处重庆市朝天门码头,是渝中半岛的最东端,长江与嘉陵江交汇处,隔江与江北、南岸CBD相望。朝天门是重庆水上门户,襟带两江,壁垒三面,气势雄壮。"重庆朝天门广场"由时任中共中央总书记江泽民题写。1997年,直辖后的新重庆在朝天门码头修建朝天门广场,占地8万平方米,由观景广场、护岸梯道、交通广场和周边配套环境四大部分组成,集水陆交通枢纽、旅游观光、市民休闲等功能于一体,是新重庆极具特色的一处标志建筑。

重庆来福士广场 [Chóngqìng Láifúshì Guǎngchǎng] 位于区境东部,朝天门街道办事处辖区内,地处朝天门广场与解放碑之间,接圣街8号,东临长江,南临新华路、朝千路,西临嘉陵江,北临朝天门广场,占地面积9.2万平方米,建筑总规模约112万平方米,其中包括约33万平方米的高端住宅、约22万平方米的购物中心、约17万平方米写字楼、约6万平方米酒店以及3万平方米的服务公寓等。重庆来福士广场由世界知名建筑师摩西·萨夫迪设计,由新加坡凯德集团投资,投资总额超过240亿元,是新加坡目前在华最大的投资项目。于2019年分阶段投入使用。2020年11月18日当选"成渝十大文旅新地标"。由8座塔楼和一个5层商业裙楼组成,是一个集住宅、办公楼、商场、服务公寓、酒店、餐饮会所为一体的城市综合体。6座塔楼设计源于重庆航运文化,分别以350米及250米的高度化形为风帆。水晶连廊长达300米,横跨4栋塔楼顶上,并连接6栋塔楼,在250米的高空中集合了观景台、俱乐部、休闲餐饮区等舒适宽敞的空间。形象名"朝天扬帆"。重庆来福士广场融合停车场、地铁站公交立体交叉道及巡航中心。整合陆地和水运的各种公共交通设施,设置地下高架桥、地铁站、公交中转站、港务码头和游客中心。

圣名国际大厦 ［Shèngmíng Guójì Dàshà］　位于区境东部,朝天门街道办事处辖区内。大厦地处新华路 45 号、47 号,新华路与曹家巷的交界处,重庆饭店旁,主体高度为 104 米,占地面积 2700 平方米,总建筑面积 44332 平方米。2004 年建成,别名"圣名国际时装城",是集服装交易、时装展示、会议中心、商务办公、休闲餐饮于一体的多功能商务中心,是政府批准的朝天门综合交易市场最后一个交易区(第 30 交易区),又是重庆首家大型专业品牌女装服饰批发商城。

重庆饭店 ［Chóngqìng Fàndiàn］　位于区境东部,朝天门街道办事处辖区内,新华路 45—47 号,新华路与曹家巷交叉路口,占地面积 4148 平方米,建筑面积 20200 平方米,主体高度为 31.8 米。南楼于 1935 年建成,东楼于 1941 年建成。1984 年重庆饭店与香港法华工商发展有限公司合资改建,1987 年 2 月 10 日正式开业,三星级饭店,是重庆首家星级酒店,故名。开业典礼由柬埔寨国王诺罗敦·西哈努克亲自剪彩,"重庆饭店"四字由爱新觉罗·溥杰亲题。2006 年经过改扩建成为配套功能齐全的四星级商务型饭店,成为重庆首家智能时尚型酒店。

下洪学巷 40 号民居 ［Xià Hóngxuéxiàng 40 Hào Mínjū］　位于区境东部,朝天门街道办事处辖区内,地处下洪学巷 40 号,故名。建于 1935 年。该建筑坐西向东偏北 25 度,砖木结构,两楼一底,建筑风格中西结合。面阔 13.47 米,进深 14.98 米,建筑面积 502.3 平方米,占地面积 198 平方米。基础为石作,砖砌外墙加抹灰,石柱抹灰。歇山式屋顶并设有老虎窗,小青瓦铺面,部分改为石棉瓦。二楼为券廊,部分有灰塑。室内为夹壁墙及木板墙,残留部分雕花门窗及门饰看枋。该建筑因年久失修,外观结构有所改变。二、三楼回廊部分损毁。该建筑具有一定的建筑艺术历史文化价值,是重庆开埠时期的重要史证。抗日战争时期为军火转运站,后为望龙门房管所,现为望龙门幼儿园。2008 年重庆市人民政府将此地列为优秀近现代建筑。

下洪学巷客栈 ［Xià Hóngxuéxiàng Kèzhàn］　位于区境东部,朝天门街道办事处辖区内,地处望龙门下洪学巷 23 号。始建于明末清初。该建筑坐北朝南偏东 35 度,一楼一底,砖木结构。总建筑面积 484.8 平方米,是带回廊加两天井式院落。该建筑前后各有一个天井,整个院落布局仿佛一个"日"字。房屋雕梁画栋,古朴宽大的石门额匾上有"紫气腾辉"四字。建筑内的驼峰、雀替、撑拱等构件雕刻精美，保留明、清的建筑特色。客栈为两层楼小院，专供南来北往的贾商借宿。客栈紧靠望龙门、东水门等水码头，又紧挨两广会馆、江南会馆等。会馆客房满员时，宾客会选择来此住店。附近还有川东道、巴县学署、城隍庙等，客栈生意兴隆。客栈毗邻广东会馆，与湖广会馆建筑风貌相结合，反映了中国传统建筑的技术造诣，具有较高的历史文化、建筑艺术价值，同时也反映了明清时期的建筑风貌及民俗、生产、生活等状况，体现出渝中区下半城作为古重庆母城中心的社会面貌及历史特色，对研究城市发展有一定的参考价值。

东华观藏经楼［Dōnghuáuguàn Cángjīnglóu］ 位于区境东南部，南纪门街道办事处辖区内，凯旋路64号。道观始建于元朝至元年间（1335—1340年）。明天顺七年（1463年）、正德十一年（1516年）重修，坐北朝南偏西40度，为重檐歇山式抬梁结构建筑。建筑面积210平方米，占地面积247平方米。东华观藏经楼始建于元代，据民国二十八年（1939年）所编《巴县志》记载："东华观，在东华巷。元治元年间（1335—1340年）建，明天顺七年（1463年）、正德十一年（1516年）重修。有唐宋御制碑赞。按《蜀中名胜记》引旧《志》云：'城中有东华观。观后有东华十八洞，皆相通。今士人呼其为神仙口；相传东华真君于此得道。'观之后殿，民国毁于火。"后殿遗址已改建马路，前殿为玉皇殿（一说藏经楼或黄经楼），现尚存。2000年重庆市人民政府公布为市级文物保护单位。

亦庐石朝门［Yìlú Shíchámén］ 位于区境东南部，南纪门街道办事处辖区内，马蹄街15号，始建年代不详。该建筑坐北朝南，宽1.8米，高3.4米，占地6.12平方米。整个朝门外围为砖筑成，内部为石块筑成。朝门正上方刻有"亦庐"二字，两边刻有对联一副，题为"让三分自多乐 *"（因最后一字字迹模糊，据回忆一说为"地"字，一传为"心"字），"退一步别有洞天"，均为阴刻。2016年此地被列为渝中区文物点。

卜凤居［Bǔfèng Jū］ 位于区境东南部，南纪门街道办事处辖区内，双巷子17号，占地面积150平方米，总建筑面积500平方米，使用面积400平方米，主体建筑4层，主体高度12米。大门由一块巨石凿成，上面曾有大片鎏金装饰，大门顶刻"卜凤居"。为清末重庆商会首任会长李耀庭的公馆，又称"李楼"。20世纪30年代，这里曾是重庆最早的冰糕厂。已入选重庆市优秀近现代建筑。

厚庐［Hòulú］ 位于区境东南部，南纪门街道办事处辖区内，山城巷46号。建筑整体为砖石结构，石门框，八字形朝门，弧形窗楣，条石屋基，依坡就势而建。

石头门框上刻着"厚庐"两个字,具有典型的上海石库门建筑特点。楼后有一院落,石砌的门楣上,也刻着"厚庐"二字,与前面石库门上的字应该出自同一手笔。

菜园坝火车站广场［Càiyuánbà Huǒchēzhàn Guǎngchǎng］ 位于区境南部,菜园坝街道办事处辖区内,地处在菜园坝成都铁路局重庆火车站东侧,占地面积6000平方米,因广场位于菜园坝火车站外,故名,1992年建成。

菜园坝竹木市场［Càiyuánbà Zhúmù Shìchǎng］ 位于区境南部,菜园坝街道办事处辖区内,附近有成都铁路局重庆火车站、重庆汽车站,占地面积10000平方米,建筑面积8000平方米,高度为4米,因主要批发竹木制品,故名,1988年建成。

菜园坝综合交易市场［Càiyuánbà Zōnghé Jiāoyì Shìchǎng］ 位于区境南部,菜园坝街道办事处辖区内,大江楼后侧,占地面积3700平方米,建筑面积3000平方米,高度4米,因位于菜园坝地区,主要批发各种小商品,故名,建成于1997年,别名"菜园坝小商品市场"。

重庆菜园坝农副产品市场［Chóngqìng Càiyuánbà Nóngfùchǎnpǐn Shìchǎng］位于区境南部,菜园坝街道办事处辖区内,南濒长江,北靠菜袁路,东靠重庆长途汽车站,西临黄沙溪,紧邻重庆火车站、重庆汽车站,占地30000平方米,高度约7米,因地处菜园坝,主要经营农副产品,故名,建成于1996年,别称"菜园坝干副市场"。

重庆菜园坝皮革市场［Chóngqìng Càiyuánbà Pígé Shìchǎng］ 位于区境南部,菜园坝街道办事处辖区内,南临长江,北靠菜袁路,东靠重庆长途汽车站,西临黄沙溪,紧邻重庆火车站、重庆汽车站,占地面积40000平方米,高约8米,因地处重庆市菜园坝,为皮革及其辅料、机具批发市场,故名,建成于1998年。

重庆菜园坝水果批发市场［Chóngqìng Càiyuánbà Shuǐguǒ Pīfāshìchǎng］位于区境南部,菜园坝街道办事处辖区内,南临长江,北靠菜袁路,东靠重庆长途汽车站,西临黄沙溪,紧邻重庆火车站、成都铁路局重庆汽车站,占地面积50000平方米,高约14米,因市场位于重庆市菜园坝,主营水果批发销售,故名,1996年开业。

重庆菜园坝休闲娱乐品市场［Chóngqìng Càiyuánbà Xiūxiányúlèpǐn Shìchǎng］位于区境南部,菜园坝街道办事处辖区内,南临长江,北靠菜袁路,东接重庆长途汽车站,西临黄沙溪,紧邻重庆火车站和重庆汽车站,占地面积11497平方米,经营面积39000平方米,高21米,因市场位于重庆市菜园坝地区,主要从事批发各种娱乐用品,故名,建成于1996年,曾用名"重庆菜园坝名车广场"。

大江楼 [Dàjiāng Lóu] 位于区境南部,菜园坝街道办事处辖区内,菜袁路3号附10—12号。其南邻长江,北靠菜袁路,东靠重庆长途汽车站,西邻小商品市场,占地面积约4000平方米,总建筑面积63808平方米,主体高103.5米,因该楼靠近长江,故名,建成于1998年。

重庆人民广场 [Chóngqìng Rénmín Guǎngchǎng] 位于区境中部偏北,大溪沟街道办事处辖区内,人民路173号。广场占地面积约30000平方米,用花岗石铺就,带音乐喷泉,常年绿草如茵,鲜花盛开。广场后方是享誉海内外的重庆人民大礼堂,由当时主持西南局工作的邓小平、贺龙决定修建,著名建筑师张家德先生设计。重庆人民广场是人民大礼堂的重要组成部分,对面是重庆市三峡博物馆,为旅游胜地及居民活动娱乐的重要场所。广场始建于1951年9月,竣工于1954年1月,历时两年零四个月,原为重庆市人民大礼堂前的广场。20世纪90年代,市政府接受人民建议,拆围墙建广场,新广场于1997年6月与重庆直辖市同时诞生。

重庆市人民大礼堂 [Chóngqìng Shì Rénmín Dàlǐtáng] 位于区境中部偏北,大溪沟街道办事处辖区内,人民路173号,总建筑面积18500平方米,建筑总体高65米。新中国成立初期,重庆为西南行政区党政领导机关所在地,在西南军政委员会主要领导人刘伯承、邓小平、贺龙等的主持下,大礼堂于1951年6月破土兴建,1954年4月竣工,其最初建设时命名为"西南军政大会堂",建成后正式命名为"西南行政委员会大会堂",1955年更名为"重庆市人民大礼堂"至今,2013年公布为第七批全国重点文物保护单位。

重庆大礼堂酒店 [Chóngqìng Dàlǐtáng Jiǔdiàn] 位于区境中部偏北,大溪沟街道办事处辖区内,地处人民路173号,因其作为重庆大礼堂建筑群的重要组成部分,故名。酒店始建于建国初期,时名"重庆人民宾馆",是重庆历史最悠久的酒店之一,接待了许多的中外领导人、国宾、艺术家、社会名流。2007年9月,其更名为重庆大礼堂酒店,是四星级酒店。

重庆 JW 万豪酒店 [Chóngqìng JW Wànháo Jiǔdiàn] 位于区境东部,解放碑街道办事处辖区内,地处民生路235号海航保利国际中心大厦。毗邻时代广场、重庆环球金融中心,步行可至轻轨站和公交车站。其原名为重庆万豪酒店,于1999年11月开业,2004年更名为重庆 JW 万豪酒店,2014年12月在海航保利国际中心大厦重新营业。

大都会商厦 [Dàdūhuì Shāngshà] 位于区境东部,解放碑街道办事处辖区内,邹容路 68 号,地处解放碑步行街,为重庆市标志性建筑之一,是高级智能甲级写字楼、大都会广场的核心组成部分之一,香港和记黄埔在重庆开发的大型综合性商业项目之一,与现代综合性购物商场、国际五星级酒店海逸酒店组成重庆大都会广场。大不列颠及北爱尔兰联合王国驻重庆总领事馆、丹麦王国驻重庆总领事馆、加拿大驻重庆领事馆等领事馆均位于大都会商厦内。项目占地 18717 平方米,总面积 23 万平方米,建筑类型为板塔结合。大都会广场由裙楼和两座塔楼组成,裙楼地下三层、地上八层,层面高度 33 米,建筑面积 15 万平方米,其中 1 号塔楼 33 层,建筑面积 3.05 万平方米,为五星级酒店;2 号塔楼 34 层,高 144.7 米,建筑面积 5.13 万平方米,为高级商务写字楼。

重庆解放碑威斯汀酒店 [Chóngqìng Jiěfàngbēi Wēisītīng Jiǔdiàn]　位于区境东部,解放碑街道办事处辖区内,新华路 222 号,地处解放碑金融商务街中段,是金融街七个组团中第一个启动项目,是集五星级酒店、5A 甲级写字楼、奢侈名品商业为一体的高端城市商务综合体,总建筑面积约 18.8 万平方米,地上 54 层,地下 6 层,总高 245.3 米。2009 年 8 月正式动工,独立写字楼 2011 年底完工。酒店于 2012 年 3 月开业,独创性地将大堂设在 51 层,是西部地区第一个高度在 200 米以上的景观大堂。

海航保利国际中心 [Hǎiháng Bǎolìguójì Zhōngxīn]　位于区境东部,解放碑街道办事处辖区内,民生路 235 号(原"重庆宾馆"所在地),重庆市 5A 写字楼,简称"HCC",是一栋集国际 5A 甲级写字楼、顶级配套商业"HCC 四季港"、国际五星级酒店等多业态于一体的超高层建筑,是重庆市重要的标志性建筑之一,总高度约 300 米(楼高 290 米)。项目 B2 层至 B6 层拥有车位 700 余席,B1 至 4 层为配套商业"四季港"、5 层至 28 层为国际五星级酒店、30 层至 61 层为全景视野办公楼层,44 层为办公高区与低区的空中转换大堂。JW 万豪酒店、匈牙利领事馆、英国签证中心、加拿大签证中心、新加坡大华银行、泰国盘谷银行均此处。

重庆国贸格兰维大酒店 [Chóngqìng Guómào Gélánwéi Dàjiǔdiàn]　位于区境东部,解放碑街道办事处辖区内,青年路 66 号。重庆国贸格兰维大酒店是格兰维国际酒店集团在中国大陆的第一家五星级商务酒店,开设于重庆国贸中心副楼,故名。酒店占地面积约 1500 平方米,楼高 40 层,高约 140 米,有完善的住宿、餐饮、休闲及娱乐设施,有渝中区最大的宴会厅——680 平方米无柱结构的重庆大宴会厅。酒店于 2007 年 12 月 18 日正式开业,原名重庆国贸豪生大酒店。2011 年 9

月更名为重庆国贸格兰维大酒店。

重庆嘉陵帆影商业中心［Chóngqìng Jiālíngfānyǐng Shāngyè Zhōngxīn］ 位于区境西部,化龙桥街道办事处辖区内,东临嘉华大桥,南临华盛路,西临嘉金路,北以嘉陵江滨江路为界,总建筑面积为68万平方米,有1栋105层、1栋47层的办公塔楼及1个主要作停车用途的裙楼。重庆嘉陵帆影商业中心有化龙桥企业天地6、7号群楼,与之相连的主要道路有瑞天路、华盛路、昌盛路。项目内规划有大量设施完善的5A级国际标准甲级写字楼,其中核心建筑高度逾468米,共99层,电梯超过100部。其81楼以上楼层将建成顶级的超五星级酒店,提供国内外驻渝制造业企业、金融驻渝机构、重庆商业机构、专业咨询机构、代理机构以及与重庆市相关上下游产业链企业等各种类型企业的办公需求。大楼每隔十多层就设置一层楼作为避难层,此层空间大、结构稳定,且避难层采用防火材料和加固结构。避难层分布在整个大楼,分别是6层、15至16层、31至32层、47至48层、63至64层、79层至80层。中心预计2017年6月整体竣工,由于轨道交通等城市建设规划,竣工时间有所延后。

重庆市渝州宾馆［Chóngqìng Shì Yúzhōu Bīnguǎn］ 位于石油路街道渝州路168号,东邻渝中闹市中心,西与重庆高新技术开发区接壤,背靠重庆奥林匹克体育运动中心,轨道交通1号线经过,多路公交线可到达,交通便捷。该宾馆是五星级酒店,拥有各式客房300余套(间)、床位550余个,各类中高档会议室近20个,设有各式宴会餐厅、风味餐厅、点菜餐厅、团队餐厅、自助餐厅10个,可同时容纳700~800人用餐。宾馆占地面积33万余平方米,地势开阔,风景如画,乃园林式国宾馆,是重庆市重大政务接待场所。1956—1958年建,因地处潘家坪,故名潘家坪招待所,先后更名为"重庆市交际处渝西宾馆""重庆市服务局渝州宾馆"等,1982年更名"重庆市渝州宾馆",名称沿用至今。

翰文大酒店［Hànwén Dàjiǔdiàn］ 位于区境北部,大溪沟街道办事处辖区内,双钢路4—5号,与江北嘴CBD隔江相望,占地面积约1400平方米,总建筑面积40136平方米,共30层,其中,地面27层,地下3层,高98米。酒店按五星级标准修建。2014年建成,2015年4月18日正式营业。

重庆两江丽景酒店［Chóngqìng Liǎngjiānglìjǐng Jiǔdiàn］ 位于区境中部偏北,大溪沟街道办事处辖区内,黄花园双钢路3号,占地面积6100平方米,建筑面积120877平方米,主体高度90米。因酒店面朝嘉陵江,临近长江,房间视野宽广,故名。2002 年建成。四星级商务会议型酒店。

红楼宾馆［Hónglóu Bīnguǎn］　位于区境西部，大坪街道办事处辖区长江二路 39 号，北邻兰波·红城丽景小区，西靠红楼小区，东靠山地树林，隶属于中国人民解放军 78438 部队。红楼于 1953 年破土，1954 年竣工，由时任西南军区司令员贺龙、政委邓小平主持修建，后勤部长徐秋里具体负责，因以朱漆大柱擎顶，故名红楼。红楼建成之初为苏联军事专家高级公寓，有苏联专家 20 余人携眷入住。两年后改作军队招待所。接待国家领导人、元帅将军及外国使团。1958 年，毛泽东在此午间小憩。周恩来、邓小平到重庆，均数次入住。1960 年至 1967 年，朱德、彭德怀、刘伯承、贺龙、陈毅、罗荣桓、徐向前、聂荣臻、叶剑英九帅先后留卧红楼。胡耀邦亦曾小住数日。数十载寒暑，红楼隶属几经变更，规模几经拓展，已成为环境幽雅、设施配套、服务上乘的宾馆。

泰古广场［Tàigǔ Guǎngchǎng］　位于区境中部偏北，大溪沟街道办事处辖区人民路 129 号，东接蒲草田，南邻重庆人民大礼堂，西至重庆人民广场，北邻人民路，占地面积约 8000 平方米，建筑面积 20000 平方米，高约 10 米。"泰古"寓意康泰永恒，故名。2004 年建成。

富城大厦［Fùchéng Dàshà］　位于区境中部偏北，大溪沟街道办事处辖区内北区路 14 号，黄花园大桥旁，北靠嘉陵江，南至北区路，占地面积 40000 平方米，主体高度约 70 米，因原址有"富城巷"的老地名，故名。2006 年建成。

远见中心［Yuǎnjiàn Zhōngxīn］　位于区境中部偏北，大溪沟街道办事处辖区内嘉陵江滨江路 242 号，占地面积 4400 平方米，建筑面积 47643 平方米，主体高度 113.6 米，2013 年建成。远见中心获市、区两级政府授予"重庆创意产业基地"称号。

飞阁［Fēigé］　位于区境中部，两路口街道办事处辖区鹅岭正街 176 号鹅岭公园内。飞阁建于 1939 年，该建筑坐南朝北偏东 25 度，为一栋砖木结构仿古建筑，面阔 16.8 米，进深 19 米，通高约 10 米，建筑面积 319 平方米。该别墅中心为六角形阁，沿阁延出三馆，状若飞鸟，故名。飞阁所在地（鹅岭）以前是李耀庭的私家花园。1909 年，李耀庭帮清政府还国债，解除清政府与法国的铁路债务关系，清政府为表感谢让其自选礼物，他选中鹅岭这块地。1939 年初，国民政府侍从室委托基泰工程公司，为蒋介石和宋美龄夫妇在鹅岭建造别墅，由中国著名设计师张镈设计。1939 年夏天，蒋介石和宋美龄在此居住两月有余。为防日军空袭，在飞阁之下修建一个防空洞。后飞阁为英国驻华大使卡尔居住。重庆解放后成为西南军区司令部,刘伯承、宋任穷及多位名人先后居此。此建筑具有中国古代建筑风格,有较高的建筑艺术、历史文化价值,为近现代重要史迹及代表性建筑。2009年重庆市人民政府公布为市级文物保护单位。

桐轩石室 [Tóngxuān Shíshì]   位于区境中部,两路口街道办事处辖区鹅岭正街176号鹅岭公园内。该建筑坐南朝偏东10度,为中西合璧式建筑。建筑面积132.11平方米,占地面积94.08平方米。石室共一层,有主室和左右耳室共三间。中间屋顶呈拱形,主室中央放有一长方形大型石桌,石壁刻清代中国地图,两侧为世界地形图和行星绕太阳公转的浮雕,两壁下方刻有中国四季图各一幅,高0.94米,宽1.05米。该建筑为石制,因建造时四周遍植梧桐,绿荫环抱,故名桐轩石室。桐轩石室建造于1909年到1911年间,是清末重庆商会首届会长李耀庭的避暑之地。抗战期间,国民政府迁都重庆,此处也成为蒋介石、宋美龄夫妇纳凉避暑之地。此处还曾是中国西南地区同盟会员的一座集会密舍。2009年重庆市人民政府公布为市级文物保护单位。

重庆市劳动人民文化宫大门 [Chóngqìng Shì Láodòng Rénmín Wénhuàgōng Dàmén]   位于区境中部,两路口街道办事处辖区中山二路174号。该大门坐北朝南偏西10度,建筑形象较为简洁,为钢筋混凝土结构,独立柱廊,表体抹灰,部分欧式脚线,占地面积约307平方米。"重庆市劳动人民文化宫"这几个字是由邓小平在1952年8月为文化宫建成开放时专门题写的。重庆市劳动人民文化宫于1950年动工,1952年8月竣工即对外开放。2009年重庆市人民政府公布其为市级文物保护单位。

中国民主党派历史陈列馆 [Zhōngguó Mínzhǔ Dǎngpài Lìshǐ Chénlièguǎn] 位于区境北部,上清寺街道办事处辖区嘉陵桥东村35号。主体建筑内有四层展厅,建筑面积共计8000余平方米,由中国民主党派(总纲)、中国国民党革命委员会、中国民主同盟、中国民主建国会、中国民主促进会、中国农工民主党、中国致公党、九三学社、台湾民主自治同盟、中国工商联合会、中国无党派人士等历史陈列组成。中国民主党派历史陈列馆原址是特园,是抗日战争时期和抗战胜利前后中共和各民主党派活动的重要场所之一,是南方局在重庆贯彻党的抗日民族统一战线政策的历史见证,也是中国民主同盟和民革前身的一部分——三民主义同志联合会的诞生地。中国民主党派历史陈列馆于2006年5月22日动工修复,2007年6

月 20 日竣工,2007 年 4 月 6 日中共中央统战部正式批准该馆馆名,并于 2008 年 5 月 12 日正式开馆。2011 年在原重庆鑫乐向阳电影院原址上修建的中国民主党派历史陈列馆大楼和特园一起组成中国民主党派历史陈列馆。该馆为"中国统一战线传统教育基地""中国统一战线历史研究基地""中央社会主义学院教学基地""国家级一级博物馆""国家 AAAA 级旅游景区",2013 年 5 月,被公布为第七批全国重点文物保护单位。

巴渝文化会馆 [Bāyú Wénhuà Huìguǎn] 位于区境北部,上清寺街道办事处辖区中山四路 85 号,在中共中央南方局重庆驻地"周公馆"右侧,桂园左侧,坐南朝北,靠嘉陵江而建,建筑面积 888 平方米,占地面积 300 平方米。为汇聚巴渝文化特色,展示巴渝文化魅力,故名。巴渝文化会馆最初由一盐商于民国初期修筑,1938 年至 1945 年,这座宅邸为戴笠所占用,并以中西合璧的建筑风格进行了整体改造,作为私人寓所和军统的办公场所,故曾名"戴笠公馆"。2007 年底,经重庆市委、市政府批准,重庆市国有文化资产经营管理公司着手对原戴公馆进行改造和开发。此项目是重庆"保护开发历史文化建筑、发展文化创意产业"的试点项目,以"汇聚巴渝文化精粹,展示巴渝文化魅力"为宗旨,意在打造成集文化展览、时尚发布、时政主题活动为一体的高端平台。2010 年正式命名为"巴渝文化会馆"。该会馆是渝中区保留较完整的民国时期公馆建筑,已列入渝中区文物保护单位。

重庆中国三峡博物馆 [Chóngqìng Zhōngguó Sānxiá Bówùguǎn] 位于区境北部,上清寺街道办事处辖区重庆人民广场西侧人民路 236 号。除正面与人民广场、人民大礼堂保持三位一体外,其余部分均顺地势地貌而建,并与山体融为一体,结合地势高差与建筑的围合与半围合,呈现出山水主题的园林景观。博物馆占地面积 4.3 万平方米,建筑面积 45098 平方米,展厅面积 20858 平方米,地面以上总建筑高度为 25.2 米。重庆中国三峡博物馆·重庆博物馆前身为 1951 年 3 月成立的西南博物院。1951 年 10 月西南博物院正式对外开放,由时任中华人民共和国政务院副总理郭沫若题写馆名,著名历史学家徐中舒任院长,冯汉骥、周素园、方国瑜任副院长。1953 年 10 月,西南人民科学馆(原名西部科学院)并入西南博物院,西南博物院成为集历史、考古、自然于一体的综合性博物馆。1955 年 6 月因西南大区撤销,更名为重庆市博物馆。2000 年 9 月国务院办公厅批准成立重庆中国三峡博物馆·重庆博物馆,简称"三峡博物馆"。新馆于 2005 年 6 月 18 日正式对外开放。

嘉陵天地中心 [Jiālíng Tiāndì Zhōngxīn] 位于区境西北部,化龙桥街道辖区瑞天路 10—22 号,"重庆天地新城"东端,东临嘉华大桥,南以富华路为界,西临荣盛路、企业天地中心,北临华盛路,总建筑面积 15.6 万平方米,因临近嘉陵江且为瑞安集团"天地"系列,故名。2015 年建成。

天地湖足球场［Tiāndìhú Zúqiúchǎng］ 位于区境西北部,化龙桥街道辖区内,重庆天地人工湖旁,占地面积 13037.50 平方米,因足球场位于化龙桥重庆天地湖旁(企业天地对面),故名,2014 年建成。

第五章　纪念地、旅游景点类地名

第一节　纪念地、遗址、旧址

一、人物纪念地、事件纪念地

沧白路赋碑［Cāngbáilùfù Bēi］　位于区境东部,解放碑街道办事处辖区内沧白路旁。沧白路东南接民族路,西南接民生路,长约 500 米,沥青路面,原分段名炮台街、书院街、响水桥街。1943 年为纪念辛亥革命先驱杨庶堪(字沧白)建沧白纪念堂之后,合并命名沧白路。为凸显沧白路历史文化意义而作此赋,2014 年建成。赋刻:"沧沧兮,千里嘉陵之波澜;巍巍然,百里巴山之奇峰。临渝水之尾,嵌巴山之腹;享洪崖之翠,得清泉之幽;承先辈之志,祭沧白之灵。百年沧白路,乃地灵人杰矣!百年之前此乃一巷三街之总汇矣。北宋之年觐阳巷,朝拜千年古寺,信众络绎不绝;明朝末年炮台街,守城三门铁炮,谓之三大将军;乾隆年间书院街,重设东川书院,荟萃莘莘学子;清末民初香水桥,缕缕书香袭透,声声木鱼盈耳。辛亥年一声惊雷响彻四方,同盟会开天辟地威震寰宇。杨沧白紧随国父南征北战,张培爵心系华夏不顾安危。一腔热血洒疆场,万众一心众志成城。呜呼!杨沧白跨鹤西去山河垂泪,张培爵为国捐躯日月惋惜。祭先贤更名沧白路,悼英烈立碑刻铭文。抗战八年历经战乱烽火,苏联使馆见证国际风云。沧白路历尽战争沧桑岁月,解放军进城迎来重庆新生。抚今忆昔,岁月峥嵘。善哉!破屋旧楼妙手回春巧变大厦,百年古道焕发新姿日新月异。妙哉!繁华中心后庭花园游人如织,依依小巷别有天地百姓安居。美哉!过江索道穿梭两岸世人称奇,洪崖滴翠巴渝风情闻名遐迩。壮哉!沧白古路风情依旧喜迎盛世;千载渝州内陆香港前程似锦"。

九三学社成立旧址纪念碑［Jiǔsān Xuéshè Chénglì Jiùzhǐ Jìniànbēi］　位于区境东部,朝天门街道办事处辖区新华路重庆市人民公园内。事件纪念地,纪念碑主碑体长九尺三寸,高五尺四寸,碑体为石质,主体高度为 1.6 米。

四川革命先烈纪念碑［Sìchuān Gémìng Xiānliè Jìniànbēi］　位于区境东部,朝天门街道办事处辖区人民公园内,是为纪念 1911 年 4 月"黄花岗起义"中牺牲的川籍先烈喻培伦、饶国梁、秦炳三位烈士而修建的石碑。人物纪念地,通高 7.18 米。四川革命先烈纪念碑于 1943 年 3 月 29 日奠基,1944 年开工,1946 年 2 月 1 日建成。2000 年公布为第一批重庆市文物保护单位。

筷子街赋碑［Kuàizijiēfù Bēi］　位于区境东部,解放碑街道办事处辖区内。筷子街,位于小什字的民族路、五一路之间,长约 300 米,宽 10 米左右,街对面是新重庆小商品批发市场,西侧 100 米处是罗汉寺,东边 750 米处是解放碑,西边 350 米处是重庆长江索道。筷子文化,是中华优秀传统文化,是海内外华人作为身份认同的文化标志。在筷子街旁此处原有制作出售筷子的店铺,为了凸显筷子街的历史成因及文化意义而作赋,故名。2014 年建成。赋曰:"巴国生竹,翠竹常青。亭亭竹林,摇曳生姿;茫茫竹海,一望无涯,乃巴渝一大奇观矣。古渝州占两江交汇之便商贾云集,朝天门得码头总汇之利生意兴隆,长安寺旁小街巷,小街巷内手艺人,以制作竹筷为业,以销售竹筷为市。不以利小而不为,不以量小而拒之,或以粗放而实用,或以精巧而称奇,或招徕批发大客户,或吸引零售小商人,客商蜂拥而入,小巷水泄不通,小街巷扬名四周,筷子街声名鹊起。南国多有筷子街,唯重庆筷子街得天独厚,紧邻打铜街金融中心,背靠罗汉寺佛教圣地,面朝两江水波浪滔滔,毗邻解放碑财源滚滚,可谓占尽天时地利人和矣!时代巨变,竹业筷市已成历史;旧貌换新,古老街巷焕发生机。筷子街名沿袭至今,以弘扬先辈勤劳之精神,见证重庆商贸之盛况,延续巴渝历史之文脉矣。"

抗战胜利纪功碑暨人民解放纪念碑［Kàngzhàn Shènglì Jìgōngbēi Jì Rénmín Jiěfàng Jìniànbēi］　位于区境东部,解放碑街道办事处辖区内,在解放碑商业步行街中心地带,邹容路与民族路、民权路三条干线交会处。碑正面向北偏东,为八面柱体盔顶钢筋混凝土结构,从地面到碑顶标高 35 米,碑身高 27.5 米,直径 6 米,呈八角形,边长 2.55 米。碑内连地下共八层,设有旋梯达于碑顶,最高层外饰浮雕,并且设有风标。碑顶向街口的四面装有自鸣钟。平台的东北面与西南面各有石梯进出口,两侧装有柱端群灯,四周有灌木花卉环绕。碑座平台为 344 平方米,保护范围面积达 642 平方米,碑座的上半部各面共刻碑文五篇。抗战胜利纪功碑暨人民解放纪念碑是中国人民反法西斯战争取得胜利的象征,也是重庆解放及重庆市的重要象征,为国家重点文物保护单位。

1940 年 3 月 12 日,孙中山逝世纪念日,由国民政府主持"国民精神总抗战胜利纪功碑动员会"四家单位承建,建碑励志。纪念碑采用木质结构外敷水泥,计 5 层,高 23 米,系六棱锥体建筑物,因防空需要,通体涂为黑色,碑高 7.7 米,寓意"七七抗战",每面分别有"国家至上、民族至上、意志集中、力量集中、军事第一、胜利第一"字样。1941 年 12 月 30 日,纪念碑正式落成,命名为"精神堡垒",以激励中华民众奋力抗争以取得抗战胜利。1945 年 8 月 14 日,日本宣布无条件投降,重庆市第二届第五次临时参议会决定,为纪念重庆在抗战中的重要地位,并确保这种地位能在战后延续,决定在"精神堡垒"的原址上建立"抗战胜利纪功碑"。1945 年 12 月国民政府为纪念抗日战争胜利改建为钢筋混凝土建筑。1946 年 10 月 31 日,在时任重庆市市长张笃伦的主持下,"抗战胜利纪功碑"奠基开工。抗战胜利纪功碑由国民政府都市建设委员会常务委员黄宾勋、专门委员刘达仁主持,建筑师黎伦杰设计,工程由天府营造厂中标承造。1947 年 8 月,抗战胜利纪功碑主体完工,同年 10 月 10 日竣工,碑身刻"抗战胜利纪功碑",碑四周刻有"抗战有功"字样,外形即今日所见解放碑。1950 年 3 月 2 日,重庆市军管会、市人民政府请示西南军政委员会批准更名"纪功碑",同年 9 月 18 日,时任重庆市市长陈锡联正式向西南军政委员会请示,抗战胜利纪功碑应改为"西南解放纪念碑"或"重庆解放纪念碑",经西南军政委员会核准改名为"人民解放纪念碑"。1950 年 7 月 7 日,重庆市人民政府发布布告改变市区部分街道名称,将"抗战胜利纪功碑"改名为"人民解放纪念碑"。1950 年 10 月 1 日,时任西南军政委员会主席刘伯承为"人民解放纪念碑"题写碑名,自此,群众简称其为"解放碑"。1991 年 4 月 16 日由四川省人民政府公布为省级文物保护单位。2000 年 9 月,由重庆市人民政府公布为第一批重庆市文物保护单位。2013 年 5 月,被国务院列入"第七批全国重点文物保护单位"。2016 年 5 月 18 日,解放碑入选"重庆十大文化符号"。2016 年 9 月,入选"首批中国 20 世纪建筑遗产"名录。2020 年 11 月 18 日,当选"成渝十大文旅新地标"。此碑为纪念抗日战争胜利和人民解放战争胜利而建,标志着中国在反法西斯战争中取得伟大胜利的成果,也是中国人民解放的重要见证,故名抗战胜利纪功碑暨人民解放纪念碑。

巴蔓子墓 [Bā Mànzǐ Mù] 位于区境中部偏东,七星岗街道办事处辖区渝海大厦负 2 层,占地面积 20 平方米。清康熙四十五年(1706 年)进士龙为霖曾题诗《踏青过巴蔓子墓》,奠定巴蔓子墓之说的理论基础。在明代尚被视为"巴军冢",清代称为"巴蔓子墓",俗称"将军坟"。维修此墓的情况也不乏记载,最后一次修整是民国十一年(1922 年)。该墓坐西向东,呈六边形,每边宽 2.62 米,通高 2.3 米,全部石封。墓前立一块石碑,宽 1 米、高 1.5 米,碑正面镌"东周巴将军蔓子之墓"九字,隶书,字径 0.12 米,上款"中华民国十一年二月吉旦",下款"荣县但懋辛题"。墓穴洞高 3.8 米、宽 6.1 米、深 7.2 米,外有铁栏,洞顶上为中山一路人行道。据《巴县志选注》引《一统志》记载:"在巴县通远门内"及引《王志》记载:"治西通远门内,清雍正年间,郡守张光修,立碑文,后圯。乾隆二年(1737 年)县民周尚义捐修,砌以石",按蔓子事迹刻于碑上。1922 年由蜀军政府参谋长但懋辛重修立碑,1929 年再次培修。解放后拓宽马路时,于马路旱桥下修拱顶予以保护。1962 年重庆市政府公布将此列为市级文物古迹保护单位。2000 年重庆市人民政府公布其为市级文物保护单位。

归元寺石碉堡［Guīyuánsì Shídiāobǎo］ 位于区境中部偏东,七星岗街道办事处辖区内。因位于归元寺附近,为抗日战争时期的军事防御建筑物,故名。1940 年 6 月,宜昌失陷,川东门户基本被打开,国民政府开始拱卫行都作战计划。为确保战时重庆能长期独立固守,国民政府决定在佛图关以东重庆市区修建闭锁式半永久筑城工事。1941 年,开始在主城修建掩体。1942 年初,重庆主城的一、二期国防工事完成 2200 余座地面掩体,归元寺石碉堡为其中一座。由于日军陆军未进入重庆,修建完成后就被闲置。碉堡因片区改造已拆除,该处已为七星城市家园。

大清邮局［Dàqīng Yóujú］ 位于区境东部,朝天门街道办事处辖区内。在白象街 154 号,为砖木混合结构建筑,高三层,青砖外墙,立面简洁,门窗采用券式结构,木质门窗,细部有西式风格的装饰。属事件纪念地。大清邮局建于 1897 年,1891 年重庆海关成立开始兼办邮政,1897 年重庆海关寄信局在原有基础上扩充,成立重庆大清邮政官局,是四川第一个正式的官办邮局。

刘义凡旧居［Liúyìfán Jiùjū］ 位于区境东部,朝天门街道办事处辖区内,原位于陕西路 115 号。银行家、开明人士刘义凡曾居住于此,故名。民国二十六年(1937 年)修建,原为华懋公司所有。1954 年,在公私合营改造中,银行家刘义凡将此处卖给重庆食品公司。2008 年重庆市人民政府将其列为优秀近现代建筑。2009 年因建设东水门大桥而将此房拆除。属人物纪念地,被评为重庆市优秀近现代建筑。

三·三一惨案纪念地［Sānsānyī Cǎn'àn Jìniàndì］ 位于区境中部偏东,七星岗街道办事处辖区内,金汤街附近,通远门城墙上,占地面积约 10 平方米。碑通高 9.89 米,基座高 3.89 米,为红色花岗岩砌造,主体是一只高 6 米的冲天拳头,先是玻璃钢模型,后改成为铜雕。此地是"三·三一"惨案发生的地方,为缅怀因"三·三一"惨案牺牲者而修建,故名。1927 年 3 月 31 日上午九点,重庆各界群众

2万多人,陆续进入打枪坝会场。军阀王陵基、蓝文彬及巴县团阀申文英、曹燮阳等派来混入群众队伍的便衣武装向赤手空拳的群众乱打乱砍,并举起手枪向主席台射击,当场打死137人,伤千余人,此为"三·三一"惨案。1987年修建"三·三一"惨案纪念碑,是近现代重要史迹及代表性建筑。1992年,"三·三一"惨案纪念地被重庆市人民政府公布为市级文物保护单位。

打枪坝水厂纪念塔［Dǎqiāngbà Shuǐchǎng Jìniàntǎ］ 位于区境中部偏东,七星岗街道办事处辖区,领事巷附近打枪坝自来水厂内净水池南侧。该水塔整体建筑材料以砖石为主,塔身表体由水泥砂浆及磨石组成,为纪念重庆修建的第一座自来水厂——打枪坝水厂而建该塔,故名。潘文华任重庆商埠督办公署督办后,为解决居民取水不便的问题,遂兴建自来水厂。1926年至1927年初,建厂得到商界支持,各界纷纷捐资。1929年2月,开始建水厂,税西恒为总工程师。1932年,打枪坝水厂开始向城区试行通水,1934日2月实现正常供水。到此,重庆城结束了无自来水的历史。打枪坝水厂纪念塔于1931年建成。建筑形态略带欧式风格,属折中主义建筑风格。该塔大体分为三层,由下至上层层收分。塔底为圆形,直径10.5米,东、南、西、北四面均有五步石梯,石梯两边有花台,底层共有立柱16根,二层为圆形石垒,三层为方形,由16根立柱组成,顶部设有避雷针及后期的航标灯。建筑面积120平方米,占地面积50平方米。另有办公楼一栋,二楼一底为折中主义风格,砖、石、木结构建筑,整体结构保留比较完好。办公楼建筑面积1044平方米,占地面积522平方米。塔底南面立有石碑,为纪念水厂创始人税西恒而立。目前只保留一处纪念水塔以及一栋一楼一底的原水厂办公楼。该处文物反映了近代公共事业的进步以及爱国知识分子的智慧,为近现代重要史迹及代表性建筑。2009年由重庆市人民政府公布为市级文物保护单位,被评为重庆市第一批优秀近现代建筑。

张群旧居［Zhāngqún Jiùjū］ 位于区境东南部,南纪门街道办事处辖区内。原位于渝中区解放西路66号,国民党元老张群曾在此居住,故名。该建筑始建于20世纪30年代,张群原住在上清寺德安里101号"尧庐",后让予蒋介石居住,到此而居。解放后为重庆日报宿舍。已拆除为空地。

李耀庭公馆［Lǐyàotíng Gōngguǎn］ 位于区境东南部,南纪门街道办事处辖区内,地处邮政局巷40号、双巷子17号,建于清末。该建筑坐北朝南,三楼一底,砖木结构两幢。一号楼面阔111.85米,进深12.5米。二号楼面阔10.68米,进深

9.63 米,建筑面积约 1003.88 平方米,占地面积 250.97 平方米。2008 年由重庆市人民政府列为优秀近现代建筑。2009 年由重庆市人民政府公布为第二批市级文物保护单位。

邹容烈士纪念碑［Zōuróng Lièshì Jìniànbēi］　位于区境南部,菜园坝街道办事处辖区内,位于区境南部,南区公园路邹容公园内。为纪念资产阶级革命家邹容而立。邹容(1885—1905 年),四川巴县人。17 岁留学日本,因积极参加革命活动,被迫于次年回上海。18 岁时发表《革命军》,号召推翻满清,建立中华共和国。章炳麟为之作序,刊于《苏报》,影响较大。清廷惶恐,制造了"苏报案",章炳麟被捕,邹容毅然到捕房抗议,竟遭关押迫害,1905 年 4 月 3 日在上海狱中病逝。1912 年孙中山以临时大总统名义签署命令追赠邹容为大将军。纪念碑高 5.5 米,塔形,共四面,每面均刻有纪念碑名;碑座为八面,高 1.17 米,面宽 0.83 米,青峡石构成,上镌章炳麟(太炎)所撰铭文一通。碑外四周栽植万年青,最外围有白色护栏上下两圈,为市级文物保护单位。1946 年 6 月 29 日落成,落款为"重庆市市长张笃伦敬立,中华民国三十五年五月"。1981 年纪念辛亥革命 70 周年重新修建。2000 年公布为第一批重庆市文物保护单位。

张国富烈士纪念碑［Zhāngguófù Lièshì Jìniànbēi］　位于区境南部,菜园坝街道办事处辖区内,渝中区火车站天桥至两路口石梯道中央。该纪念碑建于 1953 年,坐北朝南,由基座碑身及花台组成。纪念碑全由花岗石砌成,占地面积约 33.3 平方米。花台为长方形,宽 4.85 米,长 6.86 米,高 0.55 米。基座宽 2.33 米,长 2.6 米,高 1.6 米。碑体为方形,宽 0.97 米,高 6.6 米。碑身四面形态相同,顶部有一五角星,正镌"模范人民警察张国富烈士纪念碑"14 个鎏金大字,系阴刻,落款右为"公元一九五三年十二月二十二日立",左为"曹荻秋"。基座四面均为张国富生平事迹介绍,因纪念人物事迹而得名。1953 年 12 月 22 日,重庆市人民政府在菜园坝建新正街修建纪念碑,公安部部长罗瑞卿题词,曹荻秋市长撰写碑文。张国富烈士墓和烈士纪念碑原分处两地,烈士墓位于黄沙溪大平街,因市区规划,并在征得烈士亲属的同意和支持后,2005 年 9 月 10 日上午,将烈士墓迁往纪念碑处,实现烈士墓、碑合一。

张培爵烈士纪念碑［Zhāngpéijué Lièshì Jìniànbēi］　位于区境东部,解放碑街道辖区内沧白路人行道上。该纪念碑坐北向南,石砌而成,硬座后部呈"八"字形,碑正面及背面均镌"张培爵烈士纪念碑"八个大字,隶书,字径 0.38 米,顶上正中饰有蓝底白星的国民党党徽,碑高 8.15 米,碑身(含碑顶)高 7.55 米,宽 1.85 米,厚 0.4 米。碑座高 0.8 米,宽 1.1 米,碑座正面共计碑文 28 行,每行 19 字,隶书,字径 0.02 米,无落款。近现代重要史迹及代表性建筑。张培爵(1876—1915 年),字列五,重庆市荣昌县荣隆场人。1906 年加入同盟会,1909 年应重庆府中学堂监督杨庶堪邀请,张培爵出任学监,并共同组建"乙幸学社"作为同盟会重庆支部的核心。1910 年全川各地保路运动兴起,张培爵与杨庶堪决定趁机起义。1911 年 11 月 23 日,重庆蜀军政府成立,张培爵被推选为都督。1912 年 2 月,成都"大汉口四川军政府"与重庆"蜀军政府"合并,张培爵任四川军政府副都督。1915 年 1 月,因反袁在天津被袁世凯派人诱捕,同年 3 月 7 日被害,就义时年仅 39 岁。1943 年 11 月,国民党重庆市党政联席会议决定筹建张培爵烈士纪念碑。由大同营建厂承建,1944 年 5 月 23 日动工,1945 年 12 月 6 日落成。1982 年经重庆市人民政府修复。2000 年公布为第一批重庆市文物保护单位。2000 年 11 月重庆市文物局出资再次修复。2011 年再次进行修复。

沈钧儒旧居 [Shěnjūnrú Jiùjū]　位于区境北部,大溪沟街道办事处辖区马鞍山 18 号,为一中西式砖木结构建筑,面阔 10.9 米,进深 17.7 米,通高约 10 米,建筑面积 232 平方米,占地面积约 267.2 平方米。硬山屋顶,小青瓦铺面,砖墙表体抹灰,木质楼板,条石基础,底层为磨石铺地。小院整体布局严谨,清静幽雅,为近现代重要史迹及代表性建筑,为市级文物保护单位。民国时期爱国民主人士沈钧儒曾住于此地,故名。该建筑 1938 年建成,原是重庆久裕钱庄协理李正铨的产业,抗日战争时期的门牌为枣子岚垭 83 号,分别取名良庄、孝第、厚庐。1939 年 6 月,沈钧儒租住三者之一"良庄"。2000 年公布为第一批重庆市文物保护单位。

陈诚官邸 [Chénchéng Guāndǐ]　位于区境北部,大溪沟街道办事处辖区胜利路 187 号。该建筑坐西向东,三楼一底,中西式砖木结构。面阔 17.1 米,进深 18.1 米,通高约 18 米,建筑面积 894.97 平方米,占地面积 232.18 平方米,为歇山式与攒尖式混合房顶,上层为阳台,是矩形体和半圆柱体结合,楼上是半圆形大阳台,单檐歇山式房顶。该处作为陈诚在渝官邸,具有较高的历史文化价值,对研究陪都抗战历史有着重要意义,为近现代重要史迹及代表性建筑,市级文物保护单位。陈诚公馆是当年陈诚将军办公、接待外宾之地,原建筑已损毁,后经就地迁建,建为现状。陈诚(1898—1965 年),字辞修,浙江省丽水市青田县人,中华民国陆军一级上将,历任台湾省政府主席,中国国民党副总裁,台湾地区"行政院长"等职。

苏军烈士墓［Sūjūn Lièshìmù］ 位于区境中部，两路口街道办事处辖区鹅岭正街 176 号鹅岭公园内，建于 1959 年。该墓坐西向东，为钢筋混凝土结构，宽 2.15 米，厚 2.15 米，通高 9.75 米，碑身高 9 米，外表是光滑的磨石，正面饰有镰刀斧头金色图案，碑座为须弥座，宽 3.22 米，厚 3.22 米，高 0.75 米。正面镌刻"志愿参加抗日战争牺牲的苏联军官司托尔夫、卡特诺夫烈士之墓"。墓碑面积 10.43 平方米，占地面积 219.79 平方米。1938 年至 1940 年之间，苏联志愿援华空军上校军官司托尔夫和卡特诺夫在重庆病故，最初安葬在袁家岗，1955 年因拓宽两杨公路（两路口至杨家坪），将烈士墓迁至两杨公路（两路口至杨家坪）与袁茄公路（袁家岗至茄子溪）交叉处。1956 年，袁茄公路兴工建设，将烈士墓移迁至江北区杨家花园病故军人陵园内。因杨家花园墓地狭小，不宜长期安葬国际烈士，重庆市政府决定将烈士遗骸迁葬于鹅岭公园内，并立碑铭文，以志纪念。2009 年被公布为第二批市级文物保护单位。

红楼［Hónglóu］ 位于区境中部，两路口街道办事处辖区两路口街道东部，坐南朝北偏西 10 度，为二楼一底中西式砖木结构，面阔 30 米，进深 16 米，高 15 米，建筑面积 403 平方米，占地面积 200 平方米。此建筑造型别致，古朴典雅，为王陵基公馆之一，外墙由红砖砌成，故称红楼。当时王陵基公馆附近共有 14 座房屋，一座碉堡（后改建为红星亭），周围广植果木，红楼为王陵基在枇杷山别墅区保留的建筑之一，具有较高的历史文化价值。王陵基（1883—1967 年），字方舟，道号玉豹，雅号"王灵官"，四川省乐山县人。他于四川武备堂毕业后，留学日本并毕业于日本陆军士官学校，是民国时期著名将领，川军五行中资格最老的人物。本来他拥有自己的武装，但因为死保北洋被打成光杆，投奔刘湘，帮助刘湘称霸全川。他重掌兵权后，因倚老卖老一度又被撤去一切职务。抗日战争初期，他争夺四川省主席失败，编组 16 个保安团组成第 30 集团军出川抗战，后来为第九战区副司令，抗战后任第 7 绥靖区司令，江西省主席和四川省主席，四川解放时被俘，是功德林里唯一货真价实的上将。1967 年 3 月 17 日因病在北京去世，享年 84 岁。红楼建于 20 世纪 20 年代末，为王陵基的私家宅院，称为"王园"。1949 年 12 月 6 日，中共重庆市委接管此地。1955 年后，市委迁出另辟场所办公，按原西南局第一书记邓小平的指示，将"王园"辟为枇杷山公园。红楼曾是枇杷山公园管理处办公室。

贺国光旧居［Hèguóguāng Jiùjū］ 位于区境中部，两路口街道办事处辖区健康路 4 号。该建筑坐西向东偏南 20 度，二楼一底中式砖木结构，面阔 32.47 米，进深 23.5 米,通高 15 米,建筑面积 1057.66 平方米,占地面积 967.61 平方米。建筑整体布局为 L 形,分为前后二部,中间有天桥相连,中庭内有花园,坝前有一小篮球场。整个建筑造型别致,典雅大方,具有较高的建筑艺术价值。原国民党陆军中将贺国光曾居住于此,故名。贺国光(1885—1969 年),字元靖,湖北蒲圻人,民国时期川军著名人物,是蒋介石控制四川的智囊,陆军中将,西康省主席。该建筑于民国二十四年(1935 年)建成,贺国光在重庆时长期居住于此。为重庆市水文站办公楼。

佛图关杨闇公烈士铜像 [Fótúguān Yáng'àngōng Lièshì Tóngxiàng] 位于区境中部,两路口街道办事处辖区佛图关公园内。该铜像坐西向东偏南 20 度,基石宽 2.6 米,高 1.5 米,铜像通高 3.31 米,占地面积 2 平方米。铜像右侧的岩壁上镌刻有邓小平题"杨闇公烈士永垂不朽"九个鎏金大字。佛图关杨闇公烈士铜像作为重庆市青少年爱国主义教育基地,具有较高的历史价值,为近现代重要史迹及代表性建筑,是市级文物保护单位。革命志士杨闇公遭到敌人的追捕,于 1927 年 4 月 6 日在佛图关英勇就义,时年 29 岁。1987 年为纪念杨闇公烈士而建此铜像,故名。杨闇公(1898—1927 年),男,革命烈士,生于潼南县双江镇,是中国共产主义运动先驱者,四川党团组织主要创建人和大革命运动的主要领导人。他曾转战成渝,建党建团,是中共四川省委第一书记兼军委书记,与朱德、刘伯承等领导的泸顺起义是南昌起义的前奏。1927 年"三·三一"惨案后不幸被捕,1927 年 4 月 6 日牺牲。佛图关杨闇公烈士铜像于 1992 年由重庆市人民政府公布其为市级文物保护单位。

状元府 [Zhuàngyuán Fǔ] 位于区境中部,两路口街道办事处辖区桂花园 12 号。为纪念清朝唯一的一个四川籍状元骆成骧所建,故名。该建筑坐南朝北,为三重堂抬梁穿斗混合式建筑,面阔 44.8 米,进深 45.2 米,建筑面积 1986.9 平方米,占地面积 2250 平方米。复四合院平面布局,由进厅、穿堂、后厅和厢房组成,均为单檐悬山顶,其中,后厅为木结构,抬梁与穿斗混合式,面阔九间 36 米,进深 10 米,通高 8 米,撑拱、雀替、驼峰等具有典型的川东建筑特色。后为纪念他,由商人贾骆昂出资于 1911 年建成"骆成骧状元府",又称"骆家花园"。辛亥革命前后,反清志士把地下指挥所设在状元府内。20 世纪 30 年代,重庆全市仅有一所高中,即重庆联立高级中学(简称重庆联中),校址就在状元府宅内,任职教师有杨沧白、萧楚女等人。1938 年日本飞机空袭中,一枚炸弹在联中附近爆炸促使其搬出城区。抗战胜利后,联中改为重庆中学(重庆七中前身)。新中国成立后,状元府成为西南博物馆所在地,此后又成为重庆教师进修校校址,现为重庆市教育科学研究院使用。此建筑保存较好,反映了重庆地区的古建筑风貌,具有较高历史文化、建筑艺术价值。2009 年重庆市人民政府公布为市级文物保护单位。

辛亥革命烈士墓园 [Xīnhài Gémìng Lièshìmùyuán]　位于区境北部,上清寺街道办事处辖区鹅岭公园内。墓园主碑高 5 米左右,耸立在二级石台上。碑面为黑色,刻有"辛亥革命十先烈纪念碑"字样。碑后方有十个小石碑排列成半圆形,与主碑构成一个整体。十个小石碑分别纪念罗绳彦、张威、梁渡、席成元、张培爵、张伯祥、邹杰、谈春谷、周国琛、程钟汉等辛亥革命烈士。在碑面分别镌刻十烈士的简历,为市级文物保护单位。辛亥革命烈士墓园建于 1911 年,墓内所埋人物均为辛亥革命牺牲的烈士。原墓已坍平。墓系 1980 年重庆市园林局重立。

中国民主同盟成立纪念碑 [Zhōngguó Mínzhǔ Tóngméng Chénglì Jìniànbēi]位于区境北部,上清寺街道办事处辖区嘉陵桥东村 37—49 号,在全国重点文物保护单位"特园"楼下的人行道旁,是为纪念中国民主同盟会成立六十五周年而修建的纪念碑。碑高 4.1 米,基座宽 3.19 米,意为 1941 年 3 月 19 日民盟在这里成立。碑体呈"M"造型,为"民盟"拼音的缩写;黑色碑座上雕刻的"鲜宅"外景、"民主之家"匾额、"民主报""光明报""民主周刊""时代书店""时代批评"等图案,凸显民盟历史。1939 年 10 月 13 日,国民参政会中一部分无党派和中间党派参政员张澜、黄炎培、沈钧儒、罗隆基、章伯钧等,在重庆发起成立统一建国同志会。1941 年 3 月19 日在重庆成立"中国民主政团同盟"。1944 年 9 月,中国民主政团同盟在重庆召开全国代表会议,将名称改为"中国民主同盟"。该纪念碑于 2007 年 1 月中旬建成,2007 年 2 月 2 日举行揭碑仪式,名称沿用至今。

纱帽石董公死难处石刻 [Shāmàoshí Dǒnggōng Sǐnànchù Shíkè]　位于区境北部,上清寺街道办事处辖区嘉陵江滨江路靠嘉陵江边,嘉陵江大桥下东侧一块巨型岩石上。该处为明代石刻,石刻面朝北方,石上镌刻"董公死难处"五字,系楷书、阴刻,字径 0.6 米。石高 13 米,宽约 11 米,厚约 9 米,巨石外形如纱帽。此地是明代将领董尽伦去世之地,为纪念他在形如乌纱帽的大石上镌刻下"董公死难处",故名。明熹宗天启元年(1621 年),永宁(今四川省叙永县)宣抚使奢崇明发动叛乱,一举攻陷宜宾、重庆等地,杀巡抚徐可求,占重庆为据点,分兵陷合江、纳溪、泸州。明王朝急调董尽伦率义师驰援重庆。合川乡宦董尽伦率领士卒于牛角沱进攻奢崇明。明史记载董尽伦不仅忠义,而且骁勇:"贼遣使说降,尽伦大怒,手刃贼使,抉其睛啖之。"董尽伦等在重庆孤军深入,因中叛军埋伏被俘,在纱帽石旁牺牲。明军平叛成功后,明朝当时的吏部侍郎之子到纱帽石上,镌刻下"董公死难处"五个大字纪念他的功绩。2003年渝中区人民政府公布为区级文物保护单位。

曾家岩 50 号周公馆 [Zēngjiāyán 50 Hào Zhōugōngguǎn] 位于区境北部,上清寺街道办事处辖区内。此处是抗日战争时期,中共南方局和八路军重庆办事处在重庆城内的一个主要办公地点,是第一批全国重点文物保护单位。房屋为一栋中西合璧式带有大小两个天井的砖木结构建筑,二楼一底,通高约13米,占地面积364平方米,建筑面积882平方米,一楼有房间17间,二楼有房间10间,并有阁楼5间。曾家岩50号原系赵佩珊私宅,1938年周恩来以国民政府军事委员会政治部副部长名义租赁,对外称"周公馆",实际是中共中央南方局部分机构所在地,中共代表周恩来、董必武、叶剑英、林彪、王若飞等人在渝期间也常住于此,故名。1946年5月,中共南方局和八路军办事处大部分人员离开重庆迁至南京后,周公馆改为中共代表团驻渝联络处和公开的四川省委机关驻地,因省委书记为吴玉章,又对外称"吴公馆"。1947年2月28日,国民党重庆当局武装包围此地,将中共在渝公开人员强行遣返延安。解放后此地回到人民手中,1955年开始筹建纪念馆。1958年5月1日,周公馆与红岩村原中共中央南方局和八路军重庆办事处旧址共同建成红岩革命纪念馆,对外开放。1959年,董必武为这里题写馆名"红岩革命纪念馆曾家岩分馆"。1961年3月,中华人民共和国国务院将此处列为第一批全国重点文物保护单位。1986年重加修整,新增文物300多件,1988年在门前广场上铸塑周恩来铜像。

特园 [Tè Yuán] 位于区境北部,上清寺街道办事处辖区嘉陵桥东村37—49号。抗日战争时期著名爱国人士鲜英(字"特生")曾居住于此,故名特园。该建筑坐北朝南,为两栋两楼一底砖木结构中西式建筑,面阔18.73米,进深14.4米,建筑面积1471.80平方米,占地面积972.90平方米。每栋两个楼梯间,平面布局一致,面阔四间,进深两间、蓝灰色外墙、小青瓦屋面、板条天棚、实木楼板楼梯、杂木花格门窗,第二层有露台、罗马柱等。该建筑造型、装饰精美,具有较高的建筑艺术价值。该主体建筑达观楼,为金竹生亲自设计。平楼(以八女继平定名)一楼一底,为金竹生的姊妹们居住。

特园原是鲜英公馆,鲜英夫人金竹生以废弃煤渣打成煤砖售卖,积得资金建房出租,积年发展,修建鲜宅,后发展为特园。特园是以周恩来为代表的中共南方局对外活动联系的重要场所。1941 年 2 月,张澜、黄炎培、梁漱溟、罗隆基等在特园秘密成立中国民主政团同盟,并将总部设在特园。1945 年毛泽东来重庆谈判,曾三次访问特园,重庆谈判的许多细节在此形成。董必武、冯玉祥分别以"民主之家"的尊号相赠特园。2000 年重庆市人民政府公布为市级文物保护单位。2008 年 5 月特园成为中国民主党派历史陈列馆,对外开放。2013 年国务院公布为第七批全国重点文物保护单位。

宋子文官邸［Sòngzǐwén Guāndǐ］　位于区境北部,上清寺街道办事处辖区四新路 19 号。抗日战争期间,时任国民政府外交部长、行政院长的宋子文在此居住,故名。又名"怡园"。是重庆唯一具有典型寒冷地区设计风格的老建筑。房屋半隐在一座小山丘中,全石砌成,赫然一座欧式砖石城堡。小楼有三层,二楼有一个半圆台,三楼有一个小阳台。整幢别墅有 20 多个房间,全部安装供暖设备,地下有锅炉。此外,在地下室一层再往下还拥有一个混凝土构成的地下通道,其内部岔道众多,据推测该地下通道应是为防空洞使用。地面建筑内部也同样有一条通道,紧靠墙根设置,从地下室直通顶层,每一层都开有一个小窗口,在顶部还设置有滑轮,推断通道可能为传菜时使用。此建筑于 1937 年建成。1945 年底,美国总统杜鲁门任命马歇尔为驻华特使,代表美国政府来渝调停国共争端,就住在此。1946 年 1 月 5 日,周恩来、张群在此签订国共之间第一次"停止军事冲突协定"。此处见证了美国调停国共关系等历史事件,与国民政府行政院旧址、蒋介石旧居、宋美龄旧居、李宗仁旧居等共同被列为"重庆谈判旧址"。重庆解放后,此处曾被作为政府机关招待所使用,从 20 世纪 70 年代至 2011 年作为上清寺派出所办公楼使用。2010 年,区公安系统调整时,将上清寺派出所与李子坝派出所合并,此处空出交文物部门,完成维修、布展等项工作,对外开放。2013 年定为全国重点文物保护单位。

宋子文(1894—1971 年),民国时期的政治家、外交家、金融家,海南文昌人。宋子文出生于上海,早年毕业上海圣约翰大学,后去美国哈佛大学攻读经济学,获硕士学位,继入哥伦比亚大学,获博士学位。1925 年任国民政府财政部部长。1928—1930 年间通过谈判收回关税自主权,使中国有权确定关税税率和监督税收。1942 年担任国民政府外交部长后曾与美国国务卿科德尔·赫尔签订中美抵抗侵略互助协定,次年与外国谈判收回各国在华的治外法权。1945 年出席联合国大会任中国首席代表,同年 6 月到莫斯科与斯大林会谈,8 月 14 日签订不平等的中苏友好同盟条约。1949 年去香港,后移居美国纽约。1971 年 4 月 25 日在旧金山逝世。宋子文官邸 2000 年公布为第一批重庆市文物保护单位。

红岩革命纪念馆桂园纪念地［Hóngyán Gémìng Jìniànguǎn Guìyuán Jìniàndì］位于区境北部,上清寺街道办事处辖区中山四路 65 号,是抗日战争胜利后,毛泽东同国民党进行和平谈判时的办公地址。园内有中西式砖木结构楼房一幢,坐南朝北,一楼一底,共 9 间,面阔约 13 米,进深约 13 米,高约 11 米,建筑面积 273 平方米,占地面积 800 平方米。进门是走道和衣帽间,右边是客厅,厅后两小间是秘书办公室和洗手间,右边是餐厅,餐厅后是厨房。楼上是卧室,与楼下房间相对称。楼后北面几间平房是传达室,左侧是汽车房,为近现代重要史迹及代表性建筑。陈列物中一个沙发、两把椅子为原物。桂园是红岩革命纪念馆重要纪念地之一,为全国重点文物保护单位。

1939 年,张治中任国民政府军事委员会委员长侍从室一处主任(分管军事)时租下公馆。抗日战争胜利后的 1945 年 8 月 28 日,毛泽东由延安到重庆谈判,周恩来遂向张治中借桂园使用,从此桂园便成为毛泽东、周恩来等在国共两党谈判期间的主要活动场所,也是整个国共谈判中心。毛泽东在重庆 45 天,白天常在此会客办公,国共双方代表亦在此数次商谈。1945 年 10 月 10 日下午 6 时,著名的《双十协定》(《政府与中共代表会议纪要》)签字仪式在桂园举行。1949 年重庆解放后,市人民政府将此地列为文物保护单位。1958 年将"桂园"辟为红岩革命纪念馆的一部分。1977 年重庆市人民政府将此辟为纪念地,归入红岩革命纪念馆,正式对外开放,并更现名。1980 年 7 月,四川省人民政府将桂园定为省级文物保护单位。2001 年 6 月 25 日,国务院将桂园公布为全国重点文物保护单位。

李宗仁官邸［Lǐzōngrén Guāndǐ］ 位于区境中部,两路口街道办事处辖区枇杷山后街 93 号,坐西向东偏南 15 度,为二楼一底仿哥特式砖木结构建筑,面阔 17 米,进深 16.3 米,通高 15 米,建筑面积 886.65 平方米,占地面积 298 平方米。机制瓦屋面(部分为石棉瓦),青砖外墙,底层外墙及基础为石作,为近现代重要史迹及代表性建筑。抗日战争时期,原国民革命军陆军一级上将李宗仁曾居住于此,故名。2000 年公布为第一批重庆市文物保护单位。

重庆宋庆龄旧居陈列馆［Chóngqìng Sòngqìnglíng Jiùjū Chénlièguǎn］ 位于区境中部,两路口街道办事处辖区两路口新村 5 号,占地面积 1200 平方米,建筑面积 760 平方米,由主楼、后楼、防空洞、车库构成。1941 年 12 月 8 日,太平洋战争爆发,12 月 10 日宋庆龄在廖承志等中共人员的帮助下,从香港来到重庆。在宋霭龄家短暂借住后,搬入两路口新村 3 号(现两路口新村 5 号),并在此地开展"保盟"工作。宋庆龄旧居陈列馆展出实物和历史照片 110 件。馆内陈列有:"宋庆龄生平事迹展""宋庆龄在重庆文物资料展""复原陈列展"三个展览,并对外开放。此地不仅是抗日战争时期(1942—1945 年)宋庆龄的寓所,也是保卫中国同盟总部旧址,为重庆市重要的抗战文物遗址,重庆市爱国主义教育基地,国家 AA 级旅游区(点),全国统一战线传统教育基地。2000 年公布为第一批重庆市文物保护单位,2013 年公布为第七批全国重点文物保护单位。

跳伞塔［Tiàosǎn Tǎ］　位于区境中部,两路口街道辖区内。塔身高 38 米,钢臂离地面 33 米,实际跳距 28 米。由建筑宗师杨廷宝设计,1942 年建成,其主要功能是为抗战培训飞行员,是抗战飞行员培训基地。解放初,仅留下塔身和一片荒地。1954 年曾补修塔身,加固钢臂,扩修沙盘,新建管理房屋,设立专业机构——重庆市跳伞运动学校,为国家培养了大批优秀跳伞运动员。该跳伞塔是中国也是亚洲第一座跳伞塔,是亚洲仅存的二战时期的跳伞塔。2000 年重庆市人民政府公布为第一批重庆市文物保护单位。

重庆史迪威博物馆［Chóngqìng Shǐdíwēi Bówùguǎn］　位于区境西北部,化龙桥街道辖区内。两楼一底,建筑面积 1017 平方米,占地面积 5000 余平方米,为近代中国大建筑商陶桂林主掌的陶馥记营造厂设计建造。此处最初为宋子文的公馆,1942 年初,受美国总统罗斯福之命,史迪威将军来华担任同盟国中国战区最高统帅、蒋介石的参谋长和中缅印战区美军总司令等职,作为中国人民的朋友,史迪威将军积极协助中国政府和中国人民抗击日本帝国主义的侵略,并在训练中国驻印军队、收复缅甸、打通中印公路等方面做出了卓越贡献;他还坚持国共两党共同抗日的政策,主张平行援助国共军队,并力争派出美军观察组赴延安,与中国共产党进行联系与正式接触。1944 年 10 月被美国政府调离。该旧居为史迪威将军来华居住兼办公地。1991 年 10 月,中国国际友人研究会和重庆市人民政府在重庆成立了"史迪威研究中心",同时在史迪威旧居建立了"史迪威博物馆",1994 年正式对外开放。2002 年中美有关方面共同出资,对旧居及其周边环境进行整修,正式定名为重庆史迪威博物馆。2003 年历经 9 个月的重新整修,史迪威将军的卧室、办公室、副官室、大小会议室和地下室等都恢复如初,史迪威将军昔日的生活用品、手稿、军装等 100 多件物品也已陈列在馆中;修复旧居时,为了尽可能还原当时的面貌,还专门远赴美国等地咨询当时和史迪威将军一起居住于此的美国朋友。2009年新建了4000余平方米的陈列馆。2000年9月,重庆史迪威博物馆由重庆市人民政府列为重庆市第一批文物保护单位。2013年3月,重庆史迪威博物馆作为"同盟国中国战区统帅部参谋长官邸旧址",被国务院列入第7批全国重点文物保护单位。

二、宗教纪念地

若瑟堂〔Ruòsè Táng〕 位于区境东部,解放碑街道办事处辖区内,民生路若瑟堂巷1号,为天主教堂,坐北朝南,是为砖木结构仿哥特式建筑。经堂为平房,面阔32米,进深46米,面积500平方米。钟楼为正方形,长宽各7米,高约30米。若瑟堂内钟楼一座,安设有一大、二小三口吊钟,还有一座大时钟,经堂可容三百人活动,建筑面积860平方米,占地面积1860平方米。1844年主教范若瑟指派刘玛窦购买若瑟堂附近的土地,1879年拓展并修建一所平房教堂,1893年,舒富隆主教将原教堂改建成西式砖房,以奉献给大圣若瑟保护之意,取名若瑟堂。1917年孟马东神父命董若瑟等筹资修建一顶十字架钟楼,并配置大自鸣钟一架,大吊钟一口。1927年万若瑟神父任本堂,发动教友捐献,再次买金钟二口置于楼内,每逢大瞻礼,三钟齐鸣。1940年经堂被日机炸毁。1946年修复。全堂粉以白色,祭台供大圣若瑟像及耶稣、圣母心像。"文化大革命"期间圣像被毁。1979年重塑圣像,恢复旧观,同年12月25日正式开放。现占地面积1700平方米,经堂面积约500平方米。1989年,在经堂侧面新建一幢办公楼,建筑面积183平方米。经堂正面有四个尖顶(钟楼尖顶原有5个,因年久失修,19世纪60年代拔掉一个),尖顶十字架钟高约60米。有主教一人,神父5人,另有修女数人。2000年公布为第一批重庆市文物保护单位。

罗汉寺〔Luóhàn Sì〕 位于区境东部,解放碑街道办事处辖区内,在民族路小什字附近的罗汉寺1号。该寺占地面积5160平方米,建筑面积9000平房米。主要建筑有大雄宝殿、罗汉堂、藏经楼。罗汉寺前身是治平寺,北宋治平年间(1064—1067年)由僧祖月创建,其上院为涪陵天宝寺,当时以北宋治平年号命名,称治平寺。《蜀中名胜记》载:"治平寺有罗汉、先天二洞,皆古洞。"历为重庆首屈一指的重要古寺,历元明,曾兴盛与圮废,至清康熙五年(1662年)总督李国英重修。乾隆十七年(1752年),因前殿圮,改建龙神祠,故俗称"龙王庙"。据僧相传,清光绪十一年(1885年),治平寺住持隆法和尚修建了五百罗汉堂,遂改称罗汉寺,治平寺名遂废,但至今犹存治平巷,在寺之右侧(已拆迁)。抗日战争时(1940年),罗汉寺遭日机炸毁。罗汉堂内五百罗汉泥塑像大多毁圮,1945年佛教界予以修复,再塑金身,但未全部完工。"文化大革命"中,罗汉塑像全被捣毁。多次修缮后,成为重庆市主城区佛教圣地,具有较高的历史文化、宗教文化、建筑艺术价值。1983年,罗汉寺被列为汉族地区全国重点寺院后,移交给佛教团体管理使用,佛教界推举竺霞法师为罗汉寺方丈。1984年政府拨专款重塑,1986年5月1日,举行五百罗汉像开光法会,四川诸山长老、佛教信徒300余人参加开光仪式。开光典礼后,全市佛教徒在罗汉寺隆重举行了祈祷世界和平法会。1989年起,罗汉寺开始重建法堂、藏经楼和方丈室,使这座佛教寺院建制更加完善、布局更加合理,始建时园池古迹已不存,仅余"明碑亭"所嵌"西湖古迹"碑石,还依稀可辨字痕。2000年此地被公布为第一批重庆市文物保护单位。

能仁寺 [Néngrén Sì]　位于区境东部,解放碑街道办事处辖区内,地处解放碑中心商业地段中华路92号,占地面积1300平方米,有四重殿宇,是重庆市主城区唯一的一座尼姑寺院。能仁寺始建于明代,原名三教堂。清光绪十二年(1886)《重庆府治全图》上,现中华路,当年叫杨柳街,在今能仁寺位置上,标注为三教堂。20世纪20年代,才改名能仁寺。据《巴县志》记载:"清康熙四十六年(1707)改八坊为二十九坊,三教堂属杨柳坊管辖。"中国佛教协会主席赵朴初为该寺题写有"大雄宝殿"额。

关帝庙 [Guāndì Miào]　位于区境东部,解放碑街道办事处辖区内,为了供奉三国时期蜀国大将关羽而兴建,故名。关帝庙原位于渝中区民权路42号,由于旧城改造,已拆除,原址为现在的英利国际购物中心。现今在化龙桥佛图关公园内复建为关岳庙。关帝庙始建年代不详,清康熙三年(1664年)总督李国英重建,同治二年(1863年)用东恒保督官绅募捐再次重修。民国三年(1914年)奉大总统令将民族英雄岳飞像请入,更名为关岳庙,又名关帝庙。关羽铜铸像,高约3米(现保存在重庆三峡博物馆内)。该庙原系道教十方丛林,又是川东道教活动的中心。民国时期巴县道教会、重庆道教会、四川道教联合会会址曾设于此。每年(农历)二月十五、八月十五,香客信众人山人海。原国民政府主席林森、冯玉祥将军等国民党军政要员和郭沫若等社会名流都常到此庙观光。

重庆市基督教解放西路礼拜堂 [Chóngqìng Shì Jīdūjiào Jiěfàngxīlù Lǐbàitáng]

位于区境东南部,南纪门街道办事处辖区解放西路 73 号,占地面积 670 平方米,有职工 7 人。1913 年,美国牧师到湖北汉口传道,将路德总会设于汉口,名为"中国福音道路德会"总会。抗日战争爆发后,万县等地的路德会信徒逃至重庆。1941年,路德会为照顾因战争而逃难来渝的 200 多名信徒,派美国牧师戚根乐、神学院毕业生代光明到重庆建立教会,租借现新华路 166 号"中华基督教"进行礼拜。1943 年,路德会牧师李牧群来渝,1946 年,美国密苏里州路德会派监督施美德来重庆视察,同意出资修建礼拜堂,并由汉口总会派林宗德牧师协助建设教堂。重庆路德会随即成立执事会担任建堂工作。美国密苏里州路德会公会出资一万美金,在解放西路购买业主何雨霖的土地建堂。1948 年 9 月,新堂落成,名为"中华福音路德会救主堂",是路德会在重庆唯一正式教堂。1953 年,重庆成立基督教三自爱国运动委员会并筹备"联合礼拜","路德会救主堂"更名为"解放西路礼拜堂"。"文化大革命"期间,重庆所有教堂停止一切宗教活动,解放西路礼拜堂也被重庆市渝中区木偶剧团占用。1989 年 12 月 17 日,解放西路礼拜堂经区人民政府批准复堂,每周日举行主日崇拜,每年举行受难日、复活日、圣诞日的崇拜活动。1992 年 12月,旧城改造,解放西路礼拜堂拆除重建。1996 年 7 月,新堂落成。

大坪大黄路基督教福音堂 [Dàpíng Dàhuánglù Jīdūjiào Fúyīntáng] 位于区境西南部,大坪街道办事处辖区大黄路 95 号,简称福音堂,东临医药经贸学校,南邻交通学院家属院,西邻半岛深蓝小区,北邻大黄路 61 号居民区。福音堂为基督教徒进行宗教活动的场所,建筑面积 1000 平方米。以前基督教教徒曾在九坑子做礼拜,2011 年因拆迁而搬迁至大黄路 95 号。

清真寺 [Qīngzhēn Sì] 位于区境东南部,南纪门街道办事处辖区内。地处中兴路 5 号穆斯林大厦内。总占地面积约 4500 平方米。正面大殿占地 340 平方米,殿门双柱尖角,殿内粉墙红柱。大殿两侧各有二楼一底房屋,为市伊斯兰教协会及寺办公用地,建筑面积 960 平方米。该地为穆斯林宗教活动场所,故名清真寺。

明万历年间(1593—1597 年),旅居重庆的河南回族穆斯林侍郎马文升倡议,吴兴龙等人筹资兴建清真寺于今中兴路 5 号,占地面积 2700 余平方米,坐西朝东,气势雄伟。抗战期间,连遭日机轰炸。为解决穆斯林宗教活动之急需,由驻渝的中国回教救国协会补助经费,于短期内修建礼拜殿和水房。1943 年,在中国回教救国协会支持下,将该寺作为陪都清真寺修建,按 60 万元(法币)设计,由国民政府补助 30 万元,不足之数由该会募集,同年竣工。1983 年,发现整个大殿房盖有垮塌危险,由政府拨人民币约 70000 元进行大面积维修。1999 年被中国伊斯兰教协会评为全国一百座模范清真寺之一、被重庆市民族宗教事务委员会评选为"全市五好"宗教活动场所。

重庆穆斯林大厦［Chóngqìng Mùsīlín Dàshà］　位于区境东南部,南纪门街道办事处辖区内,地处较场口中兴路 5 号,东邻十八梯,南近厚慈街,西临中兴路,北临较场口。占地面积约 1000 平方米,总建筑面积约 18000 平方米,使用面积约 18000 平方米,主体 18 层,高 100 米。为穆斯林宗教活动场所,故名。1996 年建成。

菩提金刚塔［Pútíjīngāng Tǎ］　位于区境东部,七星岗街道辖区内。具体位置在观音岩抗建堂社区电测村小区大门左侧堡坎上。这座菩提金刚塔是内地唯一由西藏洛那活佛亲自主持修建的佛塔,汉藏结合,中西合璧,兼容了多种经典建筑风格,纯石砌成,石质实心,全塔高 26 米,分为 3 层,建筑面积 268 平方米,占地面积 72.25 平方米,总高 26.73 米,为超度通远门外因修路而迁坟的亡灵,镇邪安魂,故名。方形基座上是正方形塔身,阴刻《佛说阿弥陀经》全文,塔身四角为源于古希腊的爱奥尼克涡卷柱,塔身上边是一座须弥座形方表,汉藏文横书"菩提金刚塔"。再往上是一座喇嘛塔,仅宝顶就有近 3 米高。佛学家张心若为金刚塔撰写了碑文,碑文用汉藏两种文字刻成。1930 年建成。2000 年重庆市人民政府公布为第一批重庆市文物保护单位。

三、遗址、旧址

六·五隧道惨案遗址［Lìuwǔ Suìdào Cǎn'àn Yízhǐ］　位于区境东部,解放碑街道办事处辖区磁器街人行道旁,属于近现代重要史迹及代表性建筑。始建于 1938 年底,该址分为磁器街、石灰市、十八梯三处洞口。磁器街洞口坐西向东,掩体面阔 7.9 米,进深 10.78 米,建筑面积 45.08 平方米,占地面积 59.29 平方米。1941 年 6 月 5 日夜,日本空军突袭,大批市民进洞躲避,由于人员拥挤,造成缺氧、窒息,死亡 992 人,重伤送医院者 151 人,是中国抗战期间发生在大后方的最惨痛的事件。于此遂称"六五"防空大隧道惨案,为缅怀遇难的同胞而修建,故名。重庆解放后,有关部门对较场口大隧道进行清理维修。1987 年 7 月 6 日,为纪念"七七"事变 50 周年,"日本侵略者轰炸重庆纪事碑"落成仪式在此举行。2000 年 3 月重庆市人防办公室出资 40 多万修复,重塑石雕,内部装饰并陈列布展,对外开放。

2000 年 9 月重庆市人民政府将该处列为市级文物保护单位。

巴县衙门旧址［Bāxiànyámén Jiùzhǐ］ 位于区境东部，朝天门街道办事处辖区望龙门巴县衙门 26 号。巴县县署俗称巴县衙门，现作街名。原县署前出老鼓楼街一段称衙门口街，后抵座山，上去是左营街和中央公园，右抵文华街，左靠重庆府经历署，是重庆城内最重要的官署。据《巴县志》："旧在重庆府治右，依山东向。明末毁于兵，清康熙六年（1667 年）知县张冉重修，乾隆十六年（1751 年）知县王尔鉴重修。"正中为大堂、二堂，三堂在后，两庑为花厅、签押房。二堂后为官眷所居，正堂右为大厨房，左为典史（吏）署。大堂前为大坝，大坝右为监狱、茶馆，左为衙神祠、马王庙、朝天驿，大坝前有仪门两座，出仪门为甬壁，甬壁左右为东西辕门。出衙花口，向左为老鼓楼街，向右为鱼市口。抗日战争初，老鼓楼、衙门口、鱼市口等街拼为林森路的一段，现为解放东路的一段。该建筑坐北朝南，为穿斗排架房屋，面阔 13.2 米，进深 16.4 米，通高 9.2 米，建筑面积 230 平方米。小青瓦屋面，装板墙面和抹灰墙面，地面青石、三合土、花格窗、木板门，正堂装有贴金箔的照面雕花枋，有人物、山水、花鸟等雕刻，在室外有贴金撑拱、雀替、看枋、花牙子。该建筑最独特的是三波六铺水，在古建筑上最多见的是只有二波四铺水，该建筑是目前国内发现的唯一一处最为珍贵而独特的古建筑之一，反映重庆古代建筑的特色风貌，具有较高的历史文化、建筑艺术、景观价值。为区级文物保护单位。

中国民主建国会成立旧址［Zhōngguó Mínzhǔ Jiànguóhuì Chénglì Jiùzhǐ］位于区境东部，朝天门街道办事处辖区内解放东路 189 号。1945 年 12 月 16 日，中国民主建国会成立大会在重庆白象街西南实业大厦召开，主要发起人有黄炎培、胡厥文、章乃器、施复亮、孙起孟等。此处系民国时期中西合璧建筑，建筑面积 540 平方米，是中国民主建国会成立之地，故名。全国人大常委会副委员长、民建中央主席陈昌智为此题写"中国民主建国会成立旧址"门额，左楼顶镶嵌卢作孚手书"西南实业大厦"金色大字。复建工程于 2014 年 8 月 18 日启动，2016 年 5 月 19 日开馆，名称沿用至今。

巴县城隍庙旧址［Bāxiàn Chénghuángmiào Jiùzhǐ］ 位于区境东部，朝天门街道办事处辖区望龙门二府衙 10 号。中国古代的城市都筑有城墙，城墙的四周都挖有护城的堑壕，有水的称池，没水的称隍。此旧址系原巴县城隍庙，是目前重庆市主城区下半城不可多得的庙坛遗址。巴县城隍庙始建于清代之前，府城隍庙消失，县城隍庙剩下部分遗址。旧时到巴县城隍庙逛"庙会"是老重庆人春节里必不可少的一项活动,城隍庙里供奉着水神、火神等,每到春节,前来祈福的人络绎不绝。巴县城隍庙至少经过两次改建。"文化大革命"时期,内部塑像被破坏。2003年,城隍庙大规模改造成仓库。已消失。

川康平民商业银行旧址 [Chuānkāng Píngmín Shāngyè Yínháng Jiùzhǐ]　位于区境东部,朝天门街道办事处辖区打铜街16号。该建筑坐北朝南偏东15度,仿巴洛克式钢筋混凝土结构,共4层,面阔16.57米,进深26.7米,建筑面积2101.72平方米,占地面积525.43平方米。室内外地形有高差,金库建在地下室。川康商业银行建于1934年。川康平民商业银行于1937年9月由川康置业银行、重庆平民银行、四川商业银行三行合并而成立,简称川康银行。抗战期间,因川康银行2楼仓库异常坚实,国宝文物存放于此。抗战胜利后,川康银行因囤积黄金、棉纱,资金被冻结。1947年该行总管理处由重庆迁往上海,1949年11月因对外负债过重,宣布停业。重庆解放后,该处被重庆市军管会接管,现为重庆市邮政局打铜街支局使用。该建筑主体保存完整,内部因使用需要数次装修,但改变不大。该建筑不仅是陪都时期林森路金融一条街的重要史证,而且具有较高的艺术价值和历史价值。2008年重庆市人民政府将此列为优秀近现代建筑,2013年国务院公布为第七批全国重点文物保护单位。

国民政府经济部旧址 [Guómín Zhèngfǔ Jīngjìbù Jiùzhǐ]　位于区境东部,朝天门街道办事处辖区新华路47号。该建筑坐东向西,共8层,面阔33.58米,进深41.7米,建筑面积10200平方米,占地面积1400.3平方米。建筑采用全钢筋混凝土结构,砖砌隔墙。该处原是重庆本地银行川盐银行,1936年12月竣工,工精料实,辉煌富丽,是民国时期重庆一流的新式大厦,典型的现代主义建筑。1938年7月31日,国民政府经济部由武汉迁来重庆,在川盐银行内办公,直至抗战胜利迁回南京。2009年重庆市人民政府公布此处为市级文物保护单位。

国民政府外交部旧址 [Guómín Zhèngfǔ Wàijiāobù Jiùzhǐ]　位于区境东部,朝天门街道办事处辖区人民公园3号。该建筑坐西北朝东南,两幢一楼一底,中西式砖木结构建筑。1号楼建筑面积624平方米,2号楼建筑面积480平方米,总占地面积约2600平方米,青砖瓦面四坡水构造形式,建筑造型采用外廊式对称布置,典雅、庄重,为近现代重要史迹及代表性建筑。该建筑建于20世纪20年代,1927年初国民党(左派)四川省党部在此办公。1927年重庆"三三一"惨案发生后,此处随国民党(左派)省党部莲花池办公地一并被刘湘查封。1929年中共黄埔军校学生梁靖超（伯隆）回川，创办重庆高中，在此设校。抗战期间国民政府外交部迁渝，在此办公。2000 年重庆市人民政府公布此处为市级文物保护单位，2013 年国务院公布为第七批全国重点文物保护单位，曾用名"国民党（左派）四川省党部暨重庆高中旧址"。

俄村旧址［Écūn Jiùzhǐ］ 位于区境中部偏东，七星岗街道办事处辖区黄家垭口 3 号、4 号，建于 20 世纪 40 年代，为抗日战争时期援华的苏联官员和相关人士居所。因损毁严重，经文物部门保留资料后拆除。

归元寺旧址［Guīyuánsì Jiùzhǐ］ 位于区境中部偏东，七星岗街道办事处辖区七星城市家园处。归元寺建于清代。清末年间，这一带香火繁盛。解放后至 20 世纪 50、60 年代周边建起居民房，形成居民区和街巷。2009 年，重庆旧城改造，归元寺片区居民陆续搬迁，归元寺四周旧房拆除后原寺庙部分仅剩断垣残壁。2011 年，归元寺被拆除，文物部门对遗迹进行留存。

中苏文化协会旧址［Zhōngsū Wénhuà Xiéhuì Jiùzhǐ］ 位于区境中部偏东，七星岗街道办事处辖区中山一路 162 号。该建筑为中西式砖木结构，主楼与副楼两幢相连。主楼坐西向东，一楼一底，歇山式屋顶，西式回廊建筑，面阔 16.6 米，进深 15.1 米，副阶进深 3.1 米，通高约 12 米，基座高 0.6 米，有石梯 4 级，每级宽 4.7 米，始建于 20 世纪 30 年代。中苏文化协会是 1936 年由国民政府立法委员张西曼同一些留苏学生在南京发起的，由孙科担任会长。1937 年 12 月，中苏文化协会迁移到重庆，在此办公。1940 年 8 月，重庆文化界为纪念鲁迅诞辰 60 周年，在此举行纪念会。重庆谈判期间，毛泽东在周恩来、王若飞陪同下，应邀参加中苏文化协会举行的庆祝中苏友好同盟签订大会。九三学社的一些重要活动也在此进行，重庆文化科技界知名人士也常在此活动。1946 年中苏文化协会迁回南京。2004 年 10 月，政府修复中苏文化协会遗址，作为全国统一战线传统教育基地主要参观点，属于近现代重要史迹及代表性建筑。2000 年此处被公布为第一批重庆市文物保护单位。

国民政府立法院司法院及蒙藏委员会旧址［Guómín Zhèngfǔ Lìfǎyuàn Sīfǎyuàn Jí Méngzàng Wěiyuánhuì Jiùzhǐ］ 位于区境中部偏东，七星岗街道办事处辖区现中山医院门诊部。该建筑面阔 35.6 米，进深 18.41 米，主楼高 32 米，附楼高 22.14 米，建筑面积 5030.28 平方米，占地面积 558.92 平方米。此地曾是国民政府立法院、司法院及蒙藏委员会办公驻地。1935 年，自贡人李义铭兄弟集资，在观音岩荒地修建私立义林医院。1937年11月,国民政府迁都重庆,国民政府立法院、司法院、蒙藏委员会、内政部等机关及重庆市卫戍警备司令部先后征用义林医院办公。时任立法院院长孙中山长子孙科,在此主持起草《五五宪章》。抗战胜利后,该楼退还给医院。2009年此地被列为市级文物保护单位,2013年国务院公布为第七批全国重点文物保护单位。

中国民主革命同盟旧址［Zhōngguó Mínzhǔ Gémìng Tóngméng Jiùzhǐ］ 位于区境中部偏东,七星岗街道办事处辖区领事巷14号。该建筑坐南朝北,二楼一底,中西合璧式砖木结构。面阔21米,进深14.85米,建筑面积787.5平方米,占地面积262.5平方米,原为康心之公馆,后为中国民主革命同盟办公地。中国民主革命同盟于1941年3月19日在重庆成立,那时称为"中国民主政团同盟"。"皖南事变"发生后,1939年11月以部分国民参政员成立的"统一建国同志会"为基础,成立中国民主政团同盟。参加者有中国青年党、国家社会党(后改称民主社会党)、中华民族解放行动委员会(后改称中国农工民主党)、中华职业教育社、乡村建设协会的成员及其他人士。2003年此地被列为区级文物保护单位。

抗建堂旧址［Kàngjiàntáng Jiùzhǐ］ 位于区境中部偏东,七星岗街道办事处辖区上纯阳洞13号。该建筑坐北朝南,为中西式砖木结构建筑,有堂厢、楼厢和工作室,建筑面积818平方米,剧场占地面积543平方米,总占地面积1321平方米。为解决抗日战争时期重庆戏剧界名家荟萃但剧场奇缺的困难而修建该剧场,郭沫若请当时的国民政府主席林森为该剧场亲笔题写"抗建堂"三字,取自口号"抗战必胜,建国必成"。在中共南方局和周恩来的支持下,郭沫若、曹禺等一大批文化界人士,把抗建堂作为宣传抗日救亡的重要活动场所。先后在此演出的剧团有:中国万岁剧团、孩子剧团、怒吼剧社、中央青年剧社、中国胜利剧社、中华剧艺社等。先后在此上演的剧目有:郭沫若的《棠棣之花》《虎符》《屈原》,曹禺的《北京人》《雷雨》,陈白尘的《陌上秋》,吴祖光的《牛郎织女》《国贼汪精卫》等。新中国成立后,重庆市话剧团在抗建堂首演话剧《红旗歌》,这出话剧连续演出150多场。1968年改名红旗剧场。20世纪70年代还名抗建堂,是为近现代重要史迹及代表性建筑。1987年,抗建堂被列为市级文物保护单位。2000年在原址重建。

王缵绪公馆旧址［Wángzuǎnxù Gōngguǎn Jiùzhǐ］ 位于区境中部偏东,七星岗街道办事处辖区金汤街64号市妇幼保健院内,于1931年初修建,系原国民党陆军上将、四川省主席王缵绪公馆。房屋坐西向东,为三楼一底中西式砖木结构,面阔 14 米,进深 27 米,通高 13 米,建筑面积 1061 平方米,占地面积 380 平方米。公馆内部装饰仿欧式风格,木质地板,装有壁炉等。该址也曾作为第四十四军驻重庆办事处、第二十九集团军驻重庆办事处及四川省政府驻重庆办事处等。此建筑造型别致,典雅大方,具有较高的建筑艺术价值,为近现代重要史迹及代表性建筑。

唐式遵公馆旧址 [Tángshìzūn Gōngguǎn Jiùzhǐ]　位于区境中部偏东,七星岗街道办事处辖区金汤街 80 号。该建筑坐西向东偏南 15 度,为二楼一底西式砖木结构,建筑面积 2200 平方米,占地面积 733 平方米。屋面为机制瓦,外墙为小青砖,基础为石作,室内为红木地板及门窗,内设壁炉。该处造型别致,古朴典雅。反映了唐式遵在重庆的办公、生活情况,有着深厚的社会、政治背景及人文信息,具有较高建筑观景、艺术和历史文化价值,为近现代重要史迹及代表性建筑。此建筑修建于抗战前。解放后,改作中国民主同盟重庆市委员会和九三学社重庆市委员会办公楼。2003 年重庆市渝中区人民政府公布其为区级文物保护单位。2010 年,中国民主同盟重庆市委员会和九三学社重庆市委员会从唐式遵公馆旧址搬出。

德国领事馆旧址 [Déguó Lǐngshìguǎn Jiùzhǐ]　位于区境中部偏东,七星岗街道办事处辖区和平路(原区政府内)。该建筑坐西向东偏北 8 度,一楼一底,砖混结构,为殖民式建筑风格。1904 年,设在重庆城内五福宫的德国驻渝领事馆正式开馆。1914 年,第一次世界大战爆发,该领事馆关闭。1922 年 5 月,中德重新建交。1938 年 9 月,德国驻华大使馆迁至重庆,驻渝领事馆事务移交大使馆。1941 年 7 月,德国政府承认汪伪南京政府,中德断交,德国驻华大使馆及驻渝领事馆均关闭。此处反映二战时期中德外交背景变化,具有较高的历史研究价值,2008 年由重庆市人民政府列为优秀近现代建筑。

中国国民党中央执行委员会调查统计局旧址 [Zhōngguó Guómíndǎng Zhōngyāng Zhíxíng Wěiyuánhuì Diàochá Tǒngjìjú Jiùzhǐ]　位于区境中部偏东,七星岗街道办事处辖区中山二路 174 号(文化宫内),一楼一底,中西式砖木结构,面阔 21 米,进深 8 米,通高 12 米,基座高 4 米,建筑面积为 513 平方米,占地面积 337 平方米。原国民党中央执行委员会调查统计局曾驻此。该处原为川东师范学校,1939 年,因避日机空袭,川东师范学校迁到郊区,该校园图书馆被中国国民党中央执行委员会调查统计局(简称中统)作为办公室。中统的前身是 1927 年在上海成立的"中央俱乐部"(Central Club)的简称,指以陈果夫、陈立夫兄弟为首的国民党内的一股势力份子(C.C 系)所组成的国民党中央组织部党务调查科。1937 年,该科并入军事委员会调查统计局第一处,由 C.C 系份子徐恩曾任处长。1938 年 3 月,在国民党临时全国代表大会上,经蒋介石提议,以军事委员会调查统计局第一处为基础,成立中国国民党中央执行委员会调查统计局,中统由此正式形成。该建筑 2003 年被列为区级文物保护单位,2008 年被重庆市人民政府列为优秀近现代建筑。

雷家坡古道遗址 [Léijiāpō Gǔdào Yízhǐ]　位于区境东南部,南纪门街道办事处辖区中兴路雷家坡。整个古道遗址通宽 11.4 米,高 4.6 米,立面呈拱形的桥洞宽 4.6 米,高 3.2 米,进深 0.8 米。因位于雷家坡,属清代连通南纪门城门内外的古道,故名雷家坡古道遗址。明末清初建成,地名沿用至今。

法国仁爱堂旧址 [Fǎguó Rén'àitáng Jiùzhǐ]　位于区境东南部,南纪门街道办事处辖区山城巷 80 号。该建筑修建于 1900 年,整个建筑呈"工"字形排列,为仿罗马式砖木结构,一楼一底,厢房前后有宽敞的通道,屋前有小花园及亭阁,总建筑面积 13200 平方米,原占地面积 8000 余平方米,另有附属工程包括修道院使用的房屋在内共约 3000 平方米。法国仁爱堂曾建于此,故名。经堂左侧开设仁爱堂医院,是重庆第一所西医院,1934 年增设病房,1945 年创办私立仁爱高级护士职业学校。1951 年 4 月 21 日,西南军政委员会办公厅第 33 次行政会议批准,重庆仁爱堂医院及私立仁爱护士职业学校,由西南军政委员会卫生局接管续办,取名新渝医院。2003 年,此处被列为区级文物保护单位。

中国煤建川东分公司旧址 [Zhōngguó Méijiàn Chuāndōng Fēngōngsī Jiùzhǐ]　位于区境东南部,南纪门街道办事处辖区解放东路 341 号。此地曾是中国煤建川东分公司办公之地,建筑形式中西结合,反映出重庆下半城的建筑风貌及社会背景,解放前为中国煤建川东公司办公场所,解放后逐渐形成居民区,2009 年拆迁。

东川邮政局旧址 [Dōngchuān Yóuzhèngjú Jiùzhǐ]　位于区境东南部,南纪门街道办事处辖区解放东路 409 号。1891 年重庆开埠,1896 年大清邮政开办,重庆为邮界,是邮政总局。1897 年 2 月 20 日,大清重庆邮政局正式成立,并开办明信片、书籍、货样等业务。2009 年拆迁。

谦泰隆药材行旧址 [Qiāntàilóng Yàocáiháng Jiùzhǐ]　位于区境东南部,南纪门街道办事处辖区解放西路马家巷 3 号。清末民初,储奇门地区为西南最大的药材批发交易市场,其附近相继成立了许多药材商行、药栈,谦泰隆药材行就是其中的一家,解放前一直在解放东路,解放后逐渐变成民居。2009 年拆迁。

庆余堂药房旧址 [Qìngyútáng Yàofáng Jiùzhǐ]　位于区境东南部,南纪门街道办事处辖区解放东路380号。此处曾是老板邓宏福买的私房,作药房使用,以"丰庆有余"取名,最早开旅馆,煎药卖药,楼上晒药。庆余堂解放前在林森路(现解放东路)一带的药材老字号及山货堆栈中享有名气,曾有"北有同仁堂,南有庆余堂"之说,解放前夕,邓老板携家眷前往台湾,房屋被国家回收,庆余堂从此没落。重庆庆余堂创办于1943年,1995年被原国内贸易部评为中华老字号。该处建筑解放后逐渐变成民居。2009年拆迁。

重庆市第五中级人民法院旧址 [Chóngqìng Shì Dì-5 Zhōngjí Rénmín Fǎyuàn Jiùzhǐ] 位于区境东南部,南纪门街道办事处辖区解放西路152号。2006年8月5日,重庆市第五中级人民法院从原重庆市第一中级人民法院分设出来,独立建院,在此挂牌成立。2013年重庆市第五中级人民法院搬迁至大溪沟人民路13号。原建筑已拆除。

国民政府海外部旧址 [Guómín Zhèngfǔ Hǎiwàibù Jiùzhǐ] 位于区境东南部,南纪门街道办事处辖区九道门7号。抗战期间海外部由南京迁来重庆,重庆解放前迁往台湾,解放后该处逐渐变成居民区,2009年拆迁。

私立兴华小学旧址 [Sīlì Xīnghuá Xiǎoxué Jiùzhǐ] 位于区境东南部,南纪门街道办事处辖区九道门10号。据《巴县志》,1935年药材公会于此创办私立兴华小学,其时药材公会在羊子坝兴建会所,为了方便药商和职工子女免费入学,于药材公会旁创办私立兴华小学,附设幼儿园,解放后改名羊子坝小学。1980年代后并入解放东路第三小学。2014年6月前后,由于连续大雨致使旧址严重垮塌。兴华小学旧址,作为重庆白象街9栋文物之一,系"巴渝文化"的传承与延续,修复后建成西泠书房。

国民政府军事委员会政治部第三厅暨文化工作委员会旧址 [Guómín Zhèngfǔ Jūnshì Wěiyuánhuì Zhèngzhìbù Dì-3 Tīng Jì Wénhuà Gōngzuò Wěiyuánhuì Jiùzhǐ] 位于区境东南部,南纪门街道办事处辖区内。位于渝中区天官府8号。该建筑坐北朝南,二楼一底中西结合砖木结构。面阔14.2米,进深11.3米,通高约16米,建筑面积为595.23平方米,占地面积220平方米,为近现代重要史迹及代表性建筑。国民政府军事委员会政治部第三厅暨文化工作委员会曾驻此,故名。此房原为重庆第一任市长潘文华内弟修建的私宅,原名"天庐"。后改作国民政府军事委员会政治部第三厅暨文化工作委员会办公使用。国民政府军事委员会政治部于1938年2月19日在武汉成立,由陈诚任部长,周恩来、黄琪翔任副部长,郭沫若任第三厅厅长。1938 年 10 月武汉失守后,第三厅由武汉迁此办公。从 1938 年到 1946 年,郭沫若在天官府 8 号居住 8 年。1945 年 3 月底,文工会因发起要求民主、反对独裁的《文化界对时局宣传》而被迫解散。2009 年,重庆市人民政府公布此为市级文物保护单位。2013 年此处被列入第七批全国重点文物保护单位。

重庆海关监督公署旧址 [Chóngqìng Hǎiguān Jiāndūgōngshǔ Jiùzhǐ]　位于区境东南部,南纪门街道办事处辖区解放东路 263 号。该建筑坐西向东偏南 30 度,为三栋建筑相组合而成的宅院,均为三楼一底砖木结构建筑。建筑面积约 1683 平方米,占地面积约 487 平方米。该地曾为清末时重庆海关监督公署,邻近的白象街是重庆海关办公楼和报关行旧址。光绪二十二年(1896 年)清政府成立大清邮局,重庆海关遂设立邮政代理机构——重庆海关寄信局,白象街海关报关行也增设信函寄送业务。2009 年该地被评为第二批市级文物保护单位。

火柴大王遗址 [Huǒchái Dàwáng Yízhǐ]　位于区境东南部,南纪门街道办事处辖区解放西路 158 号,十八梯南面凤凰台与解放西路交会处。小楼占地面积约 1000 平方米,建筑面积约 2500 平方米,共 3 层,为砖木结构,青砖、黛瓦、券廊,中西合璧,体现了开埠时期的建筑风貌。刘鸿生是中国近代著名爱国实业家,有"火柴大王"之称,此处为刘鸿生创办的火柴原料生产基地,故名。该建筑建造于 20 世纪 20 年代至 40 年代,最早是中国火柴原料厂,解放后曾被金属材料公司购买作为厂房。2010 年,十八梯片区启动街区改造,居民们都陆续迁出,房屋空置,仅剩外墙。

重庆反省院旧址 [Chóngqìng Fǎnxǐngyuàn Jiùzhǐ]　位于区境东南部,南纪门街道办事处辖区邮政局巷 22 号。该建筑坐北向南,为二楼一底砖木结构,面阔 18.8 米,进深 9.5 米,通高 12.5 米,建筑面积 537 平方米,占地面积 179 平方米。此处原是国民党当局对被捕革命人士进行攻心政策的拘禁机构,故名。1928 年,刘湘颁发《奖励反共暂行条例》,在 21 军军部成立特务委员会,并将储奇门大火中烧毁的山西会馆废墟划作院址建立反省院。在之后使用的 7 年时间中,该处曾关押过大量的共产党员、共青团员。被捕人员最初关押在巴县监狱,后转移到反省院,陆续将 200 余名"共案"犯集中到这里关押。1935 年底至 1936 年初"华北事变"后,刘湘与共产党达成联共反蒋协议,逐步释放政治犯。"七七事变"后国共合作,反省院被撤销。重庆解放后,反省院改成老年康复中心。此处现已建成重庆区划地名历史文化展示馆。

药材公会旧址 [Yàocái Gōnghuì Jiùzhǐ]　位于区境东南部,南纪门街道办事处辖区羊子坝 15 号。该建筑坐北朝南偏西 30 度,二楼一底,仿巴洛克式砖木结构建筑,面阔 16.8 米,进深 25.57 米,高 18 米,建筑面积 1202 平方米,占地面积 991 平方米。此地曾为药材公会办公场所,所在的储奇门片区是西南地区最大的山货药材集散地。1926 年 6 月,根据当时政府农商部颁行的工会法,药材帮商人为了沟通商情和维护药材帮会的共同利益,在储奇门正式成立重庆药材同业公会,并兴建会所,修建办公大楼。著名实业家、重庆商会主席温少鹤曾在楼内创办了山城中学(后五十三中学,现重庆复旦中学)。到 1930 年,重庆中药材业成为重庆商场八大行业之一,有字号 31 家,药栈 79 家,山土药材字号 53 家,外省运销商(包括湖北、广东、陕西、浙江、江西、河南等省)90 家,广药铺 34 家,择铺 98 家以及手工作坊几十家。2009 年此处被重庆市人民政府公布为市级文物保护单位。

国民政府军事委员会重庆行营旧址 [Guómín Zhèngfǔ Jūnshì Wěiyuánhuì Chóngqìng Xíngyíng Jiùzhǐ] 位于区境东南部,南纪门街道办事处辖区解放西路 14 号。该建筑坐东向西偏北 20 度,中西合璧式三层砖木结构,建筑面积 2538 平方米,占地面积 806.41 平方米。国民政府军事委员会办公厅、军令部、军政部曾驻此办公。1935 年 11 月 1 日重庆行营正式成立,顾祝同为行营主任,杨永泰为秘书长,贺国光为参谋长。行营管辖川、康、滇、黔、藏各省军队,从而使国民政府加强对四川和西南的控制。1937 年 11 月,国民政府迁都重庆,蒋介石最先的办公地点就设在重庆行营原办公处。该处具有较高历史文化价值,反映了陪都时期重庆的建筑风貌,对研究重庆抗战文化有着重要意义,2009 年被重庆市人民政府公布为市级文物保护单位,2013 年被国务院公布为第七批全国重点文物保护单位。

法国领事馆旧址 [Fǎguó lǐngshìguǎn Jiùzhǐ] 位于区境东南部,南纪门街道办事处辖区凤凰台 35 号,建于 1898 年。该建筑坐西向东,为三楼一底欧式砖木结构,每层楼 8 间房 550 平方米,建筑面积 2227 平方米,占地面积 557 平方米。1896 年 3 月,经与清政府议定,法国政府在重庆城内的二仙庵设立领事馆。解放后,该房址被西南军区的一个单位和红旗纸箱厂使用,现为重庆市塑料工业公司的办公场所,保存一般,2003 年由渝中区人民政府公布为区级文物保护单位,2013 年国务院公布为第七批全国重点文物保护单位。

国民政府军事委员会礼堂旧址 [Guómín Zhèngfǔ Jūnshì Wěiyuánhuì Lǐtáng Jiùzhǐ] 位于区境东南部,南纪门街道办事处辖区解放西路 66 号,今《重庆日报》社内。该建筑坐北朝南,为一层砖木结构礼堂建筑,面阔 18 米,进深 33.26 米,正面一间通道突出,进深约 2.85 米,两侧靠里第 8 根柱子处有 2 个楼梯通向屋中央上方的看台,屋内正中两边各 8 个小间,正中为大型讲台,通长 14.63 米,整个建筑面积为 593 平方米,占地面积 634 平方米。国民政府军事委员会,简称"军委会",是国民党执政时全国最高的军事指挥机关,主要管理、统率国民政府所辖范围内的海、陆、空及其他一切军事机构。1938 年底国民政府军事委员会及所属各部全部迁到重庆,重庆也因此成为抗日战争时期中国最高军事指挥中枢。国民政府军事委员会曾将此地作为宴会及会议场所。2009 年重庆市人民政府将此地公布为市级文物保护单位。

国民政府中央训练团遗址［Guómín Zhèngfǔ Zhōngyāng Xùnliàntuán Yízhǐ］位于区境南部,菜园坝街道办事处辖区竹木村 59 号,鹅颈地段佛图关下。此地曾是国民党高、中层将领的受训基地,故名。国民政府中央训练团,简称中训团,于 1938 年 7 月由国民党中央训练委员会在庐山训练团、峨眉山训练团和珞珈山军官训练团的基础上在湖南祁阳创办,于 1939 年初自湖南迁到桂林,再迁到重庆。1940 年 3 月,党政训练班第一期在重庆南温泉开办,第二、三期迁至佛图关上,自第四期起又由关上迁至关下。1945 年 12 月,军事委员会干训团及中央军校训练班并入该团。1946 年 7 月,中央训练委员会撤销后,该团改隶行政院,归国防部指挥。1946 年 1 月前,该团以调训中、高级党政干部为主,其后则为办理复员军官作转业训练,并代办退役及调职等事项。

大溪沟发电厂旧址［Dàxīgōu Fādiànchǎng Jiùzhǐ］　位于区境北部,大溪沟街道办事处辖区大溪沟 13 号大院入口,事件纪念地,占地 3000 平方米。大溪沟电厂前身为原重庆电力股份有限公司(1934—1949 年)。1932 年由重庆市政府筹建,1934 年 7 月建成投产,最早安装三台 1000kW 机组,是当时西南地区最大的火力发电厂。1938 年扩建投产,装机容量达到 1.2 万千瓦,是当时全国一等电力企业。该厂历经多次更名,1950 年为重庆第一发电厂,1951 年为重庆 501 电力厂,1956 年为重庆 505 厂,1966 年改为大溪沟电厂。1982—1989 年,由于设备陈旧老化报停报废,此处后作为旧址保存至今。

大溪沟发电厂专家招待所旧址［Dàxīgōu Fādiànchǎng Zhuānjiā Zhāodàisuǒ Jiùzhǐ］　位于区境北部,大溪沟街道办事处辖区大溪沟 13 号大院入口。该处共五幢砖木结构小楼,坐北朝南纵向排列,每幢建筑面积 893 平方米,总建筑面积 4465 平方米。五幢建筑均为统一样式建造,两楼一底,屋基是用条石垒砌而成,所有的砖石是专门定制的小青砖,每块砖上均有五角星标志,屋顶为木屋架,上铺板瓦,楼梯是带扶手的室内木楼梯,过道、房间铺木地板。此地曾是大溪沟发电厂专家歇息、暂住的地方,故名。新中国成立初期,中国严重缺乏管理城市和进行经济建设的经验和人才,特聘请大量苏联专家来华工作,大溪沟火力发电厂就是苏联派遣专家到重庆指导建设的项目之一。此建筑 1954 年开始修建,1956 年建成,作为建国初期苏联援建中国项目,它是中苏友好的象征,真实地反映解放初期的工业发展状态及社会背景,对研究大溪沟电厂的工业遗产的历史脉络有重要史政和研究价值,为近现代重要史迹及代表性建筑,后来成为居民住宅楼,2009 年被公布为第二批市级文物保护单位。

中法学校旧址 [Zhōngfǎ Xuéxiào Jiùzhǐ]　位于区境北部,大溪沟街道办事处辖区人民路 121 号。该建筑现仅存中西式砖木结构楼房一幢,坐东向西,一楼一底,建筑面积 255 平方米,占地面积 180 平方米。硬山屋顶,机制瓦屋面,外墙砖砌表体抹灰,条石基础,室内为木质结构及夹壁墙。此地原为重庆大溪沟的"懋园"。1925 年 8 月,吴玉章受中共中央的派遣回四川工作,9 月 4 日与杨闇公商量,决定在重庆大溪沟"懋园"内办一所中法学校,因该校有大学部,故又称为"中法大学"。9 月 10 日正式开学,学生是从重庆女师、江北中学、重庆联中等招来的进步青年。学校聘请杨洵、冉钧、周贡植、李嘉仲、肖清华、童庸生等中共党员和留日归国的经济学家漆南薰任教师;吴玉章任校长,童庸生任教务主任,杨洵任训育主任。中法学校内的党团支部是半公开的,政治环境好;在群众运动中,总是站在斗争前列,是运动的中坚力量。1927 年"三三一"惨案后,学校遭捣毁,被迫停办。中法学校为中国和四川的大革命运动培养了一大批骨干力量,大批学生结业后相继奔赴四川和全国各地,发展左派力量,开展群众运动。此楼局部有所改变,基本保持原貌,为近现代重要史迹及代表性建筑,2009 年被列为第二批市级文物保护单位。

中共中央南方局外事组旧址 [Zhōnggòng Zhōngyāng Nánfāngjú Wàishìzǔ Jiùzhǐ]　位于区境北部,大溪沟街道办事处辖区马鞍山 28 号。该建筑坐西向东偏南 20 度,一楼一底砖木结构,面阔 14 米,进深 13 米,建筑面积 360 平方米,占地面积约 400 平米。建筑底层设有地下室,屋顶有个亭子间,该处为独立小院,代表了 20 世纪 30 年代民居建筑的特色,属"良庄"三幢建筑之一,为四川军阀刘湘部将何金鳌公馆,称为"良庄"。1939 年 1 月,中共中央南方局在重庆成立。为加强国际统战工作,南方局建立国际宣传组和外事组,王炳南担任负责人。为便于开展工作,外事组以王炳南、王安娜夫妇私人身份租下"良庄"(马鞍山28号),与沈钧儒为邻。王炳南领导南方局外事组开展过大量国际统战工作,是与沈钧儒、茅盾、沙千里、张申府等著名民主人士共商国是的重要场所,在中共外事史和统战史上具有重要的研究价值。1946年外事组随中共中央南方局迁南京,同年沈钧儒也返回上海。1992年3月,重庆市人民政府将现"良庄"(马鞍山18号)作为沈钧儒旧居定为市级文物保护单位。随着南方局历史研究的深入和有关史料的进一步挖掘,文史界认为将"良庄"(马鞍山28号)确定为中共中央南方局外事处旧址暨沈钧儒、王炳南旧居更符合历史真实,为近现代重要史迹及代表性建筑。

澳大利亚公使馆旧址 [Àodàlìyà Gōngshǐguǎn Jiùzhǐ] 位于区境中部,两路口街道办事处辖区鹅岭正街176号鹅岭公园内。公使馆一楼一底,面阔17.36米,进深15.6米,通高约13米,建筑面积539平方米,占地面积697平方米。屋顶为机制瓦,外墙砖砌表体抹灰,基础为石作,木质楼板,一层为磨石铺地。该建筑造型典雅大方,具有中西合璧的折中主义风格。1942年至1946年间,澳大利亚公使馆设于此。解放后,重庆市园林事业管理局将此设为鹅岭公园管理处。该地2009年被列为市级文物保护单位,2013年被国务院公布为第七批全国重点文物保护单位。

保卫中国同盟总部旧址 [Bǎowèi Zhōngguó Tóngméng Zǒngbù Jiùzhǐ] 位于区境中部,两路口街道办事处辖区两路口新村5号。该建筑坐西向东,依山而建,是一幢两楼一底砖木结构的德式建筑风格,由德国留学回国的工程师杨能深1936年所建。旧址由三部分组成,有房间26间,建筑面积为500平方米,大门左侧有停车房,房后有一个躲避日本轰炸的防空洞,总建筑面积为760平方米,占地面积1200平方米,为近现代重要史迹及代表性建筑。1937年11月,国民政府移驻重庆。1939年该房被外交部租用,一度用于接待外国客人。主楼为宋庆龄旧居及"保卫中国同盟"总部用房,1942年8月保卫中国同盟中央委员会在重庆重新建立,简称"保盟",总部机构和办公室设于此。2013年,此地被公布为第七批全国重点文物保护单位。

王陵基公馆旧址 [Wánglíngjī Gōngguǎn Jiùzhǐ] 位于区境中部,两路口街道办事处辖区枇杷山正街72号。该建筑坐北朝南偏西20度,为一楼一底砖木结构,面阔35.7米,进深15.6米,建筑面积900平方米,建于抗日战争时期,为国民政府四川省主席王陵基之别墅"王园"。1949年12月6日中共重庆市委机关接管"王园"做机关驻地。1955年,市委迁至曾家岩中共西南局原址办公,按原西南局第一书记邓小平的指示,将"王园"辟为公园。该楼曾为枇杷山公园办公室。为近现代重要史迹及代表性建筑。

杨森公馆旧址 [Yángsēn Gōngguǎn Jiùzhǐ] 位于区境中部,两路口街道办事处辖区中山二路 134 号。该公馆建于 1928 年,系重庆军阀范绍增专为杨森修建,称为"渝舍"。建筑坐西向东偏南 25 度,为一楼一底砖木结构仿哥特式建筑,面阔 16 米,进深 9.3 米,通高 8.5 米,房屋 12 间,建筑面积 493 平方米,占地面积 306 平方米。二楼后半部是一个半圆形露天大阳台,下面由几根希腊式支柱支撑,造型小巧玲珑,秀气精致,反映陪都时期的建筑风貌。杨森系原国民党陆军上将、20 军军长,1947 年至重庆解放任重庆市市长,此地曾是他居住的地方。新中国成立初期,此地曾作为重庆市政府机关办公楼。该房屋现为重庆市少年宫的培训用房。该处作为民国时期重庆市最后一任市长官邸,具有较高的历史研究价值,为近现代重要史迹及代表性建筑。

戴笠神仙洞公馆暨军统办公室旧址 [Dàilì Shénxiāndòng Gōngguǎn Jì Jūntǒng Bàngōngshì Jiùzhǐ] 位于区境中部,两路口街道办事处辖区枇杷山正街 72 号。该建筑坐西向东偏北 10 度,为三层砖木结构中西结合建筑,面阔 9.7 米,进深 13.9 米,建筑面积 1560 平方米,占地面积 390 平方米。原国民政府军事委员会统计调查局局长戴笠于此神仙洞处修建公馆居住,并作为军统办公室使用,故名。该房 20 世纪 30 年代修建,在 60 年代初根据使用要求,在此建筑上加楼房一层,1970 年移交重庆市博物馆管理,1983 年 12 月,被列为区级文物保护单位,2009 年由重庆市艺术创作中心作为办公楼使用。该处是渝中区保留较完整的民国时期公馆建筑,具有一定建筑艺术价值。

丹麦公使馆旧址 [Dānmài Gōngshǐguǎn Jiùzhǐ] 位于区境中部,两路口街道办事处辖区鹅岭正街 176 号鹅岭公园内。该建筑坐东朝西,为砖木结构平房建筑,总长 15 米,进深 9.3 米,三开间,建筑面积 143 平方米。小青瓦屋面,人字木屋架,青砖墙柱承重,条石基础,原有门窗已部分改变,房间内部格局有些改变。抗日战争时期丹麦公使曾于此办公。该建筑建于 1938 年 10 月,馆址在遗爱祠 76 号。首任公使欧斯浩德于 1938 年 10 月 8 日飞抵重庆,先在嘉陵宾馆办公,后迁至遗爱祠公使馆。1941 年 8 月 21 日,丹麦政府宣布承认南京汪精卫政权,并承认日本扶持的伪满洲国傀儡政权,中国与之断交,丹麦公使馆关闭。2009 年重庆市人民政府将其公布为市级文物保护单位。

苏联大使馆旧址 [Sūlián Dàshǐguǎn Jiùzhǐ]　位于区境中部,两路口街道办事处辖区枇杷山正街 104 号,现为重庆市第三人民医院办公楼和宿舍。建筑坐北朝南,仿巴洛克式砖、石、木结构,四楼一底,面阔 27.5 米,进深 21.7 米,通高 25.9 米,有房屋 56 间,总建筑面积 2438 平方米,占地面积 489 平方米。该建筑始建于 1936 年,由原川军师长曾子唯斥巨资修建。1938 年 1 月至 1946 年 5 月,苏联大使馆由南京迁渝,租此洋房,作为使馆办公楼。1939 年 5 月大使馆被炸,后修复。为避日机轰炸,苏联大使馆曾迁往重庆南郊的南山上。1947 年国民政府中央医院城区部迁入此地用作病房使用,重庆解放后改为第三人民医院办公大楼。2000 年此处被重庆市人民政府公布为市级文物保护单位,2013 年 3 月由国务院公布为全国重点文物保护单位。

罗斯福图书馆暨中央图书馆旧址 [Luósīfú Túshūguǎn Jì Zhōngyāng Túshūguǎn Jiùzhǐ]　位于区境中部,两路口街道办事处辖区长江一路 11 号。该建筑坐北朝南偏西 15 度,为三楼一底西式丁字形砖木结构建筑,有 40 个房间,建筑面积 2405 平方米,占地面积 725 平方米。该处原为中央图书馆筹备处,1938 年 2 月迁来重庆后拨款修建,1941 年 1 月落成,2 月 1 日对外开放,1946 年 5 月迁回南京,其馆厦(包括三民主义丛书编纂委员会及青年军出版社的办公楼)、设备及部分复本图书拨交国立罗斯福图书馆(筹备委员会)。

1946 年 7 月,为纪念罗斯福总统反法西斯作战的功绩,在该处设立国立罗斯福图书馆(筹备委员会),后经筹委会对馆址进行重新设计、改修。全馆含有三层楼大厦一座,职员宿舍四幢,厨房、食堂各一所,1947 年 5 月 1 日对外开放。1948 年 4 月底,罗斯福图书馆典藏量在当时全国仅有的 5 个国立图书馆中名列前茅。解放后,罗斯福图书馆更名为重庆图书馆。2008 年重庆图书馆迁出,此处作为重庆市少年儿童图书馆辅导中心使用。罗斯福图书馆是中国历史上第一个,也是唯一一个以外国总统名字命名的图书馆,被联合国指定为联合国资料寄存馆之一,成为迄今为止中国保存联合国资料最早的图书馆,为近现代重要史迹及代表性建筑。2013 年,此处被重庆市政府公布为市级文物保护单位。

中共重庆市委枇杷山办公楼旧址 [Zhōnggòng Chóngqìng Shìwěi Pípáshān Bàngōnglóu Jiùzhǐ]　位于区境中部,两路口街道办事处辖区枇杷山正街 72 号,坐北朝南,背依枇杷山,面朝长江,与南岸区隔江相望。该楼为一砖混结构建筑,建筑因地制宜,合理利用地势,采取传统柱网式基础布局,砖混结构,主体三层,平面以一个横向长方形为横轴,左右两侧各延伸出一个矩形。建筑正立面以 4 层塔楼门厅和偏右布置的门廊、台阶等组成建筑立面的构图中心;整体外观融入西式建筑风格,歇山顶,苏式扣榫板瓦铺作屋顶,米黄色墙面,无花饰矩形窗户;建筑以边长 0.66 米的正方砖柱支撑木梁构架,荷载由木楼板向木梁传递而来;一楼至各楼层为木楼枕,楼板为企口缝拼花木板作面层;占地总面积约 4851 平方米,大楼总建筑面积 5389 平方米(除梯步),其中主楼建筑面积 3761 平方米,前楼建筑面积 669 平方米,后楼建筑面积 960 平方米。此楼于 1951 年奠基,1953 年落成并交付使用,1950 年至 1954 年,此处曾是中共重庆市委在枇杷山办公的地方。1955 年,该楼作为重庆市博物馆文物展览大楼使用。2007 年,重庆市文化广播电视局将该楼产权划归重庆市文化遗产研究院(原重庆市文物考古所)。该楼是建国初期兴建的公共建筑之一,是见证重庆社会发展的近现代重要建筑,是体现时代特征的代表性建筑,对建筑史研究和中共党史研究具有重要价值。2009 年此处被公布为第二批市级文物保护单位。

土耳其公使馆旧址 [Tǔ'ěrqí Gōngshǐguǎn Jiùzhǐ] 位于区境中部,两路口街道办事处辖区鹅岭正街 176 号鹅岭公园内。该建筑坐北朝南,为一幢西式平房砖木结构建筑,面阔 8.7 米,进深 7.9 米,通高 7 米,建筑面积 187 平方米,占地面积 48 平方米,硬山屋顶,小青瓦屋面,砖柱砖墙表体红色砂浆,条石基础,室内地面为水磨石。抗日战争爆发后,土耳其公使馆随国民政府西迁重庆驻于此。该建筑建于抗日战争初期,原来为一栋砖木混合结构平房。1939 年 12 月,土耳其公使馆第一任公使席拔希抵重庆驻此。1942 年 3 月 20 日,新任驻华代办戴伯伦抵渝驻此。1944 年 5 月,中土两国公使馆升格为大使馆,5 月 30 日,土耳其首任大使杜凯抵重庆驻此。1946 年 6 月大使馆迁南京。2013 年此地被国务院公布为第七批全国重点文物保护单位。

美国大使馆旧址 [Měiguó Dàshǐguǎn Jiùzhǐ] 位于区境中部,两路口街道办事处辖区健康路 1 号。该建筑坐西向东,为仿巴洛克式砖木结构建筑,面阔 32.5 米,进深 12.73 米,通高 10.73 米,建筑面积 823 平方米,占地面积 454 平方米。1937 年 11 月,国民政府迁都重庆。1938 年 8 月,美国驻华大使詹森率美国驻华大使馆人员迁至重庆,租住在此地。1946 年 5 月,随着国民政府还都南京,美国驻华大使馆由重庆迁回南京,该处即纳入中正医院(今重庆市急救中心)使用,辟作医院的行政办公楼和食堂。2000 年重庆市人民政府公布此处为市级文物保护单位,

2013 年国务院公布此处为第七批全国重点文物保护单位。

金城别墅旧址 [Jīnchéng Biéshù Jiùzhǐ]　位于区境中部,两路口街道办事处辖区两路口菜市口 5 号。金城银行由周作民于 1917 年 5 月 15 日创办,其主要股东为军阀官僚,最早总行设于天津,后在京、沪、汉等地开设分行。1936 年初,总行迁往上海,业务重心南移。1941 年,金城银行在重庆设立管辖行,管辖西南、西北业务,在重庆有 4 家分行及分理所,分别在化龙桥、两路口、陕西路、民权路、沙坪坝。金城别墅则是当年为经理、协理及部分员工所建的住宅,该建筑于 2011 年拆迁。

国民政府军政部兵工署旧址 [Guómín Zhèngfǔ Jūnzhèngbù Bīnggōngshǔ Jiùzhǐ]　位于区境中部,两路口街道办事处辖区枇杷山巷山城步道上,由三栋老房子构成。因其为国民政府时期兵工厂总部,故名。1938—1945 年是国民政府生产武器和弹药的工厂总部,并管理所辖兵工厂生产活动。2019 年入选第三批重庆市文物保护单位。

红岩革命纪念馆中共代表团驻地 [Hóngyán Gémìng Jìniànguǎn Zhōnggòng Dàibiǎotuán Zhùdì]　位于区境北部,上清寺街道办事处辖区中山三路 151 号,系两幢土木结构楼房,坐东朝西,建筑面积 2 万平方米,占地面积 627 平方米。此处前身为中国银行宿舍,1945 年 12 月 16 日以周恩来为首的中国共产党代表团(以下简称"中共代表团")来重庆出席旧政协会议,国民党政府将此两幢楼房拨给代表团使用。1946 年 1 月 10 日至 31 日,全国政治协商会议(旧政协)在重庆举行,中共代表团住于此楼,并在此举行中外记者招待会和会见各民主党派代表及各界人士。1946 年 5 月,中共代表团赴南京后,此处改作中共代表团重庆办事处,中共四川省委办公用房,是年 11 月迁出。后被国民党重庆警备司令部征用,直至重庆解放。2001 年 6 月 25 日,此处被公布为全国重点文物保护单位。

《新华日报》营业部旧址 [《Xīnhuárìbào》Yíngyèbù Jiùzhǐ]　位于区境北部,上清寺街道办事处辖区,民生路 208 号,是一幢坐北朝南二楼一底的砖木结构楼房,占地面积 62 平方米,建筑面积 310 平方米,有房屋 6 间,是 1940 年至 1946 年间中共在重庆公开发行党的机关报《新华日报》和出售进步书刊的重要地点,也是党的地下工作人员和南方局取得联系的活动场所。周恩来、董必武、吴玉章和报社负责人多次在此举办会议、会见各界民主人士。《新华日报》营业部旧址的前身是川盐银行的房产。《新华日报》1937 年 1 月 11 日在武汉创刊,1938 年 10 月从武汉迁到重庆西三街,被日机炸毁后,于 1940 年 10 月 28 日迁至现址,1946 年 2 月 22 日上午又被国民党特务捣毁,遂迁至七星岗德兴里"星庐"继续营业,1947 年 2 月 28 日被国民党查封,1961 年复原开放,为省级文物保护单位。

孙科公馆旧址［Sūnkē Gōngguǎn Jiùzhǐ］ 位于区境北部,上清寺街道办事处辖区嘉陵新村 189 号。该建筑建于 1939 年。坐西向东,是一幢中西式圆顶砖石木结构建筑,共两层,总建筑面积 520 平方米,占地面积 275 平方米。国民政府迁都重庆时,时任国民政府立法院院长孙科于此居住办公,因建筑外形呈圆形,又称圆庐。1942 年秋,周恩来曾与国民党代表在此共商国是。解放后此处成为印染厂职工宿舍。2008 年重庆市人民政府将其列为优秀近现代建筑。

潘文华公馆旧址［Pānwénhuá Gōngguǎn Jiùzhǐ］ 位于区境北部,上清寺街道办事处辖区中山四路 81 号,建筑面积 1044 平方米,占地面积 684 平方米。该建筑于 1929 年建成,由时任重庆市金库主任潘昌猷赠与潘文华并于此居住、办公。该公馆于 2003 年被列为区级文物保护单位,2007 年 12 月因暴雨垮塌,重庆市文物管理部门进行修复。

徐远举公馆旧址［Xúyuǎnjǔ Gōngguǎn Jiùzhǐ］ 位于区境北部,上清寺街道办事处辖区嘉陵新村 73 号。该建筑于民国时期修建,坐南朝北偏东 20 度,为一栋中西式石木结构,面阔 10 米,进深 9 米,通高 8 米,建筑面积 171 平方米,占地面积 86 平方米,硬山坡屋顶,机制瓦屋面,设有老虎窗,基础及外墙全为石作,梯道及阁楼为木质结构。是原国民党重庆行辕二处处长徐远举的秘密办公地,并在此居住,具有较高的历史研究价值。2008 年被重庆市人民政府列为优秀近现代建筑。

鲜英旧址［Xiānyīng Jiùzhǐ］ 位于区境北部,上清寺街道办事处辖区,嘉陵西村 23 号。该建筑始建于 1929 年,坐西向东,为砖木结构平房,面阔 13.3 米,进深 6.7 米,建筑面积 89 平方米,占地面积约 100 平方米。抗日战争时期著名爱国人士鲜英曾居住于此。2008 年 5 月该地成为中国民主党派历史陈列馆开馆对外开放。2000 年被公布为第一批重庆市文物保护单位。2013 年被国务院公布为第七批全国重点文物保护单位。

晋冀鲁豫军区干部子弟校学生宿舍旧址［Jìnjìlǔyù Jūnqū Gànbùzǐdìxiào Xuéshēng Sùshè Jiùzhǐ］ 位于区境北部,上清寺街道办事处辖区中山四路人民小学内,建于 1952 年。该建筑坐北朝南,为两栋二楼一底砖木结构组合而成的大院,建筑面积约 9000 平方米,占地面积约 3640 平方米,曾为晋冀鲁豫军区干部子弟校学生宿舍。抗日战争胜利后,晋冀鲁豫军区党政军机关迁至邯郸。因邯郸累遭兵火,学校所剩不多,儿童入学困难。军区决定开办晋冀鲁豫军区干部子弟校。西南解放后,学校从邯郸迁至重庆,成为西南局直属机关干部子弟校,命名为"人民小学",卓琳任校长,苏东任政治协理员,贺龙任董事长。2003 年此地被公布为区级文物保护单位。

国民政府接见厅旧址 ［Guómín Zhèngfǔ Jiējiàntīng Jiùzhǐ］　位于区境北部,上清寺街道办事处辖区重庆市人民政府大院内。该建筑坐北朝南,共两层,为中国古典式砖木结构建筑,面阔 51 米,进深 30 米,通高 11.8 米,建筑面积 944 平方米,占地面积 155 平方米,人字形坡屋顶,板瓦铺面,条石基础,青砖勾白缝外墙,门前饰有碑亭式墩柱两个。该建筑依山而建,平面呈"王"字形布局,形体庄重壮观,具有较高的建筑艺术及观景价值。国民政府接见厅旧址改建于 1937 年 11 月,即"卢沟桥事变"数月之后,重庆方面奉命将学田湾重庆高级工业中学改建为国民政府大楼。改建工程由上海基泰工程公司主持,竣工日,国民政府就此办公,也是国民政府接见外来人员之处,于 1946 年停用。

国民政府行政院旧址 ［Guómín Zhèngfǔ Xíngzhèngyuàn Jiùzhǐ］　位于区境北部,上清寺街道办事处辖区中山四路 36 号市政府大院内。占地面积 1612 平方米,砖木结构,二楼一底,有房间 19 间,为近现代重要史迹及代表性建筑。1938 年由德国人修建,国民政府迁渝后,行政院在此办公。这里曾是法国天主教堂,后又成为教会学校名诚中学的办公室兼医务室,现为重庆市委 8 号办公楼,2013 年被国务院公布为第七批全国重点文物保护单位。

求精学堂旧址 ［Qiújīng Xuétáng Jiùzhǐ］　位于区境北部,上清寺街道办事处辖区中山四路 69 号求精中学内。1891 年 11 月 21 日,美国基督教美以美会传教士鹿依士以 1200 两成色达 98% 的银子从张献堂弟兄四人手中购得智里五甲曾家岩幅员一段(今校址),于 1891 年(光绪十七年)重庆开埠成立海关时开始建校。原名求精学堂,是巴渝近代教会发展教育的起程,是中国近代基础教育办学历史最长、首批实行现代学制的新式学校之一,也是重庆母城最早的中等学堂。鹿依士认为中国知识界"务虚文而薄求实事""因故知心,精益求精,为绝无仅有者",故以"求精"命名。建校初期的宗旨是:传播基督教,学习新知。据《重庆求精中学实录》记载,美以美会在曾家岩扩大办学规模,正式开始行课时间为 1893 年 3 月 4 日,有学校学主(校长)1 人,监督(教导主任)1 人,经学教员 1 人,其他教员 3 人;

课程设置为经学、中国历史、西洋历史、算学、格致（物理化学）、地理和英文，每年毕业生 3~5 人。1904 年该校改为"重庆求精中学堂"，分英文、算学两科专业课，和神学一科必修课，包括全部新旧约，六年中学完。1913 年，学校根据"壬子·癸丑学制"，改称"重庆求精中学校"，所开课程为：圣经与修身、语文及文学、数学、地理、历史、理科、英文、法制，还有经济、图画、手工（或缝纫）、体操等十几门。1925 年，国民政府规定教会学校需获准立案，故校名前冠以"私立"二字，学校遂称"私立重庆市求精中学"，实行"三三制"，即：初、高中各三年，于 1927 年始招高中新生。1936 年，美以美会接办遂宁精益中学为求精中学分校，1939 年增开小学并创办内江分校，1940 年建立求精商业专科学校，设银行、会计和工商管理课程。1946 年接办重庆市妇女会的幼稚园，定名为"求精幼稚园"，形成以中学为主，拥有自幼稚园到大学求精系列的完整体系。有幼稚园有教师 5 人，儿童 93 人；小学有教师 22 人，学生 620 人；中学教职员 72 人，学生 985 人；大学教授讲师 56 人，学生 523 人。于 1947 年扩大为求精商学院，设银行、会计、工商管理和国家贸易四系。此后，幼稚园、小学、商学院停办或转并，仅中学一直留存。1951 年 12 月 11 日，学校由重庆市人民政府接办，改名"重庆市求精中学"。1952 年和 1953 年，赣江中学、通惠中学和明诚中学相继并入，按重庆市公立中学序号，更名"重庆市第六中学"。1954 年 7 月，重庆归属省辖市，学校换名"四川省重庆市第六中学校"。1997 年，复名"重庆市求精中学校"。该校文化底蕴深厚，著名国画大师张大千的四哥张文修曾于 1913 年到校任教，1914 年刘伯承到求精中学任军事教官，宋氏三姐妹创办的"战时儿童保育院"也在该校校址范围内，后因校舍改造被拆。作为重庆清末时期较早的教会学校，该地对研究重庆开埠历史有重要意义，2008 年重庆市人民政府将其列为优秀近现代建筑。旧址已拆迁。

中共中央南方局及八路军重庆办事处旧址 [Zhōnggòngzhōngyāng Nánfāngjú Jí Bālùjūn Chóngqìng Bànshìchù Jiùzhǐ] 该旧址有红岩村、周公馆、中共代表团驻地旧址、《新华日报》营业部旧址等四处文物点，分别位于渝中区红岩村 13 号、曾家岩 50 号、中山三路 151 号、民生路 240 号。

红岩村 13 号是一幢外看二层、实际三层的深灰色大楼，占地 800 平方米。整幢楼房为土木穿斗结构，两楼一底，有大小房间 54 间。1938 年 10 月，日本侵略军占领广州、武汉，国民政府迁都重庆。作为中共代表的周恩来，以及相继抵达的董必武、林伯渠、吴玉章、叶剑英、王若飞、邓颖超等同志，组成了以周恩来同志为书记的中共中央南方局。1939 年初,中共中央南方局和八路军驻重庆办事处在渝中区机房街 70 号办公。1939 年 5 月初,机房街 70 号被日机炸毁,南方局和办事处往西迁至地处化龙桥红岩嘴的大有农场,得到开明人士饶国模的大力支持。是年秋天,办公住宿大楼竣工,南方局、八路军驻重庆办事处全部迁此办公。地方当局将门牌号编为红岩嘴 13 号(1945 年改为红岩村 13 号)。1945 年,毛泽东从延安到重庆与国民党进行谈判的 43 天内,也住在红岩村 13 号。1961 年被列入第一批全国重点文物保护单位。

曾家岩 50 号周公馆,是一座中西合璧式砖木结构建筑,坐北向南,二楼一底,建筑面积 882 平方米,底层是传达室和会客室,一楼是工作人员的办公室,二楼为南方局文化组、军事组和外事组的办公室。1938 年,周恩来以国民政府军事委员会政治部副部长的名义,从原住户陈长衡处租赁下来,对外称“周公馆”,实际上是中共中央南方局和八路军重庆办事处在城区内的办公点。1961 年曾家岩 50 号周公馆被列入第一批全国重点文物保护单位。

中共代表团驻地旧址,位于中山三路 151 号,为一栋二楼一底中西式砖木结构建筑,占地面积 627 平方米。这栋楼房原是中国银行宿舍。1945 年 12 月 16 日,以周恩来为首的中国共产党代表团来重庆出席中国政治协商会议。国民政府将此楼房拨给中共代表团使用。周恩来、董必武、王若飞、叶剑英、陆定一、邓颖超、李维汉等同志在此工作。叶挺、廖承志同志出狱的欢迎会,叶挺入党大会也都在此举行。2001 年中共代表团驻地旧址被列入第五批全国重点文物保护单位。

《新华日报》营业部旧址,位于民生路 240 号,该营业部设立于 1940 年 10 月,是抗日战争时期和解放战争初期中共在国民党统治区公开发行的机关报《新华日报》及《群众》周刊的营业部。该处建筑建于 1930 年代,建筑面积 274 平方米,原为四川聚兴诚银行修建,系砖木结构楼房,报馆租楼上三层七间,一楼对外营业,二楼为图书、广告、发行、邮购部及会客室,三楼一间为报社社长潘梓年办公室及卧室,其余为工作人员宿舍。1982 年,整栋楼房收归红岩革命纪念馆。经全面维修和精心复原后,于 1986 年 10 月正式对外开放。2001 年《新华日报》营业部旧址被列入第五批全国重点文物保护单位。

重庆谈判旧址群［Chóngqìng Tánpàn Jiùzhǐqún］　位于区境北部,上清寺街道中山四路 36 号,由蒋介石旧居、宋美龄旧居、国民政府行政院旧址和怡园等建筑组成,总建筑面积约为 2310.76 平方米,占地面积约为 970.94 平方米。该遗址群见证了国共第二次合作这一重大历史事件,与众多重要历史人物直接相关,具有十分重要的历史价值,为近现代重要史迹及代表性建筑。1945 年,毛泽东与张治中、周恩来等飞抵重庆,与蒋介石开始了历史上著名的重庆谈判。作为历史的见证者,这些老建筑矗立于现重庆市委机关大院及周边地区,多为中西结合式别墅建筑,是抗日战争时期重庆高档官邸别墅的典型代表。其中,蒋介石官邸是进行谈判的重要场所,而宋子文官邸是当年马歇尔来渝调停时居住的地方。重庆谈判旧址群于2000 年被重庆市人民政府公布为第一批重庆市文物保护单位。2013 年公布为第七批全国重点文物保护单位。

交通银行旧址［Jiāotōng Yínháng Jiùzhǐ］ 位于区境东部,朝天门街道辖区内。具体位置在打铜街 14 号。该处原是四川商业银行旧址,1935 年,由加拿大建筑师倍克设计。由汉口迁渝的洪发利营造厂建设,1937 年 12 月 7 日,交通银行以45 万元价格从川康平民商业银行处购得,1938 年 1 月 10 日,交通银行重庆分行在新址开业。1938 年 6 月,交通银行总管理处内迁重庆,在此办公。交通银行旧址仿巴洛克式风格,建筑钢筋混凝土与砖石木混合结构,地面五层,局部六层,坐北朝南,面阔 22.1 米,进深 24.5 米,共 5 层,局部 6 层,57 间房屋,建筑面积 2925 平方米,建筑占地面积 625 平方米。由建设银行重庆市分行打铜街支行用于办公营业。2000 年重庆市人民政府公布为第一批重庆市文物保护单位。2013 年,交通银行旧址作为"重庆抗战金融机构旧址群"之一被列为第七批全国重点文物保护单位。

天灯堡［Tiāndēng Bǎo］ 原位于区境大坪街道。天灯堡修建于抗日战争时期,为抗战遗址。抗战期间,人们修筑防空报警台,基座如碉堡,日本飞机轰炸重庆时,悬挂红灯笼报警,天灯堡由此得名。已拆除。

鸟游淤云石刻［Niǎoyóuyūyún Shíkè］ 位于区境东南部,南纪门街道办事处辖区内,位于渝中区较场口红岩幼儿园旧址北面巷道岩壁上,推断为明代石刻。"鸟游淤云"四字系阴刻,楷书繁体,横刻,字径 1.05 米。右下方不足 10 米处有"三巴重镇"石刻,楷书,横幅,字径大约 1 米。还有"悲塘口""飞将军"几处石刻。该石刻地处当年重庆总镇署附近岩壁上,历为重庆守备兵署所在地,与"三巴重镇"石刻毗邻,对重庆作为三郡之首"国之西门"有着特殊的意义。"鸟游淤云"出自《家语》"鱼游于水,鸟游于云"。石刻周边那时并无高楼,崖壁所在位置为这一带的制高点之一,站在崖壁之上,长江和江对面的南山风景尽在眼底,绿水青山与蓝天白云间时有鸟儿飞过。此处"鸟游于云"乃写实美景。

重庆古城墙东水门段城门及城墙［Chóngqìng Gǔchéngqiáng Dōngshuǐmén duàn Chéngmén Jí Chéngqiáng］　位于区境东南部,南纪门街道办事处辖区内。地处东水门大桥脚下,紧邻湖广会馆,是十七座城门中保存相对较为完整两座城门之一。该门是重庆老城正东的大门。条石城垛及门大体如旧,为单门,门洞呈拱形,门额上的"东水门"三字已风化。城门宽 3.2 米,高 5 米,厚 6.7 米,属于石卷顶城门洞。明初戴鼎扩建重庆旧城,按九宫八卦之数造城门 17 座,其中一座便为东水门。因城门朝东,与东去的长江流水同向而得名。现保留城门及部分城墙。2000 年 9 月 7 日,重庆市人民政府公布其为市级文物保护单位。2003 年开始对城门及城墙进行修复。2013 年 3 月 5 日,国务院公布其为全国重点文物保护单位。

金紫门［Jīnzǐ Mén］　位于区境东南部,南纪门街道办事处辖区内,原位于重庆城正南方。传说中金紫门又叫金子门,因古时附近有一金紫寺而得名。另据记载,过去附近还是官府金库所在地,或许特设此"开门"的目的与官府方便调遣军队及运输库藏金银相关,故名金紫门。始建于明洪武四年(1371 年),已不存。

重庆古城墙人和门段城门及城墙［Chóngqìng Gǔchéngqiáng Rénhémén duàn Chéngmén Jí Chéngqiáng］　位于区境东南部,南纪门街道办事处辖区内。人和门地处储奇门人和塆、邮政局巷一带,是古重庆城十七座老城门中面南的一座闭门。城墙坐北朝南,高 5 米许,长 200 余米。城门洞属石卷顶,高约 4 米,宽 2.6 米。明初戴鼎扩建重庆旧城,按九宫八卦之数造城门 17 座,人和门是其中一座。该门取天地人和之意命名,现存城门及部分城墙。2012 年发掘出此门,门内有重庆各类镇台衙门。童谣有"人和门,火炮响,总爷出巡"。人和门内,曾是巴县衙门政府机构所在地,如果听见火炮响,就是巡查治安的总爷要从城门出巡。

重庆古城墙太平门段城门及城墙［Chóngqìng Gǔchéngqiáng Tàipíngmén duàn Chéngmén Jí Chéngqiáng］　位于区境东南部,南纪门街道办事处辖区内。太平门地处四方街太平门大码头石梯坎旁,是古重庆城十七座老城门中东南面的一座开门。城墙坐西向东偏北 35 度,高 7 米,长 200 余米,面临长江。传最早为南宋彭大雅所筑,城门上书"拥卫蜀东"四字。明初戴鼎扩建重庆旧城,按九宫八卦之数造城门 17 座,太平门是其中一座。太平门城内有重庆府署、巴县等官署衙门,并建有钟楼;城外是竹木集散地。现仅保留城门及部分城墙。辛亥革命前,因巴县署、重庆府署、川东道署都在太平门内,太平门被列为诸城门之首。

大观平石刻［Dàguānpíng Shíkè］　位于区境东南部,南纪门街道办事处辖区内,黄土坡 31 号附近堡坎石壁上,清代石刻。石壁面向西南,石壁上刻有"大观平"三个大字,摩崖阴刻双钩划线,幅高 0.96 米,宽 1.69 米,面积 1.6224 平方米,横幅,三大字,行楷体,字径 0.45 米。

春夏秋冬雕塑［Chūnxiàqiūdōng Diāosù］　位于区境南部,菜园坝街道办事处辖区内,地处渝中区、南岸区石板坡长江大桥桥头两侧,共四座雕塑,代表春夏秋冬四季。《春》是一位拿着鲜花的少女,雕塑高 7.14 米,采用铝合金整体浇铸工艺。《夏》是一位踏浪搏击的青年男子,雕塑高 8.16 米。《秋》是一位扛着麦穗的劳动妇女,《冬》则是一位脚踏松树的中年男子。雕塑由著名雕塑家叶毓山设计雕刻,于 1984 年 9 月 26 日落成。这组雕塑是重庆改革开放历史的见证,具有引领思想解放的意义,为重庆弄潮时代、改革开放承担起清扫思想障碍的重任,已成为重庆这座城市思想解放的代名词,成为人们观察"新时期"的一个坐标。春夏秋冬雕塑 1987 年被评为全国优秀城市雕塑作品,2019 年成为市级保护单位。

竹木街摩崖造像［Zhúmùjiē Móyá Zàoxiàng］　位于区境南部,菜园坝街道办事处辖区内,地处黄沙溪竹木街长江边九滨路旱桥下方崖壁上。该石刻造像面向东南,崖面长约 35 米,距地高约 5 米。石刻及造像共 9 处,呈横排从右至左共 8 座石龛及造像、1 处石刻。1 号石龛为佛帐龛,高 1.5 米,宽 1.3 米,进深 0.3 米。龛内造像身长 1.01 米,头长 0.42 米,肩宽 0.7 米,胸厚 0.20 米,面颊古朴饱满,头戴花冠,脖颈稍长,双肩稍厚,身披通肩式袈裟,手势为与愿印,呈盘脚状坐于须弥座上。龛内观音造像左侧有一小神像,宽 0.2 米,高 1 米,进深 0.2 米。2 号龛为圆拱龛,高 0.7 米,宽 0.6 米,进深 0.25 米。龛内造像身长 0.53 米,头长 0.17 米,肩宽 0.27 米,胸厚 0.16 米,头部已消失,双肩瘦削,呈坐式于莲台上。3 号龛为圆拱龛,高 1.5 米,宽 1.3 米,进深 0.35 米。龛内造像身长 0.75 米,头长 0.29 米,肩宽 0.57 米,胸厚 0.22 米,面相威严,面颊饱满,眉骨外凸,两耳齐平,下颌丰圆,脖颈粗短,双肩厚实,胸部丰满,左手曲肘自然下垂,右手曲臂上举于头顶,手持神器,该手势为降魔印,衣饰厚重精美,威武而华丽,头戴金刚盔,身披甲胄,呈游戏状坐于狮子座上。狮子座长 0.81 米,高 0.41 米,厚 0.27 米。距 3 号龛左边 7 米处偏下方有一石刻,石碑宽 1.5 米,高 0.65 米,石碑上刻有"政肃淮口"四字,字长约 0.23 米,宽约 0.25 米,系阴刻、正楷。其余 5 座石龛因风化严重无法辨认。各类造像表情丰富,体态多变,颇具明风,反映了旧重庆老城外长江沿岸的社会背景及宗教文化,对研究当地的民风、民俗有重要的参考价值,2009 年评为第二批市级文物保护单位。

佛图关石刻［Fótúguān Shíkè］ 位于区境中部,两路口街道办事处辖区内长江一路佛图关公园南面峭壁上。石壁上历代题刻甚多,但多为清代、民国年间题刻,清代以前的题刻大都剥蚀不清。石刻所在的佛图关,有遗存的唐宋以来的石刻、佛像、佛来洞及各时期碑文,还有抗日战争时期国民政府军事委员会委员长蒋介石的手书,故名。佛图关是旧时重庆城郊西的制高点,凭高俯瞰两江三岸。两侧壁立,地势险峻,历为兵家必争之地。历代有文人墨客在此题刻,还有百姓在此修建佛像。抗日战争时期,国民政府军事委员会主席蒋介石手书"挺起胸膛、竖起脊梁"八个字,鼓舞国民抗日士气。1992 年,重庆市人民政府将佛图关石刻列为市级文物保护单位。2000 年,重庆市人民政府将其公布为第一批重庆市文物保护单位。

国际村石碉堡［Guójìcūn Shídiāobǎo］ 位于区境中部,两路口街道办事处辖区内国际村 103 号。该碉堡坐北朝南,由条石及钢筋混凝土浇筑而成,整个布局形态犹如八卦,内设排水沟,机枪口若干,出入口两处。此处有抗日战争时期修建的碉堡,位于国际村,为军事防御建筑物,故名。石砌碉堡依山而建,镇锁渝江,护卫主城,与古城门、城墙和抗日战争时期修建的钢混结构碉堡互为犄角,形成完整的山城防御体系。该石碉堡作为抗日战争时期的军事防御堡垒,是重庆陪都抗战文化的重要组成部分,作为城市不可再生的历史遗存和独具特色的景观资源,具有较高历史文化、军事研究价值。

枇杷山石碉堡［Pípáshān Shídiāobǎo］ 位于区境中部,两路口街道办事处辖区内。位于枇杷山,为抗日战争时期修建的军事防御建筑物,故名。抗日战争时期,为保护珊瑚坝飞机场,在此修建碉堡。后废弃。

蒋介石题刻处［Jiǎngjièshí Tíkèchù］ 位于区境中部,两路口街道办事处辖区佛图关公园内东侧。抗日战争时期蒋介石手书题刻"挺起胸膛、竖起脊梁"八字,楷体,系阴刻。题刻高 2.07 米,宽约 1.5 米(因治理山体滑坡,被加固砌石所遮挡,只外露 0.85 米),有一定程度风化。题刻所在的佛图关位于渝中区鹅项颈,是重庆城郊西的制高点,海拔 388 米。凭高俯瞰两江三岸,极目二县五区。两侧壁立,地势险峻。重庆北、东、南三面环江,只有一面通陆,佛图关便成为扼控重庆的咽喉,向来都是兵家必争之地,也是西上成都的要冲。抗日战争时期,国民政府迁都重庆,此地为国民政府中央训练团驻地范围,改名"复兴关"(解放后还名佛图关),蒋介石在这里题"挺起胸膛、竖起脊梁"八个字,是抗日战争时期鼓舞国民抗日士气的标志。

佛图关夜雨寺 [Fótúguān Yèyǔsì]　位于区境中部偏西北,大坪街道办事处辖区佛图关公园原 114 中学内,已不存。唐代诗人李商隐曾于唐大中九年(855年)从巴州前往梓州任职,途经佛图关,在此处借宿,并在一个秋雨连绵的晚上伴着孤灯,给远在长安的妻子写下了这首流传千古的七言绝句《夜雨寄北》,故名佛图关夜雨寺。佛图关,自古以来就是进入重庆城的陆路咽喉屏障,有"四塞之险,甲于天下"之说;两侧环水,三面悬崖,地势险峻,易守难攻,为兵家必争的要塞。古时建有"巴山夜雨涨秋池"的夜雨寺,为古巴渝十二景之一的"佛图夜雨"胜景;遗存唐宋以来的石刻、佛像、佛来洞及各时期碑文,《佛图关铭》《佛图关》《清正爱民》等多种记事碑铭,岩壁上刻有摩崖石刻佛像。中国佛教协会主席赵朴初先生题写了"佛图古关"四个大字。三国时期,江州守将李严曾打算把佛图关凿断,让嘉陵江和长江的水在这里汇流,把江州(重庆)城真正变成四面环水的江中之州,随后在关顶修建小型城垣并驻军,古城墙的遗迹依稀可辨。2007 年渝中区文物管理所启动第三次文物普查,发现夜雨寺仍存有少量遗迹。2009 年 5 月,夜雨寺大部分被毁掉,于原址修建一幢 4 层高楼。

龙泉洞 [Lóngquán Dòng]　位于区境西北部,石油路街道办事处辖区平顶山山腰的林深处。是一座道观,已不存。此处依山傍水、古木森森,悬空而建,由无数立柱支撑,素有"重庆悬空寺"之称。传说因元始天尊在嘉陵江畔降龙而得小龙坎、化龙桥等数个地名,此处为困龙之所,龙口吐清泉因得名"龙泉洞"。周围百姓感恩于渝根、安祥两位护卫神的降龙功绩,曾献有用二神名字撰题的嵌字匾额悬挂于观中,匾额上书着"渝州根除孽障,众生平安吉祥",匾额里嵌藏着渝根、安祥二位护卫神的名字。据老辈说,早年他们的先人进观,也曾见过此匾,只因年代久远,此匾已不存。

第二节　旅游景点

洪崖洞 [Hóngyá Dòng]　位于区境东部,朝天门街道办事处辖区内,地处长江、嘉陵江两江交汇的沧白路滨江地带,东起英利龙阁大厦,西至魁星楼,长 600米。曹学佺《蜀中名胜记》引旧志云:"城西雉堞下有洞曰洪崖,覆以巨石,飞瀑时至,亦名滴水崖。有元丰时苏轼、任仲仪、黄庭坚题刻。"雍正八年进士,乾隆十六年贬四川巴县知县王尔鉴,创修了重庆最早最详细的地方志《巴县志》,正式将洪崖洞列为"巴渝十二景"之一,取名"洪崖滴翠"。王尔鉴谓:"洪崖滴翠一景,看似无著,而碧苔映水,俯瞰江波夕照,飞霞倒明崖溜。"洪崖洞上原来有一条小溪,那小溪发源于城内的大梁子(现新华路),经大阳沟、会仙桥到洪崖洞,每到雨后,崖上流水倾泻如帘,状若飞瀑,故被称为洪崖滴翠,成为重庆的一大景观。王尔鉴《小记》还有这样的描述:"洪崖洞在洪崖厢,悬城石壁千仞,洞可容数百人,上刻'洪崖洞'三大篆字,诗数章,漫灭不可读。城内诸水,蹂堞抹崖而下,夏秋如瀑布,冬春溜滴,汇为小池入江。石台叠翠,池水翻澜,夕阳返照,五色陆离,莫可名状。至若渔舟唱晚,响答崖音,又空色之别趣也。"清代重庆城区划分为二十九坊,城门外编为十五厢,洪崖门内地区属洪崖坊,附廓之区为洪崖厢。洪崖门,历来为军事要塞,也是重庆城的一大胜景。如今的洪崖洞已被改造为洪崖洞民俗文化风景区,景点主要由吊脚楼、仿古商业街等景观组成,建筑面积 4.6 万平方米,是重庆市重点景观工程,是重庆市最负盛名的网红打卡地之一。

洪崖洞民俗文化风景区 [Hóngyádòng Mínsú Wénhuà Fēngjǐngqū]　位于区境东部,朝天门街道办事处辖区内,地处嘉陵江滨江路 88 号。该景区是重庆市政府"八大民心工程"之一,总面积 4.6 万平方米,是"重庆市重点景观工程"和"AAA级重点旅游项目工程"。该景区以巴渝传统建筑特色的"吊脚楼"风貌为主体,依山就势,沿崖而建,从解放碑直达江滨,集城市旅游景观、商务休闲景观和城市人文景观于一体,被誉为"解放碑的会客厅"。景区建在悬崖上,面朝嘉陵江,崖上有城门(闭门)名洪崖门,洪崖门下面靠右的悬崖下有个洞名为洪崖洞。风景区于洪崖洞处依山就势修建,以巴渝传统民居为主要风格,故名洪崖洞民俗文化风景区。公元前 316 年秦灭巴国时,此处为军事要塞,到明朝初年,戴鼎筑重庆城时,建有"九开八闭"十七道城门,其中,"洪崖门"因崖高坡陡的地势,故用于军事而成为一道闭门。古巴渝十二景之一"洪崖滴翠"曾位于洪崖门下。20 世纪 40 年代,悬崖上开出一条小路来,沟通城内外。洪崖洞下建码头,相当热闹,于是搬运工和纤夫就在崖洞两侧的悬崖下陆续建起一排排吊脚楼。解放后码头逐渐衰落,吊脚楼经历风雨数十年,成了危房。为改变城市面貌,1995 年开始居民陆续搬迁。2001 年起改造,2005 年建成洪崖洞民俗文化风景区。

重庆市人民公园 [Chóngqìng Shì Rénmín Gōngyuán]　位于区境东部,朝天

门街道办事处辖区新华路中段南侧,是上、下半城的主要通道之一,占地面积12000平方米。1920年,杨森开始在此修建公园,初步修起堡坎,后因四川军阀连年内战,停止修建。1925年10月,前重庆市市长潘文华着手兴建公园,历时三年,于1929年8月完工,命名为中央公园(意为该园地处旧城的中央)。抗日战争期间,国民政府迁都重庆后,1939年改名为中山公园。1950年7月,中央公园由人民政府接管,改名为重庆市人民公园。公园内设围墙、园门、道路、亭、洞、水池、假山、花坛、鸟笼、图书阅览室、儿童游戏场、篮球场外,还有茶社、餐厅、长亭茶园等。郭沫若等文人墨客常聚于此吟诗畅谈,是战时陪都文化人的聚会场所。20世纪90年代,政府对公园进行建设和改造,逐步修复和完善中山亭、丹凤亭、花架、大门等景观。重庆人民公园为开放式公园,市民多在此休闲纳凉、锻炼身体,特别是鸟类爱好者每天聚集于此驯鸟、斗鸟,吸引游人观看,成为公园的一处风景。园内有辛亥革命纪念碑和重庆市抗战消防人员殉职纪念碑,是革命传统教育重要景点。此外,还有九三学社纪念碑。

通远门城墙遗址公园 [Tōngyuǎnmén Chéngqiáng Yízhǐ Gōngyuán] 位于区境中部偏东,七星岗街道办事处辖区内。遗址公园占地面积约5000平方米,建筑面积约8000平方米。古重庆城有城门九开八闭共十七道,应"九宫八卦"之象而筑以示"金城汤池"之意。通远门是重庆仅存的两道古城门之一,是重庆唯一保存较为完整的城墙遗址。它位于重庆古城正西面,修建于明代洪武年间,是陆上通往成都的唯一陆路城门。为保护通远门及城墙,2004年4月1日通远门城墙遗址公园开工修建,对城门及城墙进行修缮,并对周边进行改造修建,2005年2月完工,命名为通远门城墙遗址公园。

长江滨江公园 [Chángjiāng Bīnjiāng Gōngyuán] 位于区境东南部,南纪门街道办事处辖区厚慈街社区居委会驻地南约100米,占地面积10000多平方米。因该公园位于长江滨江路,故名。20世纪90年代,政府将垃圾堆清理干净,修建公路和公园,内有游泳池、健身设备等设施。该公园主要供周边居民娱乐、健身、观光等。

燕喜洞公园 [Yànxǐdòng Gōngyuán] 位于区境南部,菜园坝街道办事处辖区内,在渝中区南部,南区路北侧岩石上,与长江大桥北桥头相对,建于1982年,已消失。

重庆珊瑚公园 [Chóngqìng Shānhú Gōngyuán] 位于区境南部,菜园坝街道办事处辖区长江滨江南路380号,紧邻重庆火车站,背倚渝中区山脊,面对长江,总体规划面积约 60 万平方米。公园在修建过程中,将重庆直辖的许多数据蕴含其中,并将新重庆的地图、各区市县结合在一起,园内设置景点 10 余个,包括新世纪广场、世纪光柱、桥亭玉立、花溪流香、卵石寄情、文化广场、透空水帘、巨龙腾飞、五彩花房、鲜花迷宫、林荫休闲等,以大面积的绿化将其有机地串联,滨江观景平台则可远眺南山。重庆珊瑚公园于 1994 年 6 月开始筹建,1997 年 12 月 21 日初步建成对外开放,因公园临江修建,与珊瑚坝隔江相望,故名重庆珊瑚公园,名称沿用至今。

邹容公园［Zōuróng Gōngyuán］　位于区境南部,菜园坝街道办事处辖区内南区公园路旁,占地面积约 400 平方米,于 1946 年修建,原名南区公园。2005 年 8 月,因邹容烈士纪念碑位于公园内更名为邹容公园。

重庆枇杷山公园［Chóngqìng Pípáshān Gōngyuán］　位于区境中部,两路口街道办事处辖区中山二路南侧,海拔 345 米,是市区内制高点之一,占地面积 56610 平方米,主要建筑物面积 8176 平方米。此处原是荒山坟地,因早年山上多枇杷树,故名。抗日战争时期,四川省主席王陵基将此处中部最高处占为私人花园,取名"王园"。现园内一幢砖木结构一楼一底的房子就是王陵基的公馆,现作办公用地。1949 年 12 月至 1954 年,为中共重庆市委机关驻地。1955 年 8 月 1 日培修开放,命现名,沿用至今。

教门厅公园［Jiàoméntīng Gōngyuán］　位于区境中部,两路口街道办事处辖区内。此地历史上被称为教门厅,属滑坡地段,2007 年整治后,建成公园,名教门厅公园。景点主要以植被为主,四季郁绿,植被茂盛。

国际村公园［Guójìcūn Gōngyuán］　位于区境中部,两路口街道办事处辖区内国际村社区,东靠印制二厂,南靠长江一路,西邻两路口小学,北靠鹅岭正街。因其所处位置为国际村社区,为社区居委会举办活动的场所,故名国际村公园。

牛角沱滨水公园［Niújiǎotuó Bīngshuǐ Gōngyuán］　位于区境北部,上清寺街道办事处辖区内,临近嘉陵江,在嘉陵江大桥旁,距离轨道交通牛角沱站约 40 米,规划占地面积 23000 平方米。园内栽种各类乔木 50 多种、近 2 万株。因地处牛角沱,临近嘉陵江,在滨江路旁,故名牛角沱滨水公园。2006 年开始规划,是一个开放式公园,由于修建嘉陵江滨江路占用了公园施工场地,加上轻轨建设与嘉陵江滨江路工程,造成大量建筑废石、弃渣堆积,渝中区政府与建设方因地制宜,就地取材,将形状较尖的废弃石块、石柱保留下来,打造成滨水公园的标志性景观,高架柱刻有"滨水公园",公园里的花台、堡坎等,也是用废弃石块筑成。公园于 2007 年 12 月开工,2008 年 4 月竣工开放。

新都巷社区游园［Xīndūxiàng Shèqū Yóuyuán］ 位于区境北部,上清寺街道办事处辖区新都巷 6 号,为附近居民活动娱乐及社区举办活动的场所,占地面积约 300 平方米,内有健身设备。2015 年为方便周边群众休闲娱乐,由新都巷社区组织修建命名。

名流公园［Míngliú Gōngyuán］ 位于区境北部,上清寺街道办事处辖区嘉陵江滨江路 272 号,面向嘉陵江,为周边居民休闲娱乐的场所。因其为名流公馆小区的附属公园,故名。2007 年建成。

桂花园社区游园［Guìhuāyuán Shèqū Yóuyuán］ 位于区境北部,上清寺街道办事处辖区桂花园社区。北靠体育路,南靠健康路,西靠桂花园社区卫生站,东靠重庆市第四人民医院。该游园为周边居民休闲娱乐的场所。因其所处位置在桂花园社区,为社区居委会举办活动的场所,故名桂花园社区游园。

鹅岭公园［Élǐng Gōngyuán］ 位于区境西部,大坪街道办事处辖区内,长江一路北侧。地处长江、嘉陵江两江相夹的山顶,海拔 397 米,占地面积约 65366 平方米。公园内主要景区有:桐轩——建于清宣统年间,建筑面积 132 平方米,面向嘉陵江,系依岩建造的石屋,仿罗马式建筑,石屋内东西两面石墙上分别刻有地球图案及二十四节气图,室外遍植桐树;榕湖——建于清末,原是"礼园"的红荷湖,系凿岩而成,湖面 605 平方米,湖中立有从广西运来的钟乳石,四周广植榕树;飞阁——建于 1939 年,碧瓦飞檐,中西式别墅,砖木结构,1940—1945 年英国大使卡尔在此居住;瞰胜楼——在原两江亭的基础上改建而成,1984 年竣工,楼高 41 米,海拔 420 米,耸立在鹅岭之巅,登楼可远眺市区及两岸风光,俯瞰两江大桥,是观赏山城夜景的胜地;广岛园——1991 年 10 月建成,系与日本广岛市的园林部门交流景点(广岛市建有渝华园),具有日本民族风格;另有花卉园、涵碧、长廊等。园内有辛亥革命十烈士纪念碑和在抗日战争中牺牲的苏联军官托尔夫、卡特依夫烈士墓。"鹅岭"二字石碑系清宣统三年园主人的同乡陈荣昌书赠。此处原系清末重庆商会首届会长,富商李耀庭的别墅,名"礼园",建于清末宣统年间(1909—1911年)。李与同盟会革命党张培爵、杨沧白来往密切,辛亥革命后在此建革命烈士陵墓。新中国成立前,"礼园"曾一度被军阀霸占,1937 年蒋介石在此住半年之久,后澳大利亚大使馆曾设此地。解放后西南军区领导机关及贺龙等曾住此园。1959

年以"礼园"为基础,接收毗邻已衰败的童家花园和鲜家花园以及鹅顶颈空旷郊野进行改建,命名鹅岭公园。

虎头岩森林公园［Hǔtóuyán Sēnlín Gōngyuán］　位于区境西部,石油路街道办事处辖区内,北邻化龙桥片区,南接重庆总部城,与红岩村公园、化龙桥公园、佛图关公园、鹅岭公园以及李子坝公园共同构成渝中半岛山地公园,地形主要为东西狭长的坡地,占地面积71422平方米。公园地处峭壁悬崖,巨石矗立,形如虎头的虎头岩,且园内植被丰富多样,故名。2010年开建,该园作为渝中区政府打造"森林渝中"的重要项目,被设计为服务周边市民,突出山地特征,集休闲运动、观光游赏、展示历史等功能于一身的区域性综合公园。根据地理位置和目标定位,公园分为三个区域打造,分别是主入口区、商务休闲景观带和半山漫游山林带。

李子坝抗战遗址公园［Lǐzibà Kàngzhàn Yízhǐ Gōngyuán］　位于区境西北部,化龙桥街道辖区内,邻近轨道交通2号线李子坝站,是渝中区打造的高品质绿地公园,亲水滨江,绿地率约60%,植物栽种约7万平方米,栽种有大型的银杏、香樟、黄桷树等大型乔木灌木,又名李子坝公园。园内有5组抗战历史文物建筑,分别是高公馆、李根固旧居、刘湘公馆、国民参议院旧址、交通银行学校旧址。该公园主要由抗战遗址建筑修复、沿江消落带整治和公园绿化景观建设三部分组成,是重庆首个抗战遗址建筑群公园,也是重庆抗日战争文化遗址长廊的重要组成部分,集中展示了重庆抗战时期的政治、经济、文化、军事、外交、金融等各个方面的历史风貌,是抗战文化的新符号和新阐释。因此处有多处抗战遗址,且地处李子坝,2009年命名为李子坝抗战遗址公园。2008年5月启动拆迁,2009年5月完成拆迁,并于2009年6月16日开建,2010年6月修建完工。

附　录

地名诗词选

夜雨寄北

唐·李商隐

君问归期未有期,巴山夜雨涨秋池。

何当共剪西窗烛,却话巴山夜雨时。

巴江柳

唐·李商隐

巴江可惜柳,柳色绿侵江。

好向金銮殿,移阴入绮窗。

巴女词

唐·李白

巴水急如箭,巴船去若飞。

十月三千里,郎行几岁归。

峨眉山月歌

唐·李白

峨眉山月半轮秋,影入平羌江水流。

夜发清溪向三峡,思君不见下渝州。

渝州梅雨

唐·孙宏

梅子金黄杏子丹,孤舟犹系海棠滩。

江声带雨远来急,山气映入夏日寒。

渔网参差罗水埠,乌樯历乱弄风竿。

明朝又近端阳节,为觅长丝系合欢。

恭州夜泊

宋·范成大

草山硗确强田畴,村落熙然粟豆秋。

翠竹江村非锦里,青溪夜月已渝州。

小楼高下依盘石,弱缆西东战急流。

入峡初程风物异,布裙跣妇总垂瘤。

渝州寄王道矩

宋·苏轼

曾闻五月到渝州,水拍长亭砌下流。

惟有梦魂长缭绕,共论唐史更绸缪。

舟经故国岁时改,霜落寒江波浪收。

归梦不成冬夜永,厌闻船上报更筹。

重庆

元·吴皋

一片石头二水环,天墉城阙破愁颜。

逐家岚气生衣上,隔市江光入座间。

莺羽晴歌明月峡,树林春点缀云山。

玉珍未必能胜此,收拾清朝拟重关。

渝州夜泊

清·王士祯

涂山斜月落,巴国曙鸡鸣。

乱艇烟初合,三江潮夜生。

霜寒催晓角,石气肃高城。

不寐闻猿啸,迢迢入峡声。

重庆府

清·何明礼

城郭生成造化镌,如麻舟楫两崖边。

江流自古书巴字,山色今朝画巨然。
烟火参差家百万,波涛上下浪三千。
锣岩月峡谁传去,要使前贤畏后贤。

重庆府

清·张之洞

江与沫水会汉嘉,南下叙州会金沙。
泸州南会黔泸水,都邑逐渐成繁华。
重庆北会西汉水,壮盛灏漾遂无涯。
楚加不羹陵中国,秦并六合成一家。
名城危踞层岩上,鹰瞵鹗视雄三巴。
巴人能文兼好武,深山今已无长蛇。
唐人分镇昧形势,梓州亦建东川牙。
吴画嘉陵不画入江处,丹青虽妙奚足夸。
荆湖东控辟门户,子午北向通幽遐。
东风连樯来估舶,春云披野蕃桑麻。
橘官盐井并充埠,万机织锦翻朝霞。
请歌巴曲教渝舞,夜夜醉看巴江花。

字水宵灯

清·王尔鉴

高下渝州屋,参差傍石城。
谁将万家炬,倒射一江明。
浪卷光难掩,云流影自清。
领看无尽意,天水共晶莹。

金碧流香

清·王尔鉴

巴山耸秀处,金碧有高台。
何处天香至,疑从月窟来。

江环千嶂合,云度九门开。

每一凭栏眺,清芬拂草莱。

洪崖滴翠

清·王尔鉴

洪崖肩许拍,古洞象难求。

携得一樽酒,来看五色浮。

珠飞高岸落,翠涌大江流。

掩映斜阳里,波光点石头。

浮图关

清·王尔鉴

凭眺古渝州,浮图最上头。

四围青嶂合,三面大江流。

破壁来清磬,凌云度窒舟。

身轻无住著,俯仰信沉浮。

巴蔓子墓

清·王尔鉴

穹窿哉,蔓子墓,渝城颠,石封固。

多少王侯将相陵寝穴樵儿,独此屹立两江虹势迥盘护。

头断头不断,万古须眉宛然见。

城许城还存,年年春草青墓门。

君不见背弱主,降强主,断主之头献其土。

又不见明奉君,暗通邻,求和割地荣其身。

惜哉不识蔓子坟。

送友人之渝州

清·李以宁

战伐乾坤满,君今事远游。

孤帆从此去,异地各生愁。

月隐江津树,云开水驿楼。

巴童歌唱起,横笛下渝州。

洪崖滴翠

清·张九镒

手拍洪崖肩,洪崖渺何处。

洞壑认仙踪,多为传记误。

清气抹仙光,非烟更非雾。

四面空翠来,沾衣扑不去。

金碧流香

清·张九镒

饮虹瞰江水,照出金碧岑。

芙蓉万千叠,爱此一峰深。

岚翠泼高阁,天香吹素襟。

悠然坐缥缈,如入檐葡林。

字水宵灯

清·张九镒

结字不用书,江形会意领。

日夕万家灯,银树翻波影。

水月与镜花,静者发深省。

何如不夜春,一片花明锦。

字水宵灯

清·周绍缯

字水流不夜,波影灯光浮。

笑指洪波里,光摇万家楼。

朝天门码头

清·赵熙

万家灯火气如虹,水势西回复折东。

重镇天开巴子国,大城山压禹王宫。

朝天门码头

清·佚名

一码朝天控楚湘,千帆竞发向横江。

登船客下千阶石,上岸人过独木梁。

水色近年分秀浊,涛声依旧唱訇锵。

霓虹闪烁如花艳,笑送金风万里樯。

巴歈四章选一

清·宋衡

天成形胜地,一石两江环。

宇内人争聚,区中货拥关。

年年瞻王气,处处画屏山。

陆海斯无愧,西川未足班。

地名音序索引

本索引按章、节、标目第一个字的汉语拼音字母顺序排列,索引标目后的数字表示内容所在页码,标目相同,多处出现页码按出现先后排列页码。

J

K

后 记

  《重庆市渝中区地名志》是在渝中区委、区政府的领导和支持下编纂的地名工具书。在编纂过程中,得到各驻区单位的大力支持,还承蒙本市一些史地专家、学者的热心帮助与指点,借出版之机,向各位表示诚挚的感谢!

  《重庆市渝中区地名志》是在第二次地名普查成果的基础上汇编的,于 2021 年编写、修改及定稿,历时一年多。由于新冠疫情的影响,诸多事项无法按计划执行,编辑人员之间的交流讨论颇受影响,即使如此,大家不辞辛劳,克服困难,尽力完成既定目标,虽然比原计划付出了更多时间和精力,但是大家毫无怨言,齐心协力,通力合作,共同完成了这本地名志。

  重庆大学出版社为本书的出版给予了极大支持,编辑为此付出了不少心血,一并致谢!

  由于我们水平有限,对于其中的一些问题不能及时发现,疏漏之处在所难免,希望各界人士批评指正。

《重庆市渝中区地名志》编纂委员会

2022 年 12 月